中等职业教育机电类专业系列教材

焊接技术与实训项目教程

辽宁省机电工程学校　组编
主　编　高　明　张　丽
副主编　杜　君
参　编　刘　毅　常淑敏
　　　　郭科振　王　宇

机械工业出版社

本书从中等职业教育的特点出发,结合焊接加工工作的岗位能力要求,将焊工操作项目的主要内容进行了归纳和整合。书中重点介绍了焊接加工的主要加工范围和主要操作方法,由浅入深、层次分明,具有较强的实用性和可操作性。

本书共分五章,内容包括气焊与气割、焊条电弧焊、CO_2 气体保护焊、钨极氩弧焊和埋弧焊。

本书可作为中等职业学校机械类专业的教材,也可作为焊接加工行业从业人员的岗位培训用书。

图书在版编目(CIP)数据

焊接技术与实训项目教程/高明,张丽主编. —北京:机械工业出版社,2014.9(2025.8 重印)

ISBN 978-7-111-47433-3

Ⅰ.①焊… Ⅱ.①高…②张… Ⅲ.①焊接—中等专业学校—教材 Ⅳ.①TG4

中国版本图书馆 CIP 数据核字(2014)第 166987 号

机械工业出版社(北京市百万庄大街 22 号 邮政编码 100037)
策划编辑:汪光灿 责任编辑:张云鹏 责任校对:樊钟英
封面设计:张 静 责任印制:邓 博
北京中科印刷有限公司印刷
2025 年 8 月第 1 版第 3 次印刷
184mm×260mm・11.75 印张・284 千字
标准书号:ISBN 978-7-111-47433-3
定价:39.00 元

电话服务	网络服务
客服电话:010-88361066	机 工 官 网:www.cmpbook.com
010-88379833	机 工 官 博:weibo.com/cmp1952
010-68326294	金 书 网:www.golden-book.com
封底无防伪标均为盗版	机工教育服务网:www.cmpedu.com

前　言

　　本书以提高实践能力为主导思想，适应职业教育教学改革和发展的新形势，体现中等职业教育焊接专业人才培养模式和课程体系改革的特点，将教学、求知和做事有机地结合，实施"做中学、做中教"，突出教学过程的互动性、趣味性、真实性和针对性，达到"教学做合一"。使学生在"做"中培养职业能力，提高职业道德水平，并最终成为高素质的技能型人才。

　　本书以中等职业教育的培养目标和岗位能力要求为依据，适当降低理论深度，强化技能训练，以培养学生的实际操作能力。本书在传授基本操作技术的同时，突出了焊工操作技能的训练。

　　本书内容包括气焊气割、焊条电弧焊、CO_2气体保护焊、钨极氩弧焊和埋弧焊，并以不同的基础知识和技能训练为小课题，把焊接常识贯穿全书。本书由高明、张丽任主编，杜君任副主编，编写人员及分工如下：第一单元由高明编写；第二单元中课题一由杜君编写；课题二、三、四由常淑敏编写；课题九由刘毅编写；其余由张丽编写；第三单元由高明编写；第四单元由张丽编写；第五单元课题一、二由王宇编写；课题三、四由郭科振编写。

　　由于编者水平有限，书中难免会有疏漏和欠妥之处，敬请读者批评指正。

编　者

目　　录

前言
第一单元　气焊与气割 ··· 1
课题一　平敷焊 ··· 1
课题二　板对接平焊 ··· 10
课题三　管对接水平转动焊 ··· 13
课题四　钢板直线切割 ··· 17
课题五　法兰盘的切割 ··· 24
第二单元　焊条电弧焊 ··· 28
课题一　平敷焊 ··· 28
课题二　I形坡口板对接平位双面焊 ··· 33
课题三　V形坡口板对接平位双面焊 ·· 36
课题四　V形坡口板对接平位单面焊双面成形 ·· 40
课题五　板T形接头横角焊 ··· 44
课题六　V形坡口板对接立焊 ·· 47
课题七　V形坡口板对接横焊 ·· 51
课题八　V形坡口板对接仰焊 ·· 55
课题九　管水平固定单面焊接双面成形 ··· 59
课题十　管对接垂直固定焊 ··· 65
课题十一　管板水平固定全位置焊（骑坐式） ··· 69
课题十二　管板垂直固定俯位焊（骑坐式） ··· 72
第三单元　CO_2气体保护焊 ··· 77
课题一　平敷焊 ··· 77
课题二　V形坡口板对接平焊 ·· 84
课题三　T形接头平角焊 ·· 91
课题四　V形坡口板对接横焊 ·· 95
课题五　V形坡口板对接向上立焊 ·· 100
课题六　V形坡口板对接仰焊 ·· 104
课题七　管对接垂直固定焊 ··· 109
课题八　管板垂直固定俯位焊（骑坐式） ··· 113
课题九　管板水平固定全位置焊（插入式） ··· 116
第四单元　钨极氩弧焊 ··· 120
课题一　平敷焊 ··· 120
课题二　V形坡口板对接平焊 ·· 124
课题三　V形坡口板对接立焊 ·· 129

课题四	V形坡口板对接横焊	135
课题五	V形坡口板对接仰焊	141
课题六	铝及铝合金的焊接	148
课题七	不锈钢板对接平焊	155

第五单元 埋弧焊 ·············· 161

课题一	平敷焊	161
课题二	I形坡口板对接平焊	164
课题三	V形坡口板对接平焊	167
课题四	角焊缝焊接	174

参考文献 ·············· 179

第一单元　气焊与气割

课题一　平　敷　焊

学习目标

1. 了解气焊与气割常用设备及其使用方法。
2. 掌握气焊平敷焊的操作技术及安全注意事项。
3. 掌握其他辅助工具的使用方法。

知识准备

一、气焊原理

气焊是借助可燃气体与助燃气体混合燃烧产生的气体火焰,将接头部位的母材和焊丝熔化,使被熔化的金属形成熔池,冷却凝固后形成牢固接头,从而使两焊件连接成一个整体。常用的可燃气体有乙炔、液化石油气、天然气、煤气和氢气等,助燃气体是氧气。气焊一般适用于薄钢板、非铁金属材料和铸铁件等的焊接。气焊的过程如图 1-1 所示。

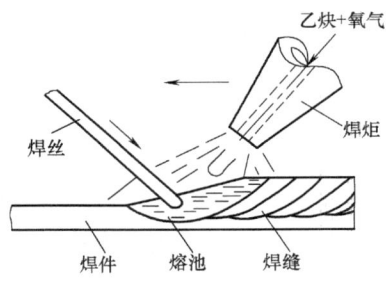

图 1-1　气焊的过程

二、气焊的特点

气焊的主要特点是设备简单,操作灵活方便,在电力供应不足的地方需要焊接时,气焊能焊接多种金属材料,对铸铁及某些有色金属的焊接有较好的适应性。但气焊的应用不如电弧焊广泛。原因是气焊火焰温度低,加热缓慢,生产率低;热量不够集中,焊件受热范围大而不均匀,焊后变形大、焊缝质量不高。

三、气焊的火焰类型

以氧乙炔焰为例,根据氧与乙炔混合比不同,可得到性质不同的中性焰、碳化焰和氧化焰,如图 1-2 所示。

1. 中性焰

中性焰是氧气与乙炔混合比为 1.1~1.2 时燃烧所形成的火焰。中性焰有时也称为轻微碳化焰,火焰由

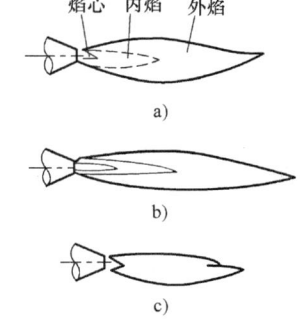

图 1-2　氧乙炔焰
a) 中性焰　b) 碳化焰　c) 氧化焰

焰心、内焰和外焰三部分组成，燃烧后的气体中既无过剩氧，也无过剩的乙炔。

（1）焰心　中性焰的焰心呈尖锥形，色白而明亮，轮廓清楚。焰心由氧气和乙炔组成，焰心外表分布有一层由乙炔分解所生成的碳素微粒，由于炽热的碳粒发出明亮的白光，因而有明亮而清楚的轮廓。

在焰心内部进行着第一阶段的燃烧。焰心虽然很亮，但温度较低（800~1200℃），这是由于乙炔分解而吸收了部分热量的缘故。

（2）内焰　内焰主要由乙炔的不完全燃烧产物，即来自焰心的生成物一氧化碳和氢气所组成。内焰位于碳素微粒层外面，呈蓝白色，有深蓝色线条。内焰处在焰心前2~4mm部位，燃烧最激烈，温度最高，可达3100~3150℃。气焊时，一般就利用这个温度区域进行焊接，此区域称为焊接区。

由于内焰中的一氧化碳和氢气能起还原作用，所以焊接碳钢时都在内焰进行，将工件的焊接部位放在距焰心尖端2~4mm处。内焰中的气体中一氧化碳的含量占60%~66%，氢气的含量占30%~34%，由于对许多金属的氧化物具有还原作用，所以焊接区又称为还原区。

（3）外焰　外焰处在内焰的外部，外焰的颜色从里向外由淡紫色变为橙黄色。在外焰区域，来自内焰燃烧生成的一氧化碳和氢气与空气中的氧充分燃烧，即进行第二阶段的燃烧。外焰燃烧的生成物是二氧化碳和水。

外焰温度为1200~2500℃。由于二氧化碳和水在高温时容易分解，所以外焰具有氧化性。

由于中性焰的焰心和外焰温度较低，而且内焰具有还原性，内焰不但温度最高还可以改善焊缝金属的性能，所以，采用中性焰焊接大多数的金属及其合金时，都利用内焰。

中性焰应用最广泛，一般用于焊接碳钢、纯铜和低合金钢等。

2. 碳化焰

碳化焰是氧气与乙炔的混合比小于1.1时燃烧所形成的火焰。碳化焰也分为焰心、内焰和外焰三部分。碳化焰的焰心较长，呈蓝白色，由一氧化碳、氢气和碳素微粒组成。碳化焰的外焰特别长，呈橘红色，由水蒸气、二氧化碳、氧气、氢气和碳素微粒组成。

碳化焰的整个火焰比中性焰长而柔软，而且随着乙炔供给量的增多，碳化焰也就变得越长、越柔软，其挺直度就越差。当乙炔的过剩量很大时，由于缺乏使乙炔完全燃烧所需要的氧气，火焰开始冒黑烟。

碳化焰的最高温度为2700~3000℃。由于在碳化焰中有过剩的乙炔，它可以分解为氢气和碳，在焊接碳钢时，火焰中游离状态的碳会渗到熔池中去，增高焊缝的含碳量，有渗碳作用，使焊缝金属的强度提高而使其塑性降低。此外，过多的氢会进入熔池，促使焊缝产生气孔和裂纹，因而碳化焰不能用于焊接低碳钢及低合金钢。

碳化焰应用较广，可用于焊接高碳钢、中合金钢、高合金钢、铸铁、铝和铝合金等材料。

3. 氧化焰

氧化焰是氧气与乙炔的混合比大于1.2时燃烧所形成的火焰。氧化焰中有过剩的氧，在尖形焰心外面形成了一个有氧化性的富氧区，具有氧化性，火焰的氧化反应剧烈，使焰心、内焰和外焰都缩短。其中，内焰很短，几乎看不到。氧化焰的焰心呈淡紫蓝色，轮廓不明显；外焰呈蓝色，火焰挺直，燃烧时发出急剧的"嘶嘶"声。氧化焰的长度取决于氧气的压力和火焰中氧气的比例，氧气的比例越大，则整个火焰就越短，噪声也就越大。

氧化焰的最高温度可达3100~3400℃。由于氧气的供应量较多，使整个火焰具有氧化性。当焊接一般碳钢时,采用氧化焰就会造成熔化金属的氧化和合金元素的烧损,使焊缝金属氧化物和气孔增多并增强熔池的沸腾现象,从而较大地降低焊接质量。所以,一般材料的焊接绝不能采用氧化焰。但在焊接黄铜和锡青铜时,利用轻微的氧化焰的氧化性,生成的氧化物薄膜覆盖在熔池表面,可以阻止锌、锡的蒸发。

由于氧化焰的温度很高,在火焰加热时为了提高效率,常使用氧化焰。气割时,通常使用氧化焰。

各种金属材料气焊时火焰种类的选择详见表1-1。

表1-1　各种金属材料气焊火焰的选择

焊件材料	应用火焰	焊件材料	应用火焰
低碳钢	中性焰或轻微碳化焰	铬镍不锈钢	中性焰或轻微碳化焰
中碳钢	中性焰或轻微碳化焰	纯铜	中性焰
低合金钢	中性焰	锡青铜	轻微氧化焰
高碳钢	轻微碳化焰	黄铜	氧化焰
灰铸铁	碳化焰或轻微碳化焰	铝及其合金	中性焰或轻微碳化焰
高速钢	碳化焰	铅、锡	中性焰或轻微碳化焰
锰钢	轻微氧化焰	蒙乃尔合金	碳化焰
镀锌铁皮	轻微碳化焰	镍	碳化焰或轻微碳化焰
铬不锈钢	中性焰或轻微碳化焰	硬质合金	碳化焰

四、气焊的材料

1. 焊丝

气焊用的焊丝在气焊中起填充金属作用,与熔化的母材一起形成焊缝。因此焊缝金属的质量在很大程度上取决于焊丝的化学成分和质量。

对气焊丝的一般要求如下。

1) 焊丝的熔点等于或略低于被焊金属的熔点。

2) 焊丝的化学成分应基本上与焊件相符,无有害杂质,以保证焊缝有足够的力学性能。

3) 焊丝所焊焊缝应具有良好的力学性能,焊缝内部质量好,无裂纹、气孔和夹渣等缺陷。

4) 焊丝熔化时应平稳,不应有强烈的飞溅或蒸发。

5) 焊丝表面应洁净、无油脂、油漆和锈蚀等污物。常用的气焊丝有碳素结构钢焊丝、合金结构钢焊丝、不锈钢焊丝、铜及铜合金焊丝、铝及铝合金焊丝和铸铁气焊丝等。

气焊的焊接规范主要需确定焊丝直径、焊嘴大小和焊接速度等。

焊丝直径由工件厚度、接头和坡口形式决定,焊开坡口时第一层应选较细的焊丝。焊丝直径的选用可参考表1-2。

表1-2　不同厚度工件配用焊丝的直径

工件厚度/mm	1.0~2.0	2.0~3.0	3.0~5.0	5.0~10	10~15
焊丝直径/mm	1.0~2.0	2.0~3.0	3.0~4.0	3.0~5.0	4.0~6.0

2. 气焊熔剂

气焊熔剂是气焊时的助熔剂。气焊熔剂熔化反应后,能与熔池内的金属氧化物或非金属夹杂物相互作用生成熔渣,覆盖在熔池表面,使熔池与空气隔离,因而能有效防止熔池金属的继续氧化,改善焊缝的质量。通常在焊接前将气焊熔剂直接撒在焊件坡口上或粘在气焊丝上在焊接过程中不断加入熔池。为了防止金属的氧化以及消除已经形成的氧化物，在焊接非铁金属（铜和铜合金、铝和铝合金）、铸铁及不锈钢等材料时通常采用气焊熔剂。

五、气割设备及工具

气焊设备及工具主要有氧气瓶、乙炔气瓶、减压器、回火保险器、橡皮管、焊炬和割炬等。辅助工具有护目镜、防护手套、点火枪、钢丝刷、锤子、锉刀、钢丝钳、扳手、通针和钢直尺等。

1. 氧气瓶

氧气瓶是用来储存氧气的高压容器。常用气瓶容积为40L，瓶内氧气压力为15MPa，可以储存 $6m^3$ 的氧气。氧气瓶在出厂前必须进行严格检查和测试，试验的压力为工作压力的1.5倍。并在瓶体上部球面明显部位标明瓶号、工作压力和试验压力、下次试压日期、检查员的钢印、制造厂检验部门的钢印、瓶的容量和重量、制造厂和出厂日期等。氧气瓶表面为天蓝色，并用黑漆标明"氧气"字样。

2. 乙炔气瓶

乙炔瓶是用来储存乙炔的压力容器，其外形与氧气瓶相似。它利用乙炔能溶解于丙酮的特性，采取必要的措施，才能把乙炔压入钢瓶内。乙炔瓶的容积为40L，一般乙炔瓶内能溶解6~7kg的乙炔。乙炔瓶的工作压力是1.5MPa，水压试验的压力为6MPa。乙炔瓶表面为白色，并标注红色的"乙炔"和"火不可近"字样。

3. 减压器

减压器是用于实现降低气体压力的机械装置，它包括氧气减压器和乙炔减压器。减压器可实现减压和稳压两种作用，如图1-3和图1-4所示。

图1-3　氧气减压器

图1-4　乙炔减压器

4. 回火保险器

回火是一种气体火焰沿着气体管道向气瓶方向逆向燃烧的现象。回火保险器的作用是防止回火引起的气瓶爆炸。

5. 气体胶管

气体胶管是传输气体的橡胶管，由于压力不同以及便于区分，氧气管和乙炔管使用不同的颜色。

6. 焊炬

焊炬又称焊枪，是气焊操作的主要工具。焊炬的作用是将可燃气体和氧气按一定比例均匀地混合,以一定的速度从焊嘴喷出,形成一定能率、一定成分、适合焊接要求和稳定燃烧的火焰。

按可燃气体与氧气的混合方式不同,焊炬分为射吸式和等压式两类;按可燃气体种类不同,焊炬分为乙炔、氢和石油气等类型;按火焰数目不同,焊炬分为单焰和多焰;按使用方法不同,焊炬分为手工和机械两类。

目前国内常用的焊炬为射吸式,如图 1-5 所示。在这种焊炬中,乙炔的流动主要靠氧气的射吸作用,所以不论使用中压或低压乙炔都能使焊炬正常工作,射吸式焊炬的结构如图 1-6 所示。焊炬有两个控制阀,氧气阀控制火焰的种类,乙炔阀控制火焰的大小。

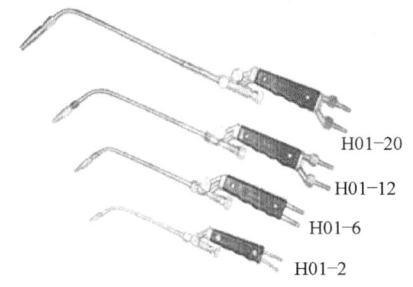

图 1-5 射吸式焊炬型号及外形图

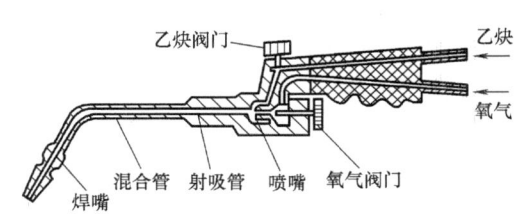

图 1-6 射吸式焊炬的结构

气焊设备的组成如图 1-7 所示。

六、施焊方法

1. 火焰的调节

火焰的调节分为火焰性质的调节和火焰能率的调节。

(1) 火焰的性质　气焊火焰的性质应该根据材料的种类来选择。中性焰适用于焊接一般低碳钢和要求焊接过程对熔化金属不渗碳的金属材料,如不锈钢、纯铜、铝及铝合金等;碳化焰对焊缝金属具有渗

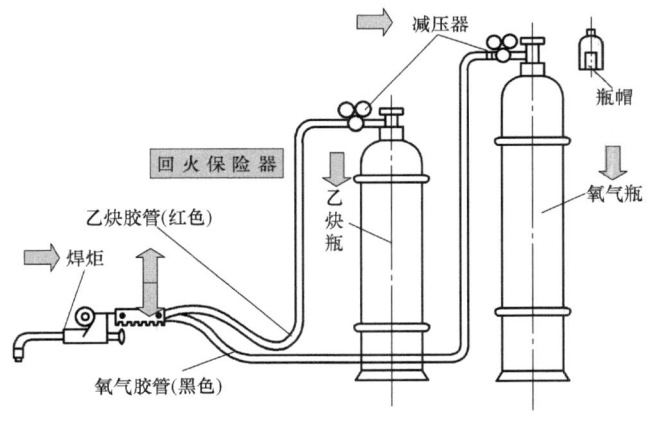

图 1-7 气焊设备的组成

碳作用,故碳化焰只适用于含碳较高的高碳钢、铸铁、硬质合金及高速钢的焊接;一般碳钢和非铁金属可采用氧化焰,但焊接黄铜用含硅焊丝时,氧化焰会使熔化金属表面覆盖一层硅的氧化膜可阻止黄铜中锌的蒸发,故宜采用氧化焰。

(2) 火焰的能率　气焊火焰能率主要是根据每小时可燃气体(乙炔)的消耗量(L/h)来确定。在保证焊接质量的前提下,应尽量选择较大的火焰能率,以提高生产率。一般焊件较厚、金属材料熔点较高、导热性较好(如铜、铝及合金),焊缝处于平焊位置时,应选择较大的火焰能率。

2. 焊炬的使用方法

(1) 焊炬握法　右手拿焊炬,将拇指和食指位于氧气调节阀处,利用拇指和食指开关、调节乙炔调节阀,随时调节气体的流量。手掌和其他三个手指握住焊炬手柄,如图 1-6 和

图1-7所示。

（2）点燃　点燃火焰时，应先稍许开启氧气调节阀，再开乙炔调节阀，两种气体在焊炬内混合后，从焊嘴喷出，此时将焊嘴靠近火源即可点燃。点火时，拿火源的手不要正对焊嘴，也不要将焊嘴指向他人或可燃物，以防发生事故。刚开始点火时，可能出现连续"放炮"声，原因是乙炔不纯，需放出不纯的乙炔重新点火。有时出现不易点火的现象，多数情况是氧气开得过大所致，这时应将氧气调节阀关小。

（3）调节　调整后的火焰形状不得歪斜或发出"吱吱"的声音。若发现火焰不正常时，要用通针把焊嘴内的杂质清除干净，使火焰正常后才可焊接。有时，由于供给焊炬的乙炔量不均匀，会引起火焰性质不稳定，这时中性焰会自动变成氧化焰或碳化焰。因此，在气焊操作中还应随时注意观察火焰性质的变化，并及时调节氧气调节阀。

（4）熄灭　需要熄灭火焰时，应先关闭乙炔调节阀，再关闭氧气调节阀。否则，就会出现大量的炭灰（冒黑烟）。

3. 焊接方向

气焊时，右手握焊炬，左手拿焊丝，可以向右焊（右焊法），也可向左焊（左焊法）。

右焊法是焊炬在前，焊丝在后，如图1-8a所示。这种方法是焊接火焰指向已焊好的焊缝，加热集中，熔深较大，火焰对焊缝有保护作用，可避免气孔和夹渣，但较难掌握。此种方法适用于焊接较厚的工件。厚度较大的工件一般采用电弧焊，因此右焊法很少使用。

左焊法是焊丝在前，焊炬在后，如图1-8b所示。这种方法是焊接火焰指向未焊金属，有预热作用，焊接速度较快，可减少熔深和防止烧穿，操作方便，适合焊接薄板。用左焊法还可以看清熔池，分清熔池中铁液与氧化铁的界线，因此左焊法在气焊中被普遍采用。

焊嘴倾角与工件厚度的关系如图1-9所示。

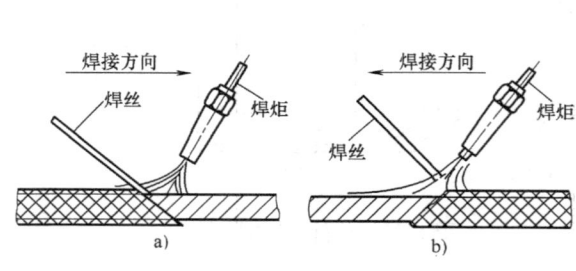

图1-8　焊接方向
a）右焊法　b）左焊法

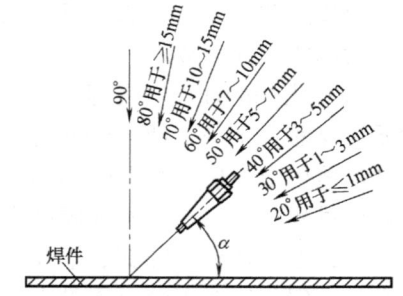

图1-9　焊嘴倾角与工件厚度的关系

4. 起焊

起焊时由于刚开始焊，焊件温度较低或接近环境温度。为便于形成熔池，并利于对焊件进行预热，焊嘴倾角应大些，同时在起焊处应使火焰往复移动，保证在焊接处加热均匀。如果两焊件的厚度不相等，火焰应稍微偏向厚件，以使焊缝两侧温度基本相同，熔化一致，熔池刚好在焊缝处。

在平焊对接接头的焊缝时，一般可以从一端起焊。为了防止出现缺陷，使焊件均匀受热，可以从对缝一端30mm处施焊，当母材金属熔化时，周围温度已升高，从而在冷凝时不易出现裂纹。焊接管子时，起焊点应在两定位焊点中间。

5. 填丝

当起点处形成白亮而清晰的熔池时，即可填入焊丝，并向前移动焊炬进行正常焊接。在施焊时应正确掌握火焰的喷射方向，使焊缝两侧的温度始终保持一致，以免熔池不在焊缝正中而偏向温度较高的一侧，凝固后使焊缝成形歪斜。焊接火焰内层焰心的尖端要距离熔池表面 3～5mm，自始至终保持熔池的大小、形状不变。

6. 焊嘴和焊丝的运动

焊接过程中为了控制熔池的热量，获得高质量的焊缝，焊嘴和焊丝应作均匀协调的摆动。焊嘴和焊丝的运动包括以下三种动作。

1）沿焊缝的纵向移动，不断地熔化工件和焊丝，形成焊缝。

2）焊嘴沿焊缝作横向摆动，充分加热焊件，使液体金属搅拌均匀，得到致密性好的焊缝。在一般情况下，板厚增加、横向摆动幅度应增大。

3）焊丝在垂直焊缝的方向送进，并作上下移动，调节熔池的热量和焊丝的填充量。

在焊接时，焊嘴在沿焊缝纵向移动、横向摆动的同时，还要作上下跳动，以调节熔池的温度；焊丝除作前进运动和上下移动外，当使用熔剂时也应作横向摆动，以搅拌熔池。焊嘴和焊丝的协调运动既能使焊缝金属熔透、均匀，又能够避免焊缝出现烧穿或过热等缺陷，从而获得优质、美观的焊缝。焊嘴和焊丝的摆动方法及幅度与焊件厚度、材料、焊缝的空间位置和焊缝尺寸等因素有关。

在正常焊接时，焊工不仅要时刻注意熔池的形成情况，而且要将焊丝末端置于外层火焰下进行预热。当焊丝熔滴送入熔池后，要立即将焊丝抬起，让火焰向前移动，形成新的熔池，然后继续向熔池送入焊丝，如此循环形成焊缝。

为了获得优质的焊接接头，应使熔池的形状和大小始终保持一致。当所需火焰能率较大时，由于焊接温度高、熔化速度快，这时应使焊丝保持在焰心的前端，使熔化的焊丝熔滴连续加入熔池；如果所需火焰能率较小，由于熔化速度慢，则填入焊丝的速度也要相应减慢。当使用熔剂焊接时，还应用焊丝搅拌熔池，使熔池中的氧化物和非金属夹杂物漂浮到熔池表面。当焊接间隙较大或薄壁焊件时，应将火焰焰心直接对着焊丝，利用焊丝挡住部分热量，同时焊嘴作上下跳动，以防止焊缝边缘或熔池前面过早地熔化。

7. 接头与收尾

焊接中途停顿后，又在焊缝停顿处重新起焊和焊接时，把与原焊缝重叠部分称为接头。焊到焊缝的终端时，结束焊接的过程称为收尾。

收尾时，由于焊件温度较高，散热条件也较差，所以应减小焊嘴的倾角和加快焊接速度，并应多加一些焊丝，以防止熔池面积扩大，避免烧穿。收尾时应注意使火焰抬高并慢慢离开熔池，直至熔池填满后，火焰才能离开。总之，气焊收尾时要掌握好"倾角小、焊速高、加丝快、熔池满"的要领。

七、气焊与气割安全操作规程

1）氧气瓶、乙炔瓶的阀、表均应齐全有效，紧固牢靠，不得松动、破损和漏气。氧气瓶及其附件、胶管和开闭阀门的扳手上均不得沾染油污。

2）氧气瓶应与其他易燃气瓶、油脂和其他易燃物品分开保存，也不宜同车运输。

3）氧气瓶和乙炔瓶必须立放，要注意固定，防止倾倒。搬运氧气瓶、乙炔瓶，应轻抬轻放。无保护帽、防振圈的气瓶不得搬运或装车。严禁用塔式起重机或其他汽车起重机直接吊运氧气或乙炔瓶。

4）氧气瓶和乙炔瓶不得在强烈阳光下暴晒或受高温热源辐射。冬季工作时，为防止氧气瓶胶管和乙炔瓶胶管冻坏，需用不含油脂的蒸汽或热水暖化，严禁用明火烘烤。

5）氧气胶管为光面蓝色，工作压力为 2.0MPa，爆破压力为 6.0MPa。乙炔胶管为光面红色，工作压力为 1.0MPa，爆破压力为 3.0MPa。未经压力试验的胶管或代用品，以及变质老化、脆裂、漏气的胶管及沾上油脂的胶管均不得使用。乙炔胶管和氧气胶管不得错装。

6）氧气瓶与乙炔瓶储存和使用时的距离不得少于 5m，氧气瓶、乙炔瓶与明火或割炬（焊炬）间距离不得小于 10m。

7）点燃焊（割）炬时，应先开乙炔阀点火，然后开氧气阀调整火焰，关闭时先关闭乙炔阀，再关闭氧气阀。

8）不得将胶管放在高温管道和电线上，或将重物或热的物件压在胶管上，更不得将胶管与电焊用的导线敷设在一起。胶管经过车道时应加护套或盖板。

9）禁止在带有压力、电压的容器、罐、柜、管道及设备上进行气焊或气割操作。

10）不得将胶管背在背上或放置在两腿中间进行操作。在高处作业时，气焊、气割用的胶管应妥善固定。

11）在高处气焊或气割时，禁止在任务地下方堆积易燃、易爆物品，禁止人员逗留。应备有梯子、带有栏杆的工作台，并配有标准安全带、安全绳及完好的工具和防护用品。

12）工作完毕后，应关闭氧气瓶和乙炔瓶，拆下氧气表和乙炔表，拧上气瓶安全帽。

13）作业结束后，应将胶管盘起、捆好挂在室内干燥的地方，减压阀和气压表应放在工具箱内。割（焊）炬内若带有乙炔、氧气时不得放在金属容器内。

14）工作结束后，应认真检查操作地点及周围，确认无起火危险后，方可离开。

工作任务

手工平敷气焊实做图样如图 1-10 所示。

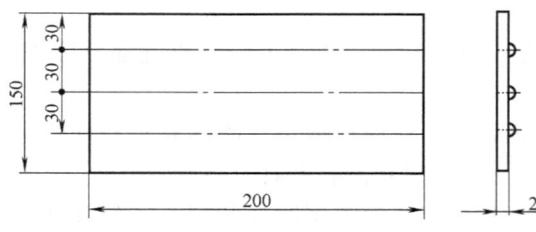

技术要求
1. 单层平敷气焊。
2. 焊缝余高 $h = 1 \sim 2mm$，焊缝宽度 $c = 8mm$。
3. 要求焊缝平直美观。

图 1-10　手工平敷气焊实做图样

操作准备

1. 焊件准备

Q235A 钢板一块，规格为 200mm × 150mm × 2mm。

2. 材料准备

$\phi1.6 \sim \phi2mm$ 焊丝，牌号为 H08。

3. 焊接设备

氧气瓶、乙炔气瓶、乙炔减压器、氧气减压器、回火保险器、焊炬和胶管等。

4. 辅助工具

打火枪、护目镜、防护手套、通针、钳子、锤子、锉刀和扳手等。

实施过程

一、焊前准备

将焊接设备组装好，检查是否连接可靠、是否有漏气现象，将焊件放置在工位上，用钢丝刷对焊件表面进行细致的清理，除去氧化皮、油污、铁锈和尘垢，使焊件露出金属光泽。用石笔在焊件上均匀画出平行线条，间隔30mm。

二、焊接操作

1. 起焊

采用左焊法，即用左手拿焊丝，右手拿焊炬。首先将火焰点燃，初始为碳化焰，逐渐增加氧气量直至调到中性焰。火焰指向待焊部位，焊丝的端部置于火焰前下方，距离焰心 3～4mm 位置。开始加热时，焊件温度低，可以采用反复移动火焰，以保证焊接处加热均匀。同时，密切观察熔池形成及焊丝端部预热状况。待焊件由红色变成白亮色并出现清晰的熔池时，便可熔化焊丝，将焊丝熔滴滴入熔池，然后抬起焊丝，向前移动，形成新的熔池，使焊接持续下去。在正常气焊时，焊丝与焊件表面的倾斜角度一般为 30°～40°，焊丝与焊嘴中心线夹角为 90°～100°，如图 1-11 所示。

2. 焊炬和焊丝的运动

为了获得优质、美观的焊缝，在焊接时焊炬和焊丝应均匀协调地摆动，以便控制熔池的热量，使焊缝边缘良好熔透，并控制液体金属的流动，避免出现焊缝产生过热的现象。

沿焊件接缝的纵向移动的同时，焊炬沿焊缝作横向摆动，充分地加热焊件，借混合气体的冲击力把液体金属搅拌均匀，使熔渣浮起，从而得到致密性好的焊缝。焊丝在垂直焊缝方向送进并上下移动，以调节熔池热量和焊丝的填充量，摆动方式如图 1-12 所示。

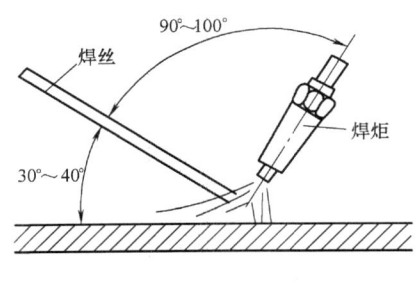

图 1-11 焊炬与焊丝位置

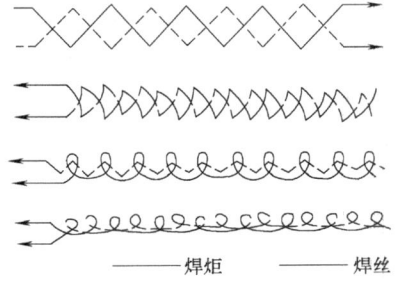

图 1-12 焊炬和焊丝的摆动方法

焊炬和焊丝在操作时的摆动方法和幅度要根据焊件材料的性质和板厚等进行相应调整。

3. 焊道接头

如果在焊接过程中有停顿需要继续施焊，则应用火焰把原熔池重新加热熔化形成新的熔池,再加焊丝。续焊时应与前焊道重叠 5~10mm,重叠焊道少加或不加丝,以保证整个焊缝高度一致,圆滑过渡。

4. 焊道收尾

当焊接逐渐接近终点时,为了保证熔池不至于过热,应减小焊炬与焊件的夹角,并适当增加焊接速度和填丝量,防止熔池扩大。焊至终点时,应先填满熔池,再将焊丝移开,并用外火焰保护熔池 2~3s,最后将火焰缓慢移开。

在焊接过程中,焊炬的倾角要不断地变化。预热时,为了使焊件升温快,缩短行程熔池时间,采用焊炬倾角应为 80°~90°;正常焊接时,采用焊炬倾角应为 30°~50°;收尾时,焊炬倾角应为 20°~30°,如图 1-13 所示。

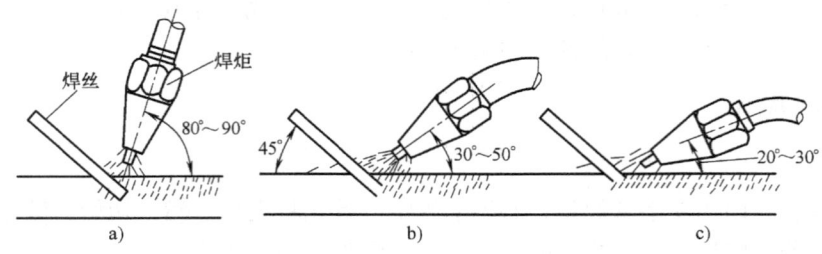

图 1-13 气焊施焊过程中焊炬位置的变化
a) 焊前预热 b) 焊接过程中 c) 焊接结束填满弧坑

三、焊后清理和检验

焊后要对焊件进行清理并检查焊缝质量。检查焊缝质量时,应重点检查焊接接头处有无余高过高过低现象,过渡圆滑,是否有焊瘤、烧穿、漏焊、气孔、余高过低等缺陷。

课题二 板对接平焊

学习目标

1. 正确使用气焊设备及辅助工具。
2. 掌握低碳钢薄板对接平焊操作技术。
3. 掌握其他辅助工具的使用方法和要求。

知识准备

一、气焊接头的形式

气焊可以在平、立、横、仰等位置进行。气焊接头主要有对接接头、搭接接头、T 形接头、角接接头和卷边接头,如图 1-14 所示。其中,常用的是对接接头,而搭接接头和 T 形接头很少采用。当某些场合应用薄板焊接

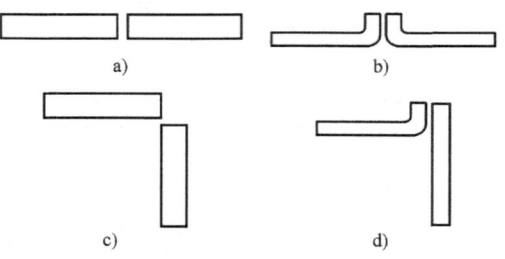

图 1-14 气焊常用的接头形式
a) 对接 b) 卷边对接 c) 角接 d) 卷边角接

时，可以采用卷边接头和角接接头。

气焊时应尽可能采用对接接头，厚度大于 5mm 的焊件须开坡口以便焊透。焊前接头处应清除铁锈、油污、水分等。

二、焊丝的选择

焊丝直径的选择由工件厚度、接头和坡口形式决定，焊接开坡口时第一层应选较细的焊丝。焊丝直径的选用可参考表 1-2。

焊嘴大小影响生产率。导热性好、熔点高的焊件，在保证质量前提下应选较大号焊嘴（较大孔径的焊嘴）。

在平焊时，焊件越厚，则焊接速度应越慢。对熔点高、塑性差的工件，焊速应慢。在保证质量前提下，尽可能提高焊速，以提高生产效率。

工作任务

板对接平位气焊如图 1-15 所示。

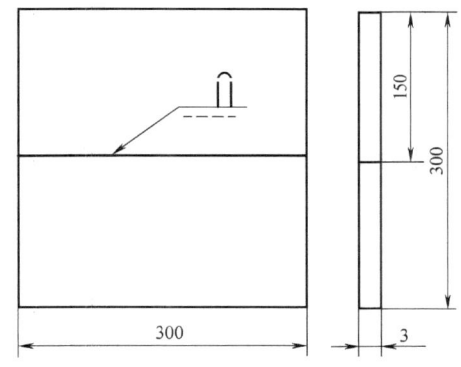

技术要求
1. 水平位置气焊。
2. 单面焊双面成形。
3. 装配间隙 0.5mm。
4. 焊缝余高 ≤ 1.5mm。

图 1-15　板对接平位气焊

操作准备

1. 焊件准备

Q235A 低碳钢板板料两块，规格为 300mm × 150mm × 3mm。

2. 材料准备

焊丝牌号 H08，直径 ϕ3mm。

3. 焊接设备

氧气瓶、乙炔气瓶、乙炔减压器、氧气减压器、回火保险器、焊炬和胶管等。

4. 辅助工具

打火枪、护目镜、防护手套、通针、钳子、锤子、锉刀和扳手等。

实施过程

一、焊前准备

将焊接设备组装好，检查是否连接可靠，是否有漏气现象。将焊件放置在工位上，用钢丝刷对焊件表面进行清理，除去氧化皮、油污、铁锈和尘垢，使焊件露出金属光泽。

二、焊接操作

1. 定位焊

首先要将两薄板水平放置在工位上，底下垫起，留有一定高度的空隙，进行定位焊。薄板由中间开始向两端进行，厚板由两端向中间进行，如图1-16和图1-17所示。定位焊缝长度和间距，按照表1-3选择。本例为薄板焊接，定位焊长度为5～7mm，间距为50～100mm，采用由中间向两端进行，两板中间预留间隙为0.5mm，以利于背面焊透。

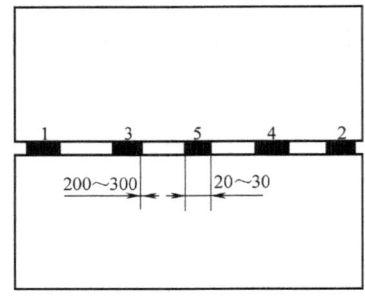

图1-16　薄板焊件的定位焊顺序

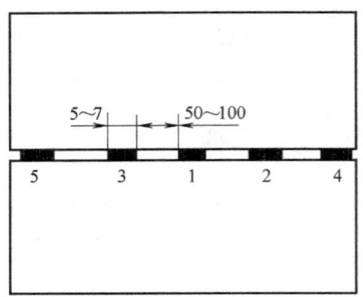

图1-17　厚板焊件的定位焊顺序

表1-3　焊件厚度和定位焊缝尺寸

焊件厚度/mm	定位焊缝高度/mm	定位焊缝长度/mm	间距/mm
≤4	<4	5～10	50～100
4～12	3～6	10～25	100～200
>12	6	20～40	100～300

为了防止角变形，可采用预先反变形法。所谓反变形法，就是将焊件沿着焊缝向下折成160°～170°，保证焊接完毕温度降至常温后两板呈平整对接状态。

2. 起焊

薄板焊接易采用左焊法，选用中性焰。首先将焊炬的倾斜角适当加大，对准焊件始端，火焰焰心的末端与焊接表面保持2～4mm的距离，对焊件始端进行预热。当看到清晰的熔池时，就可以填加焊丝进行焊接，注意左手填加焊丝和右手移动的协调性。将焊丝熔滴滴入熔池，马上将焊丝抬起，焊炬向前微小移动，以便形成新的熔池。焊缝两边熔合要均匀，与焊缝中心线对称，如图1-19所示。

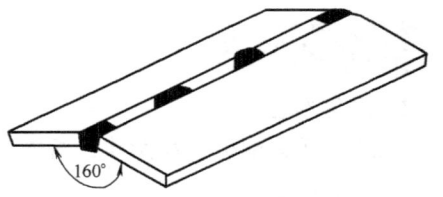

图1-18　预先反变形法

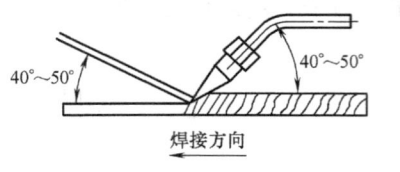

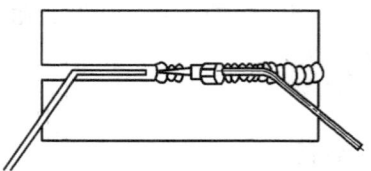

图1-19　左焊法平对接焊示意图

3. 正常焊接过程

正常焊接时，采用中性焰，既要保证焊透，又要防止烧穿，故要控制好熔池的大小和保证温度不至于过高。若发现熔池过小，可以适当加大焊炬的倾斜角，减慢焊接速度，以增加热量。若发现熔池过大，熔池内没有金属流动，则说明熔池已经烧穿。此时，应迅速提起焊炬或加快焊炬速度，减小焊炬倾斜角，多加焊丝，以降低熔池温度，提高熔滴在熔池内的凝固和充填效果。

在正常焊接过程中，焊炬和焊丝要有三种动作，即焊炬沿焊缝向前移动，焊炬沿焊缝横向摆动和焊炬的上下跳动，焊丝末端在焰心下面同样作往复跳动，如图 1-20 和图 1-21 所示。三种运动要协调均匀，才能达到最佳的焊接质量。

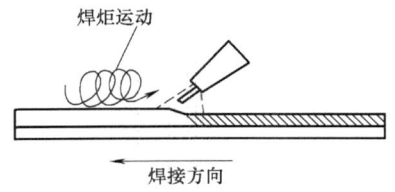

图 1-20　焊炬垂直方向运动

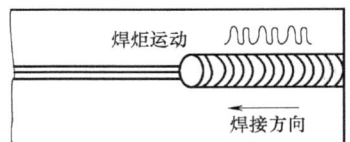

图 1-21　焊炬水平方向运动

由于焊件厚度的不同，焊缝高度、焊缝宽度和焊缝焊接层数各有不同，可参照表 1-4 选择。

表 1-4　焊接接缝尺寸的一般要求

焊件厚度/mm	焊缝余高/mm	焊缝宽度/mm	层　　数
0.8～1.2	0.5～1	4～6	1
2～3	1～2	6～8	1
4～5	1.5～2	6～8	1～2
6～7	2～2.5	8～10	2～3

4. 焊缝的接头

在焊接过程中，当由于某些原因造成中途停顿后又继续施焊时，应用火焰重新将原熔池加热至熔化状态，待形成新的熔池后，再填加焊丝进行焊接。每次续焊应与前道焊缝重叠 5～10mm，重叠焊道不填加或少填加焊丝，以保证焊缝宽窄高度一致，外形美观。

5. 收尾

焊接结束时，将焊炬火焰慢慢抬起，使焊缝熔池温度逐渐降低，熔池逐渐缩小。由于金属的热胀冷缩作用，在焊接结束位置易出现裂纹、气孔、熔池没填满的缺陷，所以在收尾时要适当多加一些焊丝。

课题三　管对接水平转动焊

学习目标

1. 掌握管对接水平转动焊的操作技术。

2. 熟练完成管对接水平转动焊。
3. 掌握其他辅助工具的使用方法和要求。

一、管焊接的分类

管焊接分为水平转动对接气焊、垂直固定对接气焊和水平固定对接气焊。按照难易程度分，水平转动对接气焊较容易操作，垂直固定对接气焊难度适中，水平固定对接气焊操作难度较大。水平固定对接气焊包括了平焊、立焊和仰焊的位置，又称为全位置焊接。

二、管焊接坡口形式及尺寸

管子气焊时，一般采用对接接头。管子的用途不同，则对其焊接质量的要求也不同。对于重要的管子，如锅炉水冷壁管等的焊接，要求单面焊双面成形，以满足较高工作压力的要求；对于中压以下的管子，如水管和风管等，则应要求不漏，且要达到一定的强度。对于比较重要的管子的气焊，当壁厚小于 2.5mm 时，可不开坡口；当壁厚大于 2.5mm 时，为使焊缝全部焊透，需将管子开成 V 形坡口，并留有钝边。钢管的坡口形式及尺寸见表 1-5。

表 1-5 钢管的坡口形式及尺寸

钢管厚度/mm	≤2.5	2.5~6
坡口形式	I	V
坡口角度	—	60°~90°
钝边/mm	—	0.5~1.5
间隙/mm	1~1.5	1~2

在焊接过程中，对接时坡口的钝边和间隙大小均要适当。坡口尺寸不合理，会造成焊接缺陷。

当钝边太大或间隙过小时，焊缝不易焊透，易造成强度下降。当钝边太小或间隙过大时，容易烧穿，使管子内壁产生焊瘤，这样，就会减少管子的有效截面积，增加了气体或液体在管内的流动阻力。接头一般可焊两层，应防止焊缝内外表面凹陷或过分凸出。一般管子的加强高度不得超过管子外壁表面的 1~2mm，其宽度应盖过坡口边缘 1~2mm，并应均匀平滑地过渡到母材金属。

三、管对接气焊的技术要求

1. 管水平转动对接气焊

由于管子可以自由转动，因此为了方便操作，将焊缝熔池始终控制在最为方便的位置施焊。当管壁较薄（小于2mm）时，应在水平位置进行施焊。当管壁较厚或开坡口时，由于熔池加热慢，填充金属多，加热时间长，如果熔池处于水平位置，则不易得到较大的熔深，也不利于焊缝的金属的堆高，就会影响焊缝质量。

如果采用左焊法爬坡焊，则应始终控制在与管子水平中心线成 50°~70°角的范围内进行焊接。由于重力作用，填充金属熔滴自然流向熔池下部，熔池流动性好，同时可以加大熔深，更好控制熔池形状，使接头均匀熔透，焊缝成形快，且有利于控制焊缝的高度。当焊接至终点时，要适当增加焊丝量，将熔池填满，然后火焰才能慢慢离开熔池，以避免出现气孔、凹坑等缺陷。

如果采用右焊法爬坡焊，火焰吹向熔化金属部分，为防止熔化金属因火焰吹力而造成焊瘤，熔池应控制在与管子垂直中心线成10°～30°角的氛围内。当焊接直径为200～300mm的管子时，为防止变形，应采用对称焊法。

2. 管水平固定全位置气焊

水平固定管的气焊因施焊时包括所有的焊接位置，所以比较困难。由于焊缝是环形的，为了方便描述，将管子沿垂直中心线分成前后两半圈，并按时钟位置将焊区分为1～5个焊接位置，如图1-22所示。其中，1～2位置为仰焊位置，施焊时要严格控制熔池温度，焊炬和焊丝要配合得当，要求焊炬不断地离开熔池，以保证焊缝不至于过烧或形成焊瘤。

在整个施焊过程中，应随焊缝空间位置的改变，逐渐将焊嘴和焊丝绕着管子旋转，应不断地保持焊嘴和焊丝的夹角，通常应保持在90°，保持焊丝、焊嘴和工件的夹角，一般为45°。还需根据管壁的厚薄和熔池形状的变化，在实际焊接时适当调整和灵活掌握，以保持不同位置时的熔池形状，既保证熔透，又不致过烧和烧穿。

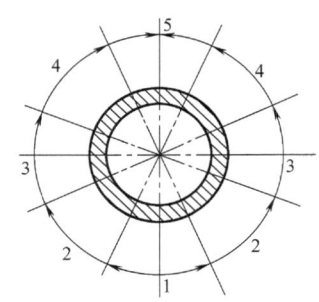

图1-22 不可转动钢管焊接

焊接水平固定管时，应先进行定位焊，再正式焊接。

在焊接前半圈时，起点和终点都要超过管子的垂直中心线5～10mm；焊接后半圈时，起点和终点都要和前段焊缝搭接，搭接长度一般为10～20mm，以防止起焊处和收口处产生缺陷。

3. 管垂直固定对接气焊

管垂直固定对接气焊相当于横焊缝，只是焊缝是绕着管子圆周分布，其操作特点与直缝横焊相同，操纵时需要随着环形焊缝的前进而不断地变换位置，但焊嘴、焊丝和管子的相对位置不变，这就对操作者有更高的要求，必须控制好焊缝熔池的形状。

薄壁管的垂直固定管常采用不开坡口，中厚壁管通常开单边V形坡口。根据操作者的技术熟练程度，可分为多层焊和单层焊。如果采用右焊法则可以单面焊双面成形一次焊成，但对操作者技术要求较高。

在施焊时，先将被焊处预热，待形成熔孔后，开始熔化焊丝，注意对熔孔大小的控制，熔池的大小保持在等于或稍大于焊丝直径为宜，做到单面焊双面成形。在施焊过程中，焊嘴不作横向摆动，只在熔孔和熔池之间作微小的前后移动，以控制熔池温度。

工作任务

管水平转动对接气焊如图1-23所示。

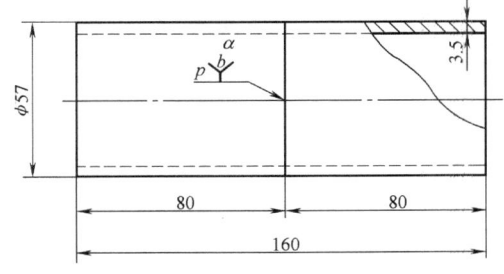

技术要求

1. 钢管对接水平位置转动气焊。
2. 坡口角度α=60°，根部间隙b=1.5～2mm，钝边p=0.5mm。
3. 焊缝不允许有咬边及焊瘤缺陷。

图1-23 管水平转动对接气焊

操作准备

1. 焊件准备

20 无缝钢管,规格为 $\phi57\text{mm} \times 3.5\text{mm}$,$l = 160\text{mm}$,坡口面角度为 60°。

2. 材料准备

焊丝牌号 H08,直径 $\phi3.2\text{mm}$。

3. 焊接设备

乙炔气瓶、氧气瓶、射吸式焊炬、乙炔减压器、氧气减压器、回火保险器和胶管等。

4. 辅助工具

打火枪、护目镜、防护手套、通针、钳子、锤子、锉刀和扳手等。

实施过程

一、焊前准备

根据设计要求对焊接接头进行坡口加工并进行组对。仔细检查焊缝坡口表面,若发现有锈蚀则必须用砂轮打磨清除,清理坡口表面,如残留锈斑、氧化皮、气割残渣、潮气和油污,使焊件露出金属光泽。将焊接设备组装好,检查是否连接可靠、是否有漏气现象,确保设备完好。

二、装配

装配时钝边为 0.5mm,无毛刺,根部间隙为 1.5~2mm,错边量 ≤0.5mm。

三、定位焊

对于管径小于 $\phi70\text{mm}$ 的钢管,只需定位焊 2 处;对于管径为 $\phi70 \sim \phi300\text{mm}$ 的钢管,可以定位 4~6 处;对于管径大于 $\phi300\text{mm}$ 的钢管,可定位 6~8 处或更多。定位焊的位置要圆周上均匀布置,气焊点应在两定位焊缝中间,如图 1-24 所示。

根据本例试件钢管的管径,定位焊两处即可。注意焊点的起头和收尾要圆滑过渡,焊点高度不应超过焊件厚度的 1/2。定位焊必须焊透,不允许出现未熔合、气孔及裂纹等缺陷。

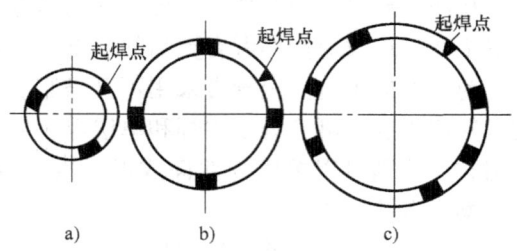

图 1-24　不同管径定位焊及起焊点
a)直径小于 70mm　b)直径为 100~300mm
c)直径为 300~500mm

四、焊接

本例采用可转动钢管对接气焊,整个焊接需要分两层进行。

第一层焊嘴与钢管表面的倾斜角为 45°左右,火焰焰心末端距熔池 3~5mm。当看到钝边熔化并形成熔池后,立即把焊丝送入熔池前沿,使之熔化充填熔池。焊炬作圆周移动,焊丝同时不断地向前移动,保证焊件的底部焊透。

第二层焊接时,焊炬要适当地横向摆动。但火焰能率略微小些,使焊缝成形美观。整个焊接过程中,每层焊道应一次完成,并且各层的起焊点互相错开 20~30mm。每次焊接结束,要注意熔池的充填情况,做到填满熔池,然后火焰才可以慢慢离开熔池,防止产生气孔、夹渣等缺陷。

具体操作方法如下。

气焊起点如图 1-25 和图 1-26 所示,采用爬坡方式连续施焊,中间不要停顿,一直焊到与起点重合为止。

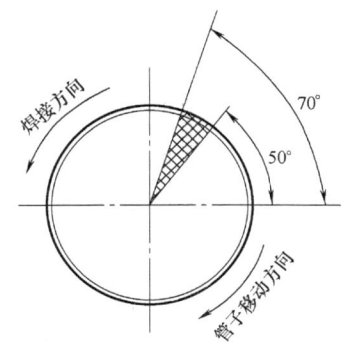

图 1-25 左向爬坡焊

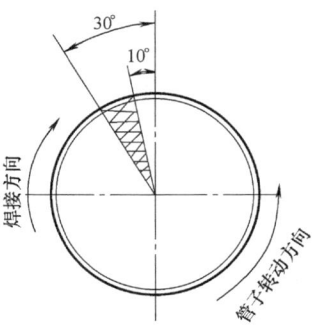

图 1-26 右向爬坡焊

若采用左焊法施焊,则应将熔池置于管子水平中心线成 50°~70°角的范围内进行焊接,如果采用右焊法施焊,熔池应控制在与管子垂直中心线成 10°~30°角的氛围内。

课题四 钢板直线切割

学习目标

1. 掌握气割的原理及其特点。
2. 掌握气割设备及辅助工具的使用方法及安全注意事项。
3. 合理选择气割参数,完成钢板的直线切割。

知识准备

一、气割原理

气割是利用气体火焰的热能,将工件切割处预热到燃烧温度后,喷出高速切割氧流,使其燃烧并放出热量实现切割的方法。氧气切割过程是预热-燃烧-吹渣过程,其实质是铁在纯氧中的燃烧过程,而不是金属熔化过程,如图 1-27 所示。

二、气割的条件

金属气割的主要条件如下。

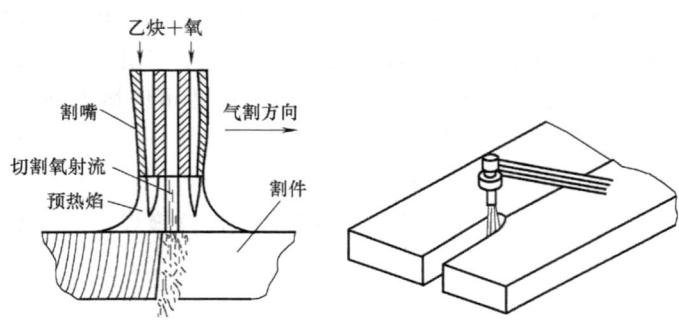

图 1-27 气割原理

1）金属在氧气中的燃烧点应低于熔点，这是氧气切割过程能正常进行的最基本条件。

2）金属气割时形成氧化物的熔点应低于金属本身的熔点，同时流动性要好，这样的氧化物能以液体状态从割缝处被吹除。

3）金属在切割氧射流中燃烧应该是放热反应，使所放出的热量足以维持切割过程继续进行而不中断。

4）金属的导热性不应太高，否则预热火焰及气割过程中氧化所释放的热量会被传导散失，使气割不能开始或中途停止。

常用金属及其氧化物的熔点见表 1-6。

表 1-6 常用金属及其氧化物的熔点

金属材料	金属熔点/℃	氧化物的熔点/℃	金属材料	金属熔点/℃	氧化物的熔点/℃
纯铁	1535	1300～1500	铅	327	2050
低碳钢	1500		铝	658	
高碳钢	1300～1400		铬	1550	1990
灰铸铁	1200		镍	1450	
铜	1084	1230～1336	锌	419	1800

三、常用金属的气割性

1）纯铁和低碳钢能满足上述要求，所以能很顺利地进行气割。

2）铸铁不能用氧气气割，原因是它在氧气中的燃点比熔点高很多，同时产生高熔点的二氧化硅（SiO_2），而且氧化物的黏度也很大，流动性又差，切割氧流不能把它吹除。此外，由于铸铁含碳量高，碳燃烧后产生 CO 和 CO_2 冲淡了切割氧射流，降低了氧化效果，使得气割困难。

3）高铬钢和铬镍钢在气割时会产生高熔点的氧化铬和氧化镍（约 1990℃），遮盖了金属的割缝表面，阻碍下一层金属燃烧，也使气割发生困难。

4）铜、铝及其合金燃点比熔点高，导热性好，加之铝在切割过程中产生高熔点二氧化铝（约 2050℃），而铜产生的氧化物放出的热量较低，都使气割发生困难。

目前，铸铁、高铬钢、铬镍钢、铜、铝及其合金均采用等离子弧切割。

四、气割设备与工具

气割设备及工具主要有氧气瓶、乙炔瓶、液化石油气瓶、减压器和割炬（或气割机）等。氧气瓶、乙炔瓶、液化石油气瓶、减压器与气焊用的相同。手工气割时使用的是手工割炬，机械化设备使用的是气割机。

1. 割炬

割炬是进行火焰气割的主要工具。同焊炬一样，割炬按可燃气体与氧气混合的方式不同也可分为射吸式割炬和等压式割炬两种，射吸式割炬应用最为普遍。射吸式割炬是在射吸式焊炬的基础上增加了由切割氧调节阀、切割氧气管以及割嘴等组成的切割部分，其外形与结构如图1-28和图1-29所示。乙炔是靠预热火焰的氧气射入射吸管而被吸入射吸管内。这种割炬低、中压乙炔都可用。

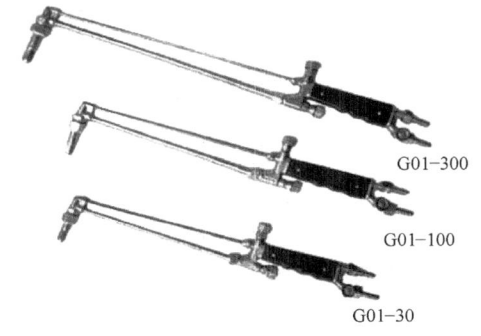

图1-28 射吸式割炬外形图

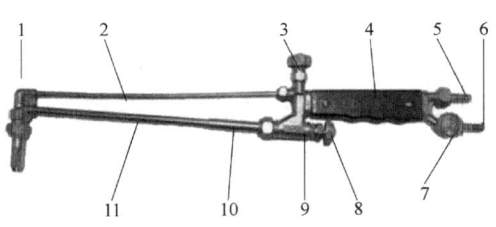

图1-29 射吸式焊炬的构造
1—割嘴 2—切割氧管 3—切割氧开关 4—手柄
5—氧气管接头 6—乙炔管接头 7—乙炔开关
8—预热氧开关 9—枪体 10—射吸管 11—混合管

割嘴的构造与焊嘴不同，焊嘴上的喷射孔是小圆孔，所以气焊火焰呈圆锥形；而射吸式割炬的割嘴按结构形式不同，混合气体的喷射孔有环形和梅花形两种。环形割嘴的混合气孔道呈环形，整个割嘴由内嘴和外嘴二部分组合而成，又称组合式割嘴。梅花形割嘴的混合气孔道呈小圆孔均匀地分布在高压氧孔道周围，整个割嘴为一体，故又称为整体式割嘴。

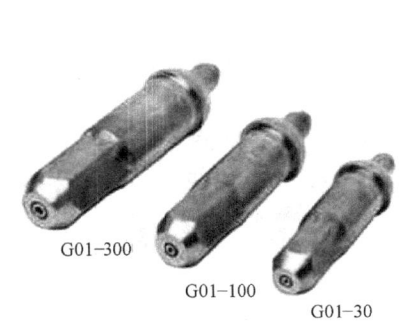

图1-30 环形割嘴

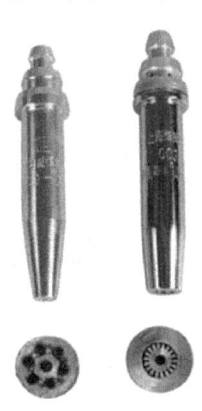

图1-31 梅花形割嘴

2. 气割机

气割机是代替手工割炬进行气割的机械化设备，它比手工气割的生产率高，割口质量好，劳动强度和成本都较低。近年来，由于计算机技术的发展，数控气割机也得到广泛应用。常用的气割机有半自动气割机、仿形气割机、光电跟踪气割机和数控气割机等。

（1）CG1-30 型半自动气割机　图 1-32 所示为 CG1-30 型半自动气割机，它能切割直线或圆弧，其主要技术参数见表 1-7。

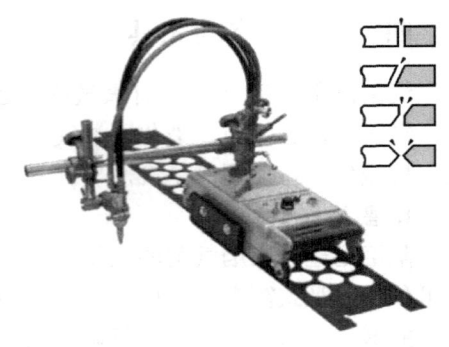

图 1-32　CG1-30 型半自动切割机

表 1-7　CG1-30 型半自动气割机的主要技术参数

型号	电源电压/V	电动机功率/W	气割钢板厚度/mm	割圆直径/mm	气割速度/(mm/min)	割嘴数目/个
CG1-30	220	24	5~60	200~2000	50~750	1~3

（2）CG2-150 型仿形气割机　仿形气割机是一种高效率的半自动气割机，可方便又精确地气割出各种形状的零件。仿形气割机的结构形式有门架式和摇臂式两种。其工作原理主要是靠轮沿样板仿形带动割嘴运动，如图 1-33 所示。

CG2-150 型仿形气割机的主要技术参数见表 1-8。

（3）数控气割机　数控气割是按照数控加工程序进行自动切割的机床。数控气割时，首先按照图样上零件的几何形状及数据编制成计算机所

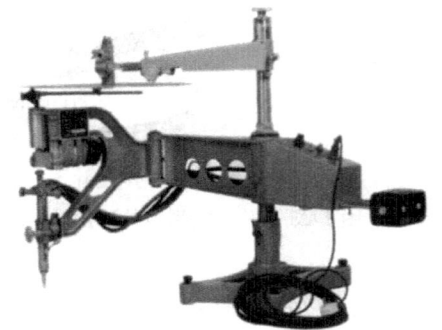

图 1-33　CG2-150 型仿形切割机

表 1-8　CG2-150 型仿形气割机的主要技术参数

型号	钢板厚度/mm	气割速度/(mm/min)	精度/mm	正方形尺寸/mm	长方形尺寸/mm	直线长度/mm	割圆直径/mm
CG2-150	5~60	50~750	±0.5	500×500	900×400 750×450	1200	600

能接受的加工指令即编制程序，输入专用计算机中。计算机根据输入的指令计算出气割头的走向和应走的距离，并以一个脉冲向外输出至执行机构。经执行机构带动气割头（割嘴），就可以按图样的形状把零件从钢板上切割下来。数控气割机如图 1-34 所示。

五、气割参数

气割参数主要包括气割氧压力、气割速度、

图 1-34　数控切割机

预热火焰能率、割嘴与割件的倾斜角度、割嘴离割件表面的距离等。

1. 切割速度

切割速度与工件厚度和使用的割嘴形状有关。切割速度正确与否主要根据切口的后拖量来判断。

后拖量就是在氧气切割过程中，在同一条割纹上沿切割方向两点间的最大距离。后拖量是不可避免的，只能尽量减小。因此应采用合理的气割速度，使切口产生的后拖量较小，以保证气割质量。

2. 预热火焰性质与能率

预热火焰的作用是把金属割件加热，并始终保持能在氧气流中燃烧的温度，同时使其表面上的氧化皮剥落和熔化，便于切割氧气流与金属割件接触燃烧。预热火焰对金属割件的加热温度，低碳钢为 1100~1150℃。

气割时，预热火焰应采用中性焰或轻微氧化焰，不能使用碳化焰，因为碳化焰会使割口边缘产生增碳现象。

预热火焰能率是以每小时可燃气体消耗量来表示的。预热火焰能率应根据割件厚度来选择，一般割件越厚，火焰能率应越大。

3. 割炬与割件间的倾角

在整个切割过程中，割炬与割件平面的角度随着切割的进程不断有所变化，并且工件的厚度不同，倾角也不同，见表1-9。

表1-9 割件厚度与割炬倾斜的角度

割件厚度/mm	<6	6~30	>30		
			起割	割穿后	停割
倾斜方向	后倾	垂直	前倾	垂直	后倾
倾斜角度	25°~45°	0°	5°~10°	0°	5°~10°

4. 割炬离割件表面的距离

通常火焰焰芯离割件表面的距离应保持在 3~5mm 范围内。

六、回火的处理

在气割工作中有时会发生气体火焰进入喷嘴内逆向燃烧的现象，这种现象称为回火。形式上包括回烧和逆火。

回烧是火焰向喷嘴孔逆行，并继续向混合室和气体管路燃烧的现象。

逆火是火焰向喷嘴逆行，并瞬时自行熄灭，同时伴有爆鸣声的现象。

发生回火的根本原因是混合气体从焊、割炬的喷射孔内喷出的速度小于混合气体燃烧速度。若发生回火，应先迅速关闭氧气调节阀门，再关闭乙炔调节阀门，切断乙炔和氧气来源。待火熄灭后焊、割嘴不烫手时方可重新进行气焊、气割。

七、其他切割方法

金属切割方法很多，表1-10介绍了其他常用切割方法及应用。

表 1-10 其他常用切割方法及应用

切割方法	特 点	应 用 范 围
等离子弧切割	利用等离子弧的热量实现切割	可以切割各种高熔点金属及其他切割方法不能切割的金属,如不锈钢、耐热钢、钛、钼、钨、铸铁、铜、铝及其合金等,还能切割各种非导电材料,如耐火砖、混凝土、花岗石和碳化硅等
氢氧源切割	利用水电解产生的氢气和氧气完全燃烧,来用于切割	水电解氢氧焊割机有利于实现一机多用,形式多样,如可一机实现电焊、气焊、切割、喷涂等
激光切割	利用激光束的热能实现切割	对氧乙炔焰难以切割的不锈钢、钛、铝、铜、锆及其合金等材料皆可采用激光切割,甚至对木材、纸、布、塑料、橡胶以及岩石、混凝土等非金属材料也能进行切割
水射流切割	利用高压水射流进行切割	适用于切割各种金属和非金属,尤其是其他加工方法难以加工的硬质合金和陶瓷材料
汽油切割	利用汽油雾化或气化后与氧混合燃烧形成的火焰实现切割	实现碳钢和低合金钢的切割,还可以进行非铁金属的钎焊
碳弧气刨	使用石墨棒与工件间产生电弧将金属熔化,并用压缩空气将其吹掉,实现切割	用于清理焊根,清除焊缝缺陷,开焊接坡口(特别是 U 形坡口),清理铸件的毛边、浇冒口及缺陷,还可用于无法用氧乙炔切割的各种金属材料切割
电弧气刨	利用药皮在电弧高温下产生的喷射气流,吹除熔化金属达到刨割的目的	常用于焊缝返修及局部切割,尤其在野外作业及工位狭窄处
氧熔剂切割	在切割氧流中,加入纯铁粉或其他熔剂,利用它们的燃烧热和造渣作用实现切割	不锈钢、铸铁、铜、铝及其合金等的切割

工作任务

钢板直线切割如图 1-35 所示。

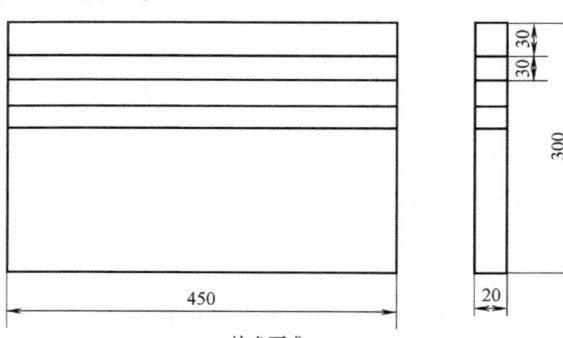

技术要求

1. 采用手工气割方式进行直线切割。
2. 沿纵向每隔30mm间距切割一条钢板。
3. 切口与割件表面垂直,割纹平整挂渣少。

图 1-35 钢板直线切割

操作准备

1. 割件准备

Q235 板料一块,规格为 450mm×300mm×20mm。

2. 气割设备

氧气瓶、乙炔气瓶、乙炔减压器、氧气减压器、回火保险器、割炬和胶管等。

3. 辅助工具

打火枪、护目镜、防护手套、通针、钳子、锤子、锉刀和扳手等。

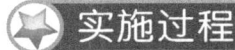

一、气割前准备

固定钢板，使其离开地面一段距离并保持水平状态，这样在气割过程中可以使熔渣能够从钢板底下顺利吹出，防止操作者被熔渣烫伤。

除去割件氧化皮、油污、铁锈、尘垢。用石笔在割件件上均匀画出平行线条，间隔30mm。

检查整个气割系统的设备和工具是否正常，各连接处是否有漏气现象。开启乙炔瓶阀和氧气瓶阀，调整减压器将氧气和乙炔气调节到所需工作压力。

具体参数选择参照表1-11。

表1-11 气割工艺参数表

割件厚度/mm	割炬及割嘴号		氧气压力/MPa	乙炔压力/MPa	切割速度/(mm/min)
3~12	G01-30	1~2	0.4~0.5	0.01~0.12	550~400
13~30		2~3	0.5~0.7		400~300
32~50	G01-100	1~2	0.5~0.7		300~250
52~100		2~3	0.6~0.8		250~200

二、操作步骤

切割前准备→调整切割工艺参数→点火→起割→正常气割→停割。

三、操作要领

1. 操作姿势

手工气割操作一般采用抱切法，即双脚成八字蹲在工件割线的后面，右臂靠住右膝盖，保证割炬移动时的平稳性。用右手握住割炬手柄，右手拇指和食指调整预热氧调节阀，控制预热火焰。左手自由悬置在两腿之间，通过拇指和食指调整切割氧调节阀，左手其余三指托住割炬以增加气割的平稳性，控制切割方向。眼睛注视工件、割嘴和切割线，保持平稳呼吸。双手配合方法如图1-36所示。

2. 点火

缓慢打开预热氧调节阀，再打开乙炔调节阀，开始点火。先将火焰调致中性焰或轻微氧化焰。然后打开割炬上的切割氧开关，逐渐增加氧气流量，使切

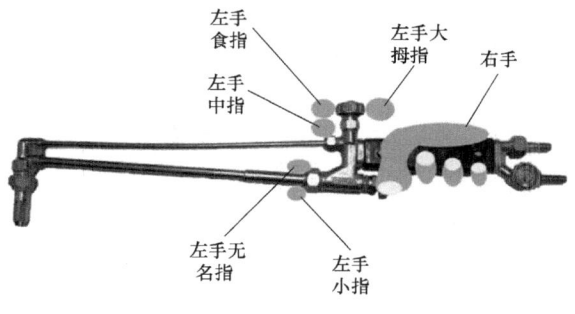

图1-36 割炬的手持及操作方法

割氧流的形状成为笔直的圆柱形,这样可以具有一定的喷射能力,准备切割。

如果无法调整到上述状态,则说明内外嘴的同轴度有较大误差,或割嘴有堵塞现象。此时,应先关闭切割氧阀,再关闭乙炔阀,最后关闭预热氧阀,调整好后再操作。

3. 预热起割

开始切割时,首先要对钢板的边缘进行预热,随着温度升高,呈现红色时,将火焰局部移除边缘线以外,同时慢慢打开切割气阀。当看到被预热的红色边缘熔化成铁液并在氧气流中被吹掉时,进一步加大氧气流量,直至看到割件背面飞出鲜红的氧化金属渣时,证明割件已被割透,再加大氧气流,使割嘴垂直于割件,进入正常气割过程。

4. 正常切割

起割后,进入正常切割状态,割炬移动速度要均匀,方向正确,割嘴与工件表面距离要保持一定(3~5mm)。当听到"噗噗"声时,说明已经割透,否则未割透。

当割完一段后需要移动位置时,应首先关闭切割氧气阀,停止切割,将身体移到下一个位置后,再将割嘴对准待割处,适当加热,缓慢打开切割氧气阀,继续切割。

在切割过程中要密切观察割缝状态。如果熔渣的流动方向基本上与割件表面垂直,就说明切割速度正常。若熔渣成一定角度流出,即产生较大的拖后量,则说明切割速度过快。

切割过程中如果出现鸣爆或回火,则应快速关闭切割氧气阀。这时火焰会自动在割嘴外正常燃烧。如果此时割炬内发出"嘘嘘"响声,则说明割炬内回火尚未熄灭,这时应迅速将乙炔调节阀关闭。检查割嘴是否过热,氧化物熔渣是否堵住割嘴,用通针通切割氧喷射孔及预热火焰出气孔。经过以上处理,继续气割前要重新检查割炬的吸射力,然后重新点燃割炬进行切割。

5. 停割

当气割过程临近完成时,割嘴应沿气割方向的相反方向倾斜一定角度,以便使钢板下部提前割透,使切口收尾处平整、美观。气割完毕后,应迅速关闭切割氧调节阀,并将割炬抬起离开割件,再关闭乙炔调节阀,最后关闭预热氧调节阀。

四、割件质量检验

1)切口表面应光滑干净,割纹要粗细均匀。
2)气割的氧化铁挂渣少,且容易脱落。
3)气割切口的缝隙较窄,而且宽窄一致。
4)气割切口的钢板边缘没有熔化现象,棱角完整。
5)切口应与割件平面垂直。
6)割缝不应歪斜。

课题五　法兰盘的切割

学习目标

1. 掌握法兰盘切割的特点及技术要求。
2. 掌握法兰盘切割的基本操作技术和安全注意事项。

3. 熟练运用割炬完成法兰盘的切割操作。

知识准备

法兰盘切割是生产中最常见的切割加工项目。为了提高生产率，保证切割质量，直径在 ϕ50mm 以上的圆弧、圆孔、及法兰盘的气割均采用气割圆规进行。

一、气割常见缺陷的产生原因及防止方法

1. 切口过宽且表面粗糙

切口过宽且表面粗糙是由于气割氧气压力过大造成的。切割氧气压力过低时，切割的熔渣便吹不掉，切口的熔渣粘在一起不易去除。因此气割时，应将切割氧气压力调整适宜。

2. 切口表面不齐或棱角熔化

切口表面不齐或棱角熔化产生的原因是预热火焰过强，或切割速度过慢；火焰能率过小时，切割过程容易中断且切口表面不整齐，所以，为保证切口规则，预热火焰能率大小要适宜。

3. 切口后拖量大

切割速度过快致使切割后拖量过大，不易切透，严重时会使熔渣向上飞，发生回火。切割时，可根据熔渣流动情况进行判断，采用较为合理的切割速度，从而消除过大的后拖。

二、提高切口表面质量的途径

1. 切割氧气压力大小要适当

切割氧压力过大时，使切口过宽，切口表面粗糙，同时浪费氧气；过小时，气割的氧化铁渣吹不掉，切口的熔渣容易粘在一起不易清除。

2. 预热火焰能率要适当

预热火焰能率过大时，钢板切口表面的棱角被熔化，尤其是在气割薄件时会产生前面割开，后面粘在一起的现象；火焰能率过小时，气割过程容易中断，而且切口表面不整齐。

3. 气割速度要适当

气割速度太快时，产生较大的后拖量，不易切透，甚至造成铁渣往上飞，容易发生回火现象；气割速度太慢时，钢板两侧棱角熔化，同时浪费气割气体，较薄的板材易产生过大的变形以及粘连现象，割后不易清理。气割速度适当时，熔渣和火花垂直向下飞去，切口光洁，熔渣容易清除。

工作任务

法兰盘的切割如图 1-37 所示。

操作准备

1. 割件准备

Q235 板料一块，规格为 450mm × 450mm × 30mm。

2. 气割设备

氧气瓶、乙炔气瓶、乙炔减压器、氧气减压器、回火安全器、G01-100 型割炬，1 号环

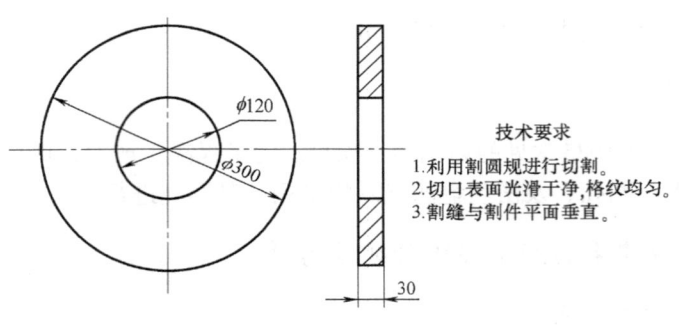

图 1-37 法兰盘的切割

形割嘴、割圆规和胶管等。

3. 辅助工具

打火枪、防护手套、护目镜、通针、钳子、锤子、锉刀和扳手等。

实施过程

一、操作前准备

除去割件的氧化皮、油污、铁锈、尘垢，将工件表面清理干净。将待割钢板水平放置并离开地面一定高度固定好。检查整个气割系统的设备和工具是否正常，各连接处是否有漏气现象。开启乙炔瓶阀和氧气瓶阀，调整减压器将氧气和乙炔气调节到所需工作压力。

注意支垫物不应放在割线下方，以免影响熔渣的吹除。切割圆规可以自制，但要保证其有足够的刚度，坚固耐用。气割前用样冲在圆中心打好定位孔，用圆规划出同心圆，并用石笔加重画出，如图 1-38 所示。

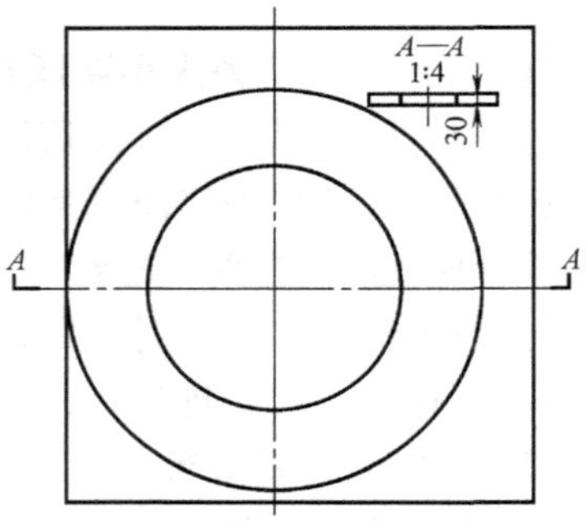

图 1-38 法兰气割示意图

二、操作要领

1. 外圆的气割

气割前将割规的套管套在割嘴上，按照任务要求的切割半径调整定心锥尖与割炬喷孔中心的距离。出于安全考虑，应预先留有 10mm 左右切割余量。把定位销的尖端插入工件预先打好的定位孔内，如图 1-39、图 1-40 所示。

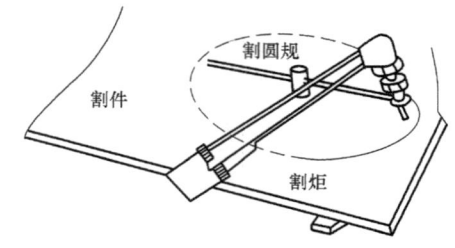

图 1-39 割圆规加工示意图

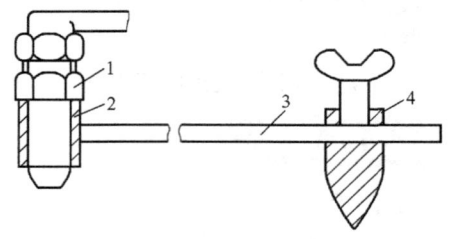

图 1-40 焊炬与割圆规的位置
1—割嘴 2—套管 3—半径杆 4—定位锥

气割外圆时先在钢板边缘点火并起割，待钢板割穿后，慢慢地将割嘴移向法兰盘，使定位锥尖落入定位孔，便可将割嘴沿圆周旋转，进入正常切割。旋转一圈后，法兰盘即从钢板上切下。

2. 内圆的气割

气割内圆时，切割顺序是先割外圆，后割内圆。气割内圆时，应先在内圆上开气割孔，保持气割孔距离切割线 5~15mm，此时火焰能率应调大一些或调成弱氧化焰，以加快预热速度。达到切割温度时，应将割嘴后倾 20°左右，以便将熔渣吹出，防止飞溅的熔渣将割嘴堵住。

开始气割操作时，切割氧调节阀不要开得很大，边切割边增加切割氧压力，随着割炬的移动，逐渐将割嘴角度转为垂直于钢板，将工件割穿。接着割嘴慢慢移向割线，同时将划规针尖放入定位孔内，将割炬沿圆周旋转，将内圆割下。

3. 停割

整个切割过程中要防止割嘴上的套管脱落。保持割嘴的高度始终如一，割炬行走的速度要均匀，不能时快时慢。

气割到终点时，割嘴和割圆规应同时向切割的相反方向略微移动一段距离，以便割嘴和割圆规可以顺利移除工件。

三、注意事项

1）按照安全操作规程进行操作。

2）在气割前，要熟悉气割工具的使用方法，正确选择气割参数。

3）放置割件时，要保证工件安装得水平、稳固，割件下面要悬空，确保气渣的顺利排出，割线下面不能与垫板重合。

4）划线时，要注意留有气割余量和加工余量。

第二单元　焊条电弧焊

课题一　平　敷　焊

学习目标

1. 熟悉焊条及运条方法。
2. 掌握焊道起头、运条、连接和收尾的方法。
3. 能够区分熔渣和熔化金属。

知识准备

平敷焊是在平焊位置上堆敷焊道的一种操作方法。平敷焊操作包括焊道的起头、运条、连接和收尾四个基本动作。平敷焊是完成平焊位置其他焊接操作的基础。

一、焊道的起头

在刚开始焊接时，在一般情况下这部分焊道略高些，质量也难以保证。因为焊件未焊之前温度较低，而引弧后又不能迅速使焊件温度升高，所以起始部分的熔深较浅。对焊条来说，在引弧后的 2s 内由于焊条药皮未形成大量的保护气体，最先熔化的熔滴几乎是在无保护气氛的情况下过渡到熔池中去的，这种保护不好的熔滴中有不少气体。如果这些熔滴在施焊中得不到二次熔化，其内部气体就会残留在焊道中形成气孔。

为了解决熔深太浅的问题，可在起始点前 10mm 左右引弧，引弧后先将电弧稍微拉长，使电弧对端头有预热作用，等起始处形成熔池，然后适当缩短电弧进行正式焊接。其操作过程如图 2-1 所示。

另一种方法是采用引弧极，即在焊前装配一块金属板，从这块板上开始引弧，焊后割掉。采用引弧板不但保证了起头处焊缝质量，也能使焊接接头始端获得正常尺寸的焊缝，因此常在焊接重要结构时应用。

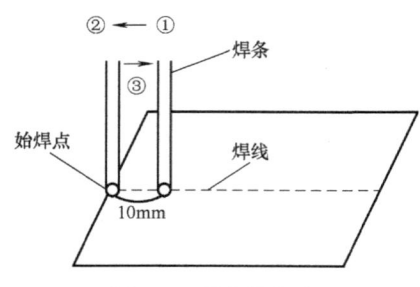

图 2-1　焊道的起头

二、运条

在焊接过程中，焊条相对焊缝所做的各种动作的总称为运条。为保证焊缝质量，正确运条是十分必要的。

1. 三个运动

当引燃电弧进行焊接时，焊条要有三个方向的基本动作才能得到良好成形的焊缝。这三个方向的基本动作是焊条送进动作、焊条横向摆动动作和焊条前移动作，如图 2-2 所示。

(1) 焊条送进动作　焊条在电弧热的作用下会逐步熔化缩短。为了保持电弧长度，必须将焊条朝着熔池方向逐渐送进。焊条送进时，要求焊条送进的速度与焊条熔化的速度相等，如果焊条送进速度过快，则电弧长度将迅速缩短，使焊条与焊件接触，造成短路，电弧熄灭；如果焊条送进速度过慢，则电弧的长度增加，直至断弧。

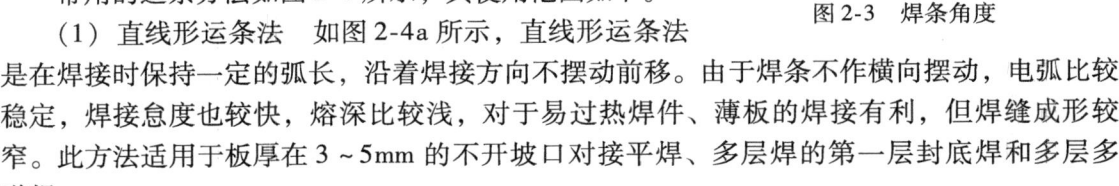

图 2-2　运条的三个基本动作

电弧长度对焊缝质量有极大的影响，一般而言，长电弧不稳定，空气容易侵入，导致产生气孔，热量不集中，散失大，焊缝熔深浅，电弧吹力小，容易产生夹渣。因此，一般焊接时，采用短弧、均匀的送进速度，保持电弧长度稳定是获得质量优良焊缝的重要因素。

(2) 焊条横向摆动动作　焊条横向摆动的目的是得到一定宽度的焊缝。焊条摆动的幅度与焊缝要求的宽度和焊条的直径有关。摆动越大，则焊缝越宽，但要保证焊缝两侧的良好熔合。一般焊缝宽度在焊条直径的 25 倍左右。

(3) 焊条前移动作　焊条沿着焊接方向向前移动对焊缝的成形质量影响很大。焊条前移的快慢表示焊接速度的快慢。过快则电弧来不及熔化足够的焊条与母材金属，造成焊缝断面太小及形成未焊透等焊接缺陷；过慢则熔化金属堆积过多，产生溢流及成形不良，同时由于热量集中，薄件容易烧穿，厚件则产生过热，降低焊缝金属的综合力学性能。因此，焊条前移速度应适当，前移速度应根据电流大小、焊条直径、焊件厚度、装配间隙、焊缝位置、焊件材质等因素综合考虑。另外，焊条前移速度应均匀，不能时快时慢，才能保证焊缝均匀一致。

上述三个动作不能机械地分开，而应互相协调，才能焊出满意的焊缝。

2. 焊条角度

引弧后，应使焊条保持左右垂直，并与焊接方向成 70°～80°夹角，如图 2-3 所示。

3. 运条方法

焊条电弧焊运条方法是指焊接操作人员在焊接过程中对焊条运动的手法。其与焊条长度及焊条运动三个基本动作共同构成了焊工操作技术，都是能否获得优良焊缝的重要操作因素。

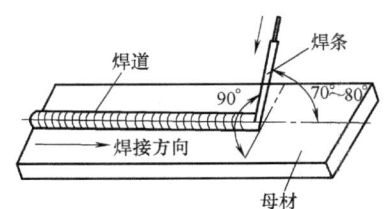

图 2-3　焊条角度

常用的运条方法如图 2-4 所示，其使用范围如下。

(1) 直线形运条法　如图 2-4a 所示，直线形运条法是在焊接时保持一定的弧长，沿着焊接方向不摆动前移。由于焊条不作横向摆动，电弧比较稳定，焊接急度也较快，熔深比较浅，对于易过热焊件、薄板的焊接有利，但焊缝成形较窄。此方法适用于板厚在 3～5mm 的不开坡口对接平焊、多层焊的第一层封底焊和多层多道焊。

(2) 直线往返运条法　如图 2-4b 所示，直线往返运条法是在焊条末端沿焊缝方向作往复的直线形摆动。在实际操作中，电弧长度是变化的，焊接时应保持较短的电弧。焊接一小段后，电弧拉长，向前跳动，待熔池稍凝，焊条又回到熔池继续焊接。该法焊接速度快、焊缝窄、散热快，适用于薄板和对接间隙较大的底层焊接。

(3) 锯齿形运条法 如图 2-4c 所示，锯齿形运条法是在将焊条末端向前移动的同时作锯齿形的连续摆动。摆动运条时两侧稍加停顿，其停顿时间应视工件厚度、电流大小、焊缝宽度及焊接位置而定，这主要是为了保证两侧熔化良好，不产生咬边。锯齿形摆动的目的是为了控制焊缝熔化金属的流动和得到必要的焊缝宽度，并获得较好的焊缝成形。此方法应用于平焊、立焊、仰焊的对接接头和立焊的角接接头。

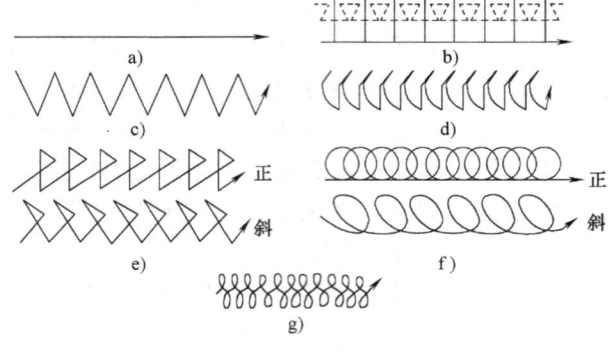

图 2-4 运条方法
a) 直线形 b) 直线往返 c) 锯齿形 d) 月牙形
e) 三角形 f) 圆圈形 g) 8 字形

斜锯齿形运条法适用于平、仰焊位置和 T 形接头焊缝和对接接头的横焊缝。运条时两侧的停留时间应是上长下短，以利于控制熔化金属的下淌，有助于焊缝成形。

(4) 月牙形运条法 如图 2-4d 所示，月牙形运条法在实际生产中应用较广泛，操作方法与锯齿形相似。采用月牙形运条法时，为了使焊缝两侧熔合良好、避免咬边，应注意在月牙两尖端的停留时间。如果对熔池的加热时间相对较长，则金属的熔化良好，容易使熔池中的气体析出和熔渣的浮出，能消除气孔和夹渣，焊缝质量较高。但由于熔化金属向中间集中，增加了焊缝表面的余高，所以不适用于宽度小的立焊缝。当对接接头平焊时，为避免焊缝金属过高和使两侧熔透，有时采用反月牙形运条法。

(5) 三角形运条法 如图 2-4e 所示，三角形运条法是焊条末端在前移的同时作连续的三角形运动。三角形运条法可分为正三角形和斜三角形两种。

立焊时，在三角形折角处应作停顿。斜三角形转角部分的运条速度要慢些，如果对这些动作掌握得协调一致，就能取得良好的焊缝成形。

(6) 圆圈形运条法 如图 2-4f 所示，圆圈形运条法是在焊条末端连续作圆圈运动，并不断前移。正圆圈运条法只适用于焊接较厚的焊件平焊缝。其优点是熔池在高温停留的时间长，促使溶解在熔池中的氧、氮等气体有时间充分析出，同时也有利于熔渣的上浮。

斜圆圈运条法适用于平、仰焊位置的 T 形接头和对接接头的横焊缝。其特点是有利于控制熔化金属不受重力的影响而产生下淌现象，有助于横焊缝的成形。

(7) 8 字形运条法 如图 2-4g 所示，8 字形运条法是在焊条末端连续作 8 字形运动，并不断前移。

这种运条方法比较难掌握，只适用于宽度较大的对接焊缝及立焊缝的表面层焊缝。用此法焊接对接立焊的表面层时，运条手法需灵活，运条速度应快些，这样能获得焊波较细、均匀美观的焊缝表面。

以上几种焊条的运条方法是最基本的运条方法，在实际应用过程中，同一焊接接头焊缝，可根据自己的习惯进行选择。

三、焊道的连接

一条完整的焊缝是由若干根焊条焊接而成的，每根焊条焊接的焊道应有完好的连接。常用的连接方式有头尾连接、头头连接、尾尾连接和尾头连接，如图 2-5 所示。

头尾连接的连接方式应用最多。接头方法是在先焊的焊道弧坑前面约 10mm 处引弧，将拉长的电弧缓缓地移到原弧坑处，当新形成的熔池外缘与原弧坑外缘相吻合时，压弧进行正常焊接。头尾连接时更换焊条的速度要快，且需要采用"热接头"方法。

头头连接、尾尾连接和尾头连接的连接方式应用较少，一般用于长焊缝。段焊时采用焊道的头与头连接、尾与尾连接和尾压头连接。它们的操作方法与头尾连接的操作方法基本相同，即利用长弧预热，适时而准确压弧，保证接头平滑。

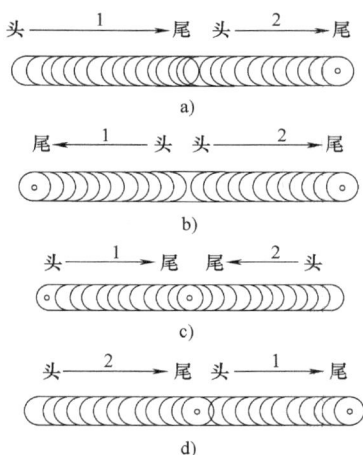

图 2-5　焊缝接头连接形式
a) 头尾连接　b) 头头连接
c) 尾尾连接　d) 尾头连接
1—先焊焊缝　2—后焊焊缝

四、焊缝的收尾

收尾是指焊接一条焊道结束时的熄弧操作。如果操作者在收尾时立即拉断电弧，则会形成低于焊件表面的弧坑，过深的弧坑会使焊道收尾处强度减弱，并容易造成应力集中而产生弧坑裂纹，所以收尾动作不仅是熄弧，还要填满弧坑。常用的收尾方法有画圈收尾法、反复断弧收尾法和回焊收尾法。

1. 画圈收尾法

如图 2-6 所示，焊条移至焊道终点时作圆圈运动，直到填满弧坑再拉断电弧。此法适用于厚板焊接，对于薄板则有烧穿的危险。

2. 反复断弧收尾法

如图 2-7 所示，焊条移至焊道终点时，在弧坑上需作数次反复熄弧和引弧直到填满弧坑为止。此法适用于薄板焊接。碱性焊条不宜用此法，因为容易产生气孔。

3. 回焊收尾法

如图 2-8 所示，焊条移至焊道收尾处立即停止，但未熄弧，此时可适当改变焊条角度，待填满弧坑后再移动焊条，然后慢慢拉断电弧。碱性焊条宜用此方法。

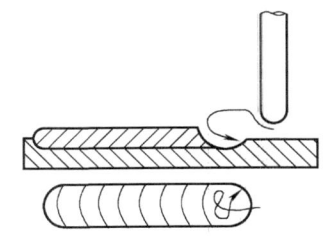

图 2-6　画圈收尾法

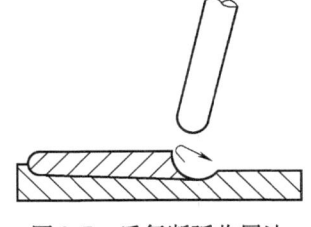

图 2-7　反复断弧收尾法

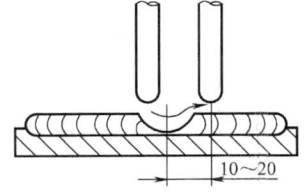

图 2-8　回焊收尾法

工作任务

平敷焊，如图 2-9 所示。

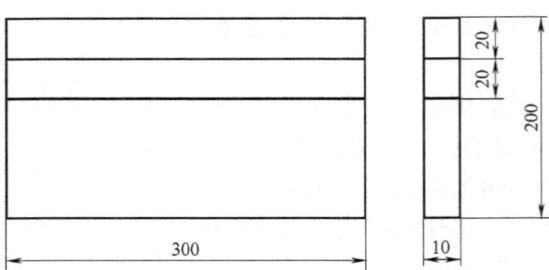

技术要求
1. 手弧焊平敷焊实训。
2. 焊缝宽度 $C=(10+2)$mm。
3. 要求焊缝基本平直。

图 2-9　平敷焊

操作准备

1. 焊接设备

BX3-300 型焊机一台或 ZX5-300 型弧焊整流器一台。

2. 焊条

E4303 型或 E5015 型，焊条直径为 $\phi3.2$mm 或 $\phi4.0$mm。

3. 焊件

Q235 钢板，规格为 300mm×200mm×10mm。

实施过程

一、划线

在焊件上，用石笔以 20mm 的间距划出焊缝位置线，如图 2-9 所示。

二、选择电流

使用直径为 $\phi3.2$mm 的焊条在 90~120A 范围内适当调节焊接电流；直径为 $\phi4.0$mm 的焊条在 140~180A 范围内适当调节焊接电流。

三、操作过程

1）以焊缝位置线作为运条的轨迹，分别采用直线运条法、锯齿形运条法和正圆圈形运条法运条。要求焊后的焊件上不应有引弧痕迹，每条焊缝的尺寸符合技术要求，焊波均匀，无明显咬边。

2）操作过程中，变换不同的弧长、运条速度和焊条角度以了解诸因素对焊道成形的影响，并不断积累焊接经验。

3）进行起头、接头和收尾的操作训练。要求焊道的起头和连接处基本平滑，无局部过高的现象，收尾处不得有弧坑。

4）每条焊缝焊完后，清理熔渣，分析焊接中的问题，再进行另外一条焊缝的焊接。

课题二 I形坡口板对接平位双面焊

学习目标

1. 掌握焊条电弧焊机的使用方法和基本操作要领。
2. 掌握I形坡口板对接平位正面焊和背面封底焊的操作技术。
3. 了解向下立焊的特点及应用方法。

知识准备

I形坡口对接平焊是板状试件、管状试件各种焊接位置操作的基础。对接平焊是在平焊位置上焊接对接接头的一种操作方法。熔池处于水平位置,便于焊工观察熔池温度和形状,操作比较容易。但如果操作不当,就会出现烧穿、焊瘤和夹渣等缺陷。当板厚小于6mm时采用I形坡口,也就是不开口的对接焊。焊件装配时应保证两板对接处平齐,当板厚为3~6mm时,一般留有1~2mm间隙;当板厚小于或等于3mm时,为避免烧穿往往不留间隙。

焊接时,首先进行正面焊,采用直线形运条法或直线往返运条法,选用直径φ3.2mm的焊条,应保证正面第一层焊缝隙的熔深达到板厚的2/3,正面盖面焊缝采用直径φ4.0mm的焊条。正面焊缝焊完后,将背面熔渣清理干净。背面焊接时采用直径φ4.0mm的焊条,适当加大焊接电流,保证与正面焊缝内部熔合,以免产生未焊透的现象。为了获得较大的熔深和熔宽,运条速度可以慢一些或者微微搅动焊条。运条过程中,如发现熔渣与熔化金属混合不清时,可把电弧拉长,同时将焊条向前倾斜,利用电弧吹力吹动熔渣,并向熔渣后方推送熔渣。推送溶渣的动作要快捷,以免产生夹渣等缺陷。焊缝的起头、接头和收尾与平敷焊相同。

一、定位焊的操作要求

定位焊缝是指焊前为装配和固定焊件接头的位置而焊接的短焊缝,定位焊缝的起头和收尾应圆滑过渡,以免正式焊接时焊不透,焊缝宽度为8~10mm,焊缝余高0~3mm,不得低于母材。焊件装配时应保证两板对接处平齐,板厚时应留有一定的间隙,间隙值用定位焊缝来固定。I形坡口对接接头的装配间隙取决于板厚,见表2-1。

表2-1 I形坡口对接接头的装配间隙

项目	无垫板/mm		有垫板/mm	
焊件厚度	3~3.5	3.5~6	3~4	4~6
装配间隙	0~1	2~2.5	0~2	2~3

碳钢定位焊缝的尺寸和时间距与焊件厚度有关,见表2-2。

表2-2 碳钢定位焊缝参考尺寸

焊件厚度/mm	定位焊缝高/mm	定位焊缝长/mm	定位焊缝间距/mm
<4	<2	5~10	50~100
4~12	2~6	10~20	100~200
>12	>6	20~30	200~300

定位焊的操作要求如下。

1）因为焊接时定位焊缝均被熔化而成为正式焊缝金属的一部分，所以定位焊所用焊条应与正式焊接时相同。

2）定位焊缝应有较大的熔深，否则正式焊缝覆盖在上面时，定位焊缝下面可能产生未焊透现象，所以定位焊时使用的焊接电流应比正式焊接时大 10%～15%。

3）定位焊缝的余高值不能太大，不然正式焊缝覆盖在上面时，可能会造成余高超高现象，还会使焊缝两侧达不到与焊件平滑过渡的要求。如果定位焊缝的余高值太大，则要用角向磨光机打磨掉。

4）焊后清除熔渣，认真检查焊缝表面质量和外观尺寸，分析问题，总结经验，再进行另一条焊缝的焊接。如果定位焊缝开裂，则必须将开裂处的焊缝铲除后再重新进行定位焊。不然由于焊接过程中焊缝的收缩变形会导致装配间隙尺寸的改变，从而影响质量。

二、I 形坡口对接平焊

1. 正面焊

正面焊的焊接方法与平敷焊相同。对于没有垫板的对接接头，应首先进行正面焊接。焊接时，应根据不同的板厚选择 I 形坡口对接焊焊接参数，见表 2-3。只有采用较小的装配间隙时，才可选用较大的焊接电流；反之，采用较大的装配间隙时，必须采用较小的焊接电流，以免将焊件烧穿。正面焊缝的熔透深度应达到板厚的 2/3，以保证焊件在厚度上全部焊透。如果达不到，则可适当增加焊接电流或加大装配间隙。正面焊缝焊完后，将焊件翻转，继续焊接背面焊缝。此时，应将正面焊缝焊接时从间隙中透过来的焊渣清理干净。

表 2-3 I 形坡口对接焊焊接参数

焊接厚度/mm	正面焊缝		背面焊缝	
	焊条直径/mm	焊接电流/A	焊条直径/mm	焊条电流/A
3	3.2	90～120	3.2	90～120
4	3.2	100～120	3.2	100～130
	4	140～160	3.2	150～170
5	4	140～170	4	160～190
6	4	160～170	4	200～210

2. 背面封底焊

背面焊缝焊接时的焊接参数见表 2-3。此时可适当加大焊接电流，因为正面焊缝已起到了封底的作用，所以一般不会发生烧穿现象。适当加大焊接电流可保证正面焊缝在焊件内部充分融合而不产生未焊透现象。

3. 有垫板的对接接头

对于有垫板的对接接头，由于垫板厚度已经达到 34mm，因此不会发生烧穿危险，此时装配间隙可取 13mm，焊接电流亦可比无垫板的对接接头稍大一些。

4. 薄板的焊接

当焊接厚度小于 3mm 的薄件时，往往会出现烧穿现象，因此装配时可不留间隙，定位焊缝呈点状密集形式。操作中采用短弧的快速直线往返运条法，为避免焊件局部温度过高，可以分段焊接，必要时可将焊件一头垫起，使焊缝倾角成 5°～10°，从高往低进行向下立焊，这样可提高焊接速度和减小熔深，防止烧穿，并且焊成的焊缝表面比较光滑平整。但是焊缝倾角也不能太大，否则焊接时熔渣会流向电弧前方，甚至液态金属也向下慢流，影响焊缝质量。向下立焊的焊缝强度低，最好采用专用焊条。一般情况下不采用向下立焊。

工作任务

I 形坡口对接平焊，如图 2-10 所示。

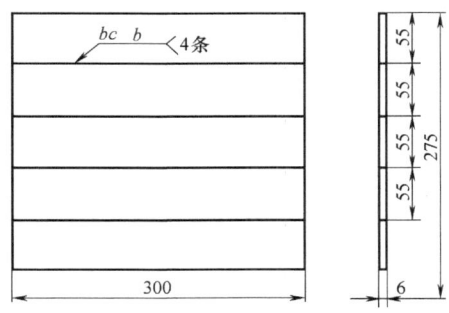

技术要求
1. 四条焊缝均采用 I 形坡口对接双面焊，焊缝表面与母材金属圆滑过渡。
2. 焊缝宽度为 8～10mm，焊缝余高为 0～3mm，不得低于母材金属。

图 2-10　I 形坡口对接平焊

操作准备

1. 焊件准备

两块 Q235 或 Q345 钢板，规格 300mm×275mm×6mm，I 形坡口。

2. 材料准备

E4303 或 E5015 焊条，直径为 ϕ3.2mm 或 ϕ4.0mm。

3. 焊接设备

BX3-300 弧焊机或 ZX5-400 弧焊机。

4. 辅助工具

焊条保温箱、金属直尺、角向磨光机、清渣工具和个人劳动保护用品等。

实施过程

一、焊前准备

1. 清理工件

用角向磨光机、锉刀、砂布和钢丝刷等清除坡口面及坡口正反两面各 20mm 的范围内的油污、水分和铁锈，直至露出金属光泽。

2. 确定工艺参数

焊接工艺参数按表 2-3 选择。

3. 试件装配及定位焊

按装配要求（装配间隙为 1~2mm，错边量≤0.5mm）分块装配，在距离端部 20mm 处进行定位焊。接头有无垫板和带垫板两种形式，如图 2-11 所示。本例采用无垫板焊接。

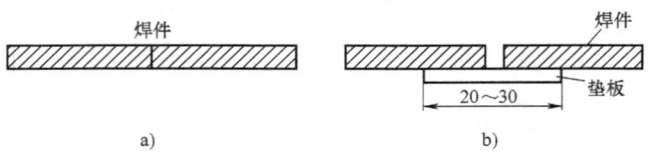

图 2-11 焊接接头垫板示意图
a）无垫板 b）有垫板

二、正面焊

采用直径 φ3.2mm 的焊条，直线形运条法进行打底焊，并填满弧坑，第一层熔深超过板厚的 2/3。清理焊渣后，用直径 φ3.2mm 的焊条，按焊接参数调节焊接电流，采用直线形运条，并稍微摆动，进行盖面焊接。

三、背面封底焊

把工件翻转过来，清除背面焊渣，采用直径 φ4.0mm 的焊条和直线形运条法焊接背面焊缝。焊缝的接头、收尾焊接与平敷焊相同。

课题三　V 形坡口板对接平位双面焊

学习目标

1. 掌握打底焊和填充焊的操作方法。
2. 掌握盖面焊和封底焊的操作方法。
3. 掌握焊条电弧焊焊缝接头的方法。

知识准备

平焊时，由于焊件处在俯焊位置，与其他焊接位置相比操作较容易。这是板状其他各种位置、管状焊件各种位置焊件操作的基础。但平焊打底焊时，熔孔不易观察和控制，在电弧吹力和熔化金属的重力作用下，使焊道背面易产生超高或焊瘤等缺陷。因此，这种操作仍具有一定的困难。

对于较厚的钢板，为使电弧直接作用到焊缝根部，以保证焊透，焊件端部应开坡口。一般有 V 形坡口或双 V（X）形坡口，采用多层焊或多层多焊道，如图 2-12 所示。

多层焊是熔敷两个以上焊层完成一条焊缝的焊接。而且焊缝每一层由一条焊道完成。多层多焊道时，一条焊缝由三条或多条窄焊道依次施焊，并列组成一条完整的焊缝，如图 2-13 所示。在焊接厚板或坡口较宽时，用多层多焊道有利于减少焊接变形。

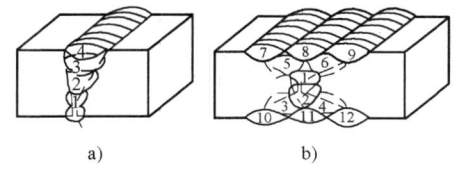

图 2-12 多层多焊道布局示意图
a) 多层焊 b) 多层多焊道

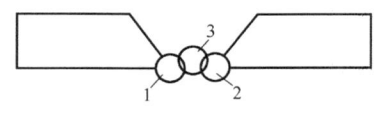

图 2-13 缩小间隙法
1、2、3 为焊接顺序

一、打底焊

1. 引弧位置

打底焊从焊件左端定位焊缝的始焊处开始引弧，电弧引弧后，稍微停顿预热，然后横向摆动向右施焊，待电弧达到定位焊缝前沿时，将焊条下压并稍微停顿，以便形成熔孔。

打底层（第一层）焊接时，选用直径 $\phi 3.2mm$ 的焊条。运条方法视根部间隙大小而定，间隙小时用直线形运条法；间隙大时用直线往返形运条法，以防止烧穿。当间隙太大，而无法一次焊成时，则可用缩小间隙法来完成打底层的焊接，即在坡口两侧各堆敷一条焊道，使间隙变小，再焊中间焊道，完成打底层的焊接，如图 2-4 所示。施焊过程中，要观察熔池的变化和坡口根部的熔化情况，焊接时若有明显的熔孔出现，则背面可能要烧穿或产生焊瘤。

2. 控制熔孔的大小

在电弧的高温和吹力的作用下，焊件坡口根部熔化并击穿形成熔孔，此时应立即将焊条提起至离开熔池约 1.5mm，即可向左正常施焊。要注意将焊接电弧的 2/3 覆盖在熔池上，电弧的 1/3 保持在熔池前，用来熔化和击穿焊件的坡口根部形成熔孔。施焊过程中要严格控制熔池的形状，尽量保持大小一致。

3. 焊道接头

打底焊道无法避免焊缝接头，因此必须熟练掌握接头技术。当焊条即将焊完，更换焊条时将焊条往回拉 10~15mm，并迅速提起焊条，使电弧逐渐拉长且熄弧。这样可以把收弧缩孔消除或带到焊道表面，以便在下一根焊条焊接时将其溶化掉。注意回烧时间不能太长，尽量使接头处呈斜面状。焊道接头采用热接法或冷接法。采用冷接法时，前一根焊条的熔池已经冷却。施焊前先将弧坑处打磨成缓坡后再焊接。采用热接法时，前一根焊条的熔池还没有完全冷却就立即接头，这也是生产中最常用的一种方法。此方法有三个关键因素：一是更换焊条要快；二是位置要准；三是把握好电弧下压时间。

二、填充焊

与打底焊相比，填充焊的焊条摆动幅度要大些，在坡口两侧停留时间要稍长。应保证焊道平整并略下凹，第二道填充层焊缝低于母材表面 0.5~1.5mm。填充焊前应对前一层焊缝仔细清渣，特别是死角处要清理干净。填充焊的运条手法为月牙形或锯齿形，焊条与焊接前进的方向角度为 40°~45°。

填充焊时应注意以下几点。

1) 填充施焊前，先清除前道焊缝的焊渣、飞溅，并将焊缝接头的过高部分打磨平整。

摆动到两侧坡口处要稍作停留，保证两侧有一定的熔深，并使填充焊道略向下凹。

2）最后一层的焊缝高度应低于母材 0.5~1.0mm。要注意不能熔化坡口两侧的棱边，以便于盖面焊时掌握焊缝宽度。

3）填充焊接头焊法是在弧坑前 10mm 处引弧，回焊至弧坑处，沿弧坑形状将弧坑填满，需下压电弧之后，再正常施焊。

填充层焊接的主要目的是填满坡口，可选用较大直径焊条和较大的焊接电流。锯齿形运条，焊条的摆动幅度应视坡口宽度而定，但在坡口两侧应稍微停留，以保证焊道边缘熔合良好，防止形成过窄的夹角，防止熔合不良或夹渣。每层的焊接方向应相反，且将层间的接头错开。每焊完一层焊道，都要把表面的焊渣、飞溅等清理干净再焊下一层。在焊接厚板或较宽坡口时，采用多层多焊道有利于减少热输入和焊接变形，每条焊道施焊时宜采用直线形运条法，短弧焊接。应注意防止焊道间形成沟槽，层间焊渣要清理干净。

三、盖面焊

盖面层施焊时，焊条角度、运条和接头方法与填充焊相同。

焊条摆动幅度和运条速度均匀一致，熔合好坡口两侧棱边，每侧增宽 0.5~1.5mm。盖面焊时采用直径为 φ4.0mm 的焊条，焊条与焊接方向夹角应保持 75°左右；采用月牙形运条法和 8 字运条法；焊接电流应稍小一点，运条的幅度稍大一些，焊接时应注意保证熔池边沿不得超过表面坡口棱边 2mm，否则焊缝超宽。盖面层的收弧采用划圈法和回焊法，最后填满弧坑使焊缝平滑。更换焊条收弧时应对熔池稍填熔滴，迅速更换焊条，并在弧坑前 10mm 左右引弧，然后将电弧退至弧坑的 2/3 处，填满弧坑后正常进行焊接。接头时应注意，若接头位置偏后，则接头部位焊缝过高；若偏前，则焊道脱节。

四、封底焊

封底焊也称背面焊层，焊缝根部打底焊后，焊缝背面应用扁铲、角向砂轮或碳弧气刨彻底清理干净，再焊背面焊缝。此层应选用较大的焊接电流，以增加熔深，保证焊透。运条可视焊缝宽度采用直线形法或圆圈形法。

工作任务

V 形坡口板对接平位双面焊，如图 2-14 所示。

操作准备

1. 焊件准备

Q235 或 Q345 钢板，规格为 300mm×100mm×12mm，坡口角度为 60°。

2. 材料准备

E4303 或 E5015 焊条，直径为 φ3.2mm 或 φ4.0mm 若干根。

3. 焊接设备

BX3-300 弧焊机或 ZX5-400 弧焊机。

4. 辅助工具

焊条保温箱、金属直尺、角向磨光机、清渣工具和个人劳动保护用品等。

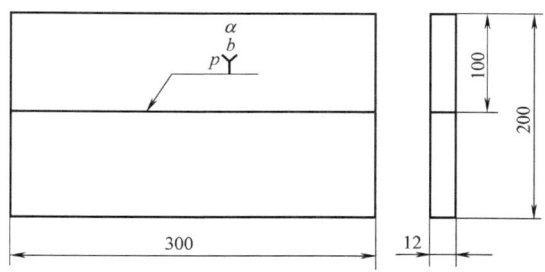

技术要求
1. 双面焊的冷弯角一般为180°。
2. 试件的拉伸面不允许出现长度大于3mm的裂或缺陷。
3. 焊件上非焊道处不得有引弧痕迹。

图 2-14　V 形坡口板对接平位双面焊

实施过程

一、焊前准备

1. 清理工件

用角向磨光机、锉刀、砂布和钢丝刷等清除坡口面及坡口正反两面各 20mm 范围内的油污、水分和铁锈，直至露出金属光泽，按照装配要求进行工件装配，并且进行定位焊。

2. 确定焊接参数

板对接平焊的焊接参数见表 2-4。

表 2-4　板对接平焊的焊接参数

焊接层次	焊条直径/mm	焊接电流/A	电弧电压/V
打底焊	3.2	75~110	22~24
填充焊	4.0	170~180	22~24
		160~180	
盖面焊		160~170	
封底焊		160~180	

3. 试件装配及定位焊

1）修磨钝边 0.5~1mm，无毛刺。

2）按装配要求进行装配，保证装配间隙始端为 3mm，终端为 4mm，在距端部 20mm 之内进行定位焊，焊缝长度为 10~15mm。

二、打底焊

采用短弧、连续焊法，锯齿形运条，坡口两侧停顿。打底层焊接时为保证得到良好的背面成形和优质焊缝，焊接过程不得出现明显的熔孔，要保证熔池形状大小均匀一致，焊接电弧要控制短些，运条要均匀，前进的速度不宜过快。熔孔的大小可通过改变焊接速度、摆动频率和焊条角度来调整。

三、填充焊和盖面焊

填充焊和盖面焊接的主要目的是填满坡口。

四、翻转工件

把工件翻转过来，清除背面焊渣，采用直径 φ4.0mm 的焊条盒直线形运条法，焊接背面焊缝。焊缝的接头、收尾与平敷焊相同。

五、焊后清理

清理焊渣及飞溅物，并检查焊接质量，分析问题，总结经验。

课题四　V 形坡口板对接平位单面焊双面成形

学习目标

1. 掌握打底焊的断弧法和连弧法。
2. 掌握单面施焊双面成形的操作技术。
3. 掌握焊接参数的选择方法。

知识准备

单面焊双面成形技术是以单面施焊的方式获得双面成形焊缝的操作手法。在具有 V 形或 U 形坡口的焊件上组装定位焊时需留出适当的间隙。在试件坡口正面用普通焊条进行焊接时，就会在坡口的正、反面都得到均匀、整齐、成形良好、符合质量要求的焊缝。它与双面焊相比，可省略翻转焊件及对背面清根等工序，尤其适用于那些无法进行双面施焊的锅炉、压力容器的焊接，也是某些重要焊接结构所必须采用的焊接技术。单面焊双面成形操作技术常作为焊工技能培训和考核的重要内容之一。

一、单面焊双面成形操作的一般要求

单面焊双面成形是指在试件坡口一侧进行焊接而在焊缝正反面都能得到均匀整齐而无缺陷的焊道。其关键在于打底层的焊接。它主要有引弧、收弧和接头三个重要环节。

二、打底焊

打底焊的焊接方法有断弧法和连弧法两种。

1. 断弧法

断弧法又称灭弧法，分为两点击穿法和一点击穿法两种手法。焊接时，主要是依靠电弧时燃时灭的时间长短来控制熔池的温度、形状及填充金属的厚度，以获得良好的背面成形盒内部质量。

（1）引弧　在始焊端的定位焊处引弧，并略抬高电弧稍微预热。焊至定位焊缝尾部时，

将焊条向下压一下，听到"噗噗"声后，立即灭弧。此时熔池前端应有熔孔，此处所形成的熔孔是整条焊道的起点。当熔池边缘变成暗红，熔池中间仍处于熔融状态时，如果在护镜下观察到呈亮黄颜色，就应立即重新引燃电弧，并在该熔池前方靠近根部的坡口面上，焊条以一定倾角略向下轻微的压一下，击穿焊件根部，打开熔孔后即灭弧，这样反击穿直到焊完；大约经过1s以后，在上述左侧坡口根部熔池尚未完全凝固时再迅速引弧，并迅速将电弧移向第一个熔池的右前方靠近根部的坡口面上，按照上述击穿左侧坡口的方法来击穿右侧坡口根部，然后迅速灭弧。这种连续不断的、反复在坡口根部左右两侧交叉击穿的运条方法称为两点击穿法。

一点击穿法操作时，建立第一个熔池的方法与两点法相同。所不同的是当第一个熔池边缘变成暗红，熔池中间仍处于熔融状态时，可立即在熔池中间引燃电弧，此时应使电弧同时溶化两侧钝边，听到"噗噗"声后果断灭弧。断弧焊法每引燃、熄灭电弧一次，就完成一个焊点的焊接，其节奏控制在45~60次/min之间，以防止产生缩孔。施焊过程中每个焊点重叠2/3，另外1/3作用在熔池的前方，用来溶化和击穿坡口根部形成熔池。

（2）焊缝的收弧　收弧前，应在熔池前方做一个熔孔，然后回焊10mm左右，再灭弧，或向末尾的根部送进2~3滴熔滴，然后灭弧，以使熔池缓慢冷却，避免接头时出现冷缩孔。

（3）焊缝的接头　焊缝的接头可采用热接法。更换焊条时的熄弧与接头也是单面焊双面成形技术的关键之一。为防止因熄弧不当而产生的冷缩孔，熄弧前应在熔池边缘迅速的连续点焊，使焊条滴下2~3滴熔滴，以达到填满熔池并使其缓慢冷却的目的，然后将电弧压低并移至某一坡口面，再迅速灭弧。在迅速更换焊条后，先在距焊道端头10~15mm处的任一侧坡口面上引弧，然后在将电弧回拉的过程中，使电弧从坡口面侧绕至接头端加热，随后将电弧送入根部，使其形成更换焊条后的第一个熔池，最后转入正常操作。

重点提示：断弧法要求每一个熔滴都要准确送到欲焊位置，控制好电弧燃烧和断弧节奏。若节奏过快，则坡口根部熔不透；反之，节奏过慢，熔池温度过高，焊件背后焊缝会超高，甚至出现焊瘤和烧穿现象。因此，要求每形成一个熔池都要在其前面出现一个熔孔，熔孔的轮廓由熔池边缘和坡口两侧被熔化的缺口构成。

2. 连弧法

连弧法是焊接过程中电弧始终燃烧，并有规律地摆动，使熔滴均匀地过渡到熔池中，达到良好的背面焊缝成形的方法。用连弧法操作时，必须保证坡口质量，因此要采取较小的根部间隙，选用较小的焊接电流，使熔滴均匀地过度到熔池中，从而得到致密、平整、均匀的背面焊缝。

（1）引弧　从定位焊缝上引弧，焊条在坡口内侧作"U"形运条，电弧从坡口两侧运条时均稍停顿，熔孔明显可见，每侧坡口根部熔化缺口0.5~1mm，同时听到击穿坡口的"噗噗"声。一般直径ϕ3.2mm的焊条可焊接约100mm长的焊缝。

（2）接头　焊缝接头时，更换焊条应迅速，在接头处的熔池后面约10mm处引弧。焊至熔池处，应压低电弧击穿熔池前沿，形成熔孔，然后向前运条，以2/3的弧柱在熔池上，1/3的弧柱在焊件背面燃烧为宜。收尾时，将焊条运动到坡口面上缓慢向后收弧，以防止在弧坑表面产生缩孔。

三、填充焊

填充焊前应仔细对前一层焊缝清渣,特别是死角处要清理干净。填充焊的运条手法为月牙形或锯齿形,焊条与焊接前进的方向角度为 40°～45°。

填充焊时应注意以下几点。

摆动到两侧坡口处要稍作停留,保证两侧有一定的熔深,并使填充焊道略向下凹。

填充焊时不得击穿根部焊道,最后一层的焊缝高度应低于母材 0.5～1.0mm。要注意不能熔化坡口两侧的棱边,以便盖面焊时掌握焊缝宽度。各填充层焊接时其焊缝接头应错开。

四、盖面层焊

采用直径 $\phi 4.0 mm$ 的焊条时,焊接电流应小一点。要使熔池形状和大小保持均匀一致,焊条与焊接方向应保持 75°左右,采用月牙形运条和 8 字形运条方法,焊条摆动到坡口边缘时应稍微停顿,以免产生咬边。

更换焊条收弧时应对熔池稍填熔滴,迅速更换焊条,并在弧坑前 10mm 左右处引弧,然后将电弧退至弧坑的 2/3 处,填满弧坑后进行正常焊接。接头时应注意,若接头位置偏后,则接头部位焊缝过高;若偏前,则焊道脱节,焊接时应注意保证熔池边缘不得超过表面坡口棱边 2mm,否则焊缝超宽。盖面层的收弧采用划圈法和回焊法,最后填满弧坑使焊缝平滑。

五、焊后清理

清理焊渣及飞溅物,并检查焊接质量,分析问题,总结经验。

工作任务

V 形坡口板对接平位单面焊双面成形,如图 2-15 所示。

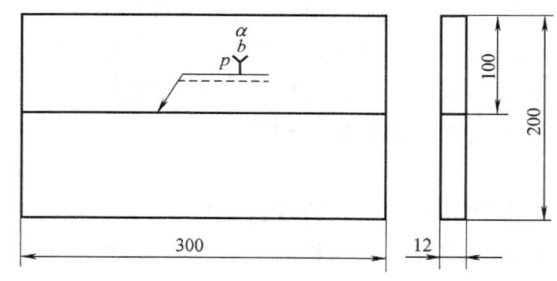

技术要求

1. 平位单面焊双面成形。
2. 焊件根部间隙 $b=3.2\sim 4.0 mm$,钝边 $p=0.5\sim 1.0 mm$,坡口角度 $\alpha =60°$。
3. 焊后变形量 $\leqslant 3°$。

图 2-15　V 形坡口板对接平位单面焊双面成形

操作准备

1. 焊件准备

Q235A 低碳钢板,规格为 300mm×100mm×12mm,坡口角度为 60°。

2. 材料准备

E4303 或 E5015 焊条,直径为 φ3.2mm 或 φ4.0mm 若干根。

3. 焊接设备

BX3-300 弧焊机或 ZX5-400 弧焊机。

4. 辅助工具

焊条保温箱、金属直尺、角向磨光机、清渣工具和个人劳动保护用品等。

实施过程

一、焊前准备

1. 清理工件

修磨工件坡口钝边 0.5~1mm,无毛刺。清理工件,用角向磨光机、锉刀、砂布和钢丝刷等清理坡口正反两面各 20mm 范围内的油污、水分和铁锈,直至露出金属光泽。

2. 确定焊接参数

V 形坡口对接平焊(单面焊双面成形)的焊接参数见表 2-5。

表 2-5　V 形坡口对接平焊(单面焊双面成形)的焊接参数

焊接层次	焊条直径/mm	焊接电流/A	电弧电压/V
打底焊	3.2	75~110	
填充焊	4.0	170~180	22~24
		160~180	
盖面焊		160~170	

3. 试件装配及定位焊

1)修磨钝边 0.5~1mm,无毛刺。

2)按装配要求进行装配,装配间隙始端为 3.2mm,终端为 4.0mm,错边量≤1.2mm。放大终端的间隙是考虑焊接过程中的横向收缩量,以保证熔透坡口根部所需要的间隙,如图 2-16 所示。

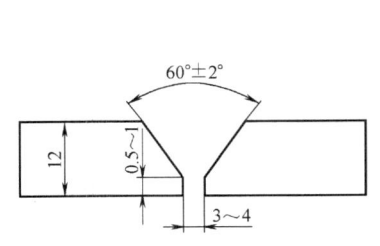
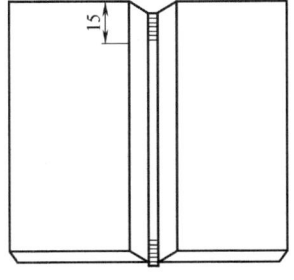

图 2-16　装配示意图

反变形量为 3°。未预置反变形量时,施焊后焊件变形不符合要求,如图 2-17a 所示;通过预置反变形量,施焊后焊件平整,如 2-17b 图所示。

3）进行定位焊。采用与焊接试件相同牌号的焊条，将装配好的试件在距端部 20mm 之内进行定位焊，并在试件反面两端点焊，焊缝长度为 10~15mm。始端可以少焊些，终端应多焊一些，以防止在焊接过程中收缩造成未焊段坡口间隙变窄而影响焊接。

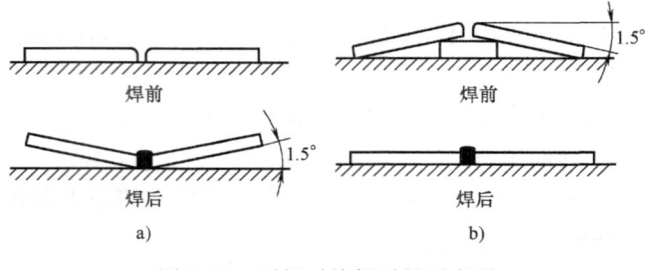

图 2-17 平板对接焊时的反变形

二、打底焊

采用直径为 φ3.2mm 的焊条进行打底焊。若选择酸性焊条（E4303 型），则采用断弧法；若选择碱性焊条（E5015 型或 E4315 型），则采用连弧法，以防止气孔的产生。

三、填充焊

调整填充焊的焊接参数，焊接填充层焊道。填充层各层焊道焊接时，其焊缝接头应错开，每焊一层应改变焊接方向，从工件的另一端起焊，并采用月牙形或锯齿形运条法。各层间熔渣要认真清理，并控制层间温度。

焊至盖面层前最后一道填充层时，采用锯齿形运条法，并控制焊道距焊件表面下凹 0.5~1mm。

四、盖面焊

盖面焊用直径为 φ4.0mm 的焊条，采用月牙形或 8 字形运条法运条，两侧稍微停留，以防止咬边发生。

五、焊后清理

清理焊渣及飞溅物，并检查焊接质量，分析问题，总结经验。

课题五　板 T 形接头横角焊

学习目标

1. 掌握横角焊的运条方法。
2. 能够正确选用焊条的焊接角度。
3. 掌握多层焊和多层多道焊的操作技能。

知识准备

一、角焊缝

焊接结构中常用角接接头、T 形接头和搭接接头等接头形式，这些接头形成的焊缝称为角焊缝。

横角焊主要指 T 形接头的横焊和搭接接头的横焊。角焊缝各部位的名称如图 2-18 所示。角焊缝的焊脚尺寸应符合技术要求,以保证焊接接头的强度。焊脚尺寸一般随焊件厚度的增大而增加,见表 2-6。

表 2-6 角焊缝尺寸与钢板厚度的关系

钢板厚度/mm	6~9	9~12	12~16	16~23
最小焊脚尺寸/mm	4	5	6	8

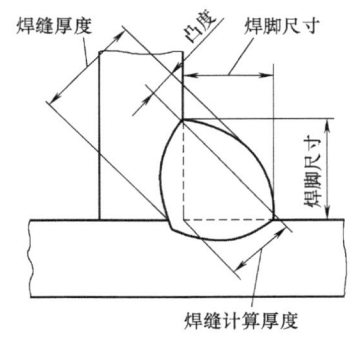

图 2-18 角焊缝各部位的名称

二、焊脚尺寸决定焊接层数和焊道数量

当焊脚尺寸小于 5mm 时,通常用单层焊,可选择直径为 φ3.2mm 的焊条。操作时,可采用直线运条法短弧焊接,焊接速度要均匀。焊条与平板的夹角为 45°,与焊接方向的夹角为 65°~80°。运条过程中,要始终注视熔池的熔化情况。一方面,要保持熔池在接口处不偏上也不偏下,以便使立板与平板的焊道充分熔合;另一方面,要保证熔渣对熔池的保护作用,既不超前,也不拖后(若熔渣超前,则容易造成夹渣;若熔渣拖后,则焊缝表面波纹粗糙)。运条时通过调整焊接速度和适当摆动焊条,来保证焊件所要求的焊脚尺寸。

另外,单层焊还有一种简单易行的操作方法,即只要将焊条端头的套管边缘靠在接口的夹角处,并轻轻地施压,随着焊条的移动,焊条便会自然而然地向前移动。这种操作方法便于掌握,而且焊缝成形也较美观。

当焊脚尺寸为 6~10mm 时,应采用多层焊。焊接第一层时,一般选用小直径的焊条,焊接电流应稍大些,以达到一定的熔透深度。可以采用直线运条法,收尾时要填满弧坑。焊接第二层前必须认真清理第一层焊道的熔渣。焊接时,可采用直径 φ4mm 的焊条,以便加大焊道的熔宽,焊接电流比使用小直径焊条所用的电流大一些。运条采用斜圆圈形或斜锯齿形运条法,运条必须有规律,注意焊道两侧的停顿节奏,否则容易产生咬边、夹渣和边缘熔合不良等缺陷。

当焊脚尺寸大于 10mm 时,应采用多层多道焊。

三、不等板厚的角焊

由不等厚度板组装的角焊缝在角焊时要相应地调节焊条角度,电弧要偏向于厚板一侧,使厚板所受热量增加。通过焊条角度的调节,使厚、薄两板受热趋于均匀,以保证接头良好的熔合。

横角焊时的焊条角度如图 2-19 所示。

四、船形焊

将 T 形接头的焊件翻转 45°,使焊条处于垂直位置的焊接称为船形焊,如图 2-20 所示。船形焊时,熔渣处于水平位置,能避免咬边、焊脚下偏等缺陷。同时操作便利,有利于使用大直径焊条和大电流,而且能一次焊成较大截面的焊缝,大大提高了焊接生产率,容易获得

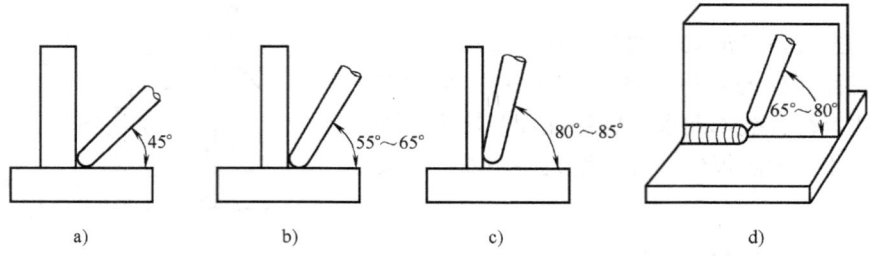

图 2-19 横角焊操作方法
a）两板厚度相同 b）、c）两板厚度不等 d）焊条与前进方向的夹角

平整美观的焊缝。所以，如条件允许应尽可能采用船形焊。

船形焊运条时采用月牙形或锯齿形运条法。焊接第一层焊道采用小直径焊条及稍大的焊接电流，其他各层可使用大直径焊条。焊条作适当的摆动，电弧应更多地在焊道的两侧停留，以保证焊缝形成良好的熔合。

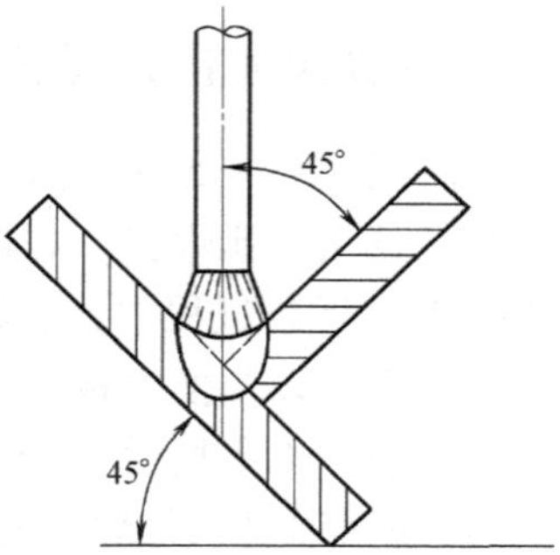

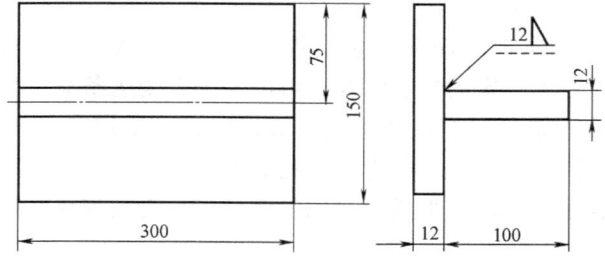

图 2-20 船形焊

工作任务

板 T 形接头横角焊，如图 2-21 所示。

技术要求
1. 焊接完毕，只允许清除熔渣和飞溅。
2. 不允许锤击、修锉和修补焊缝。

图 2-21 板 T 形接头横角焊

实训准备

1. 焊件

材质 Q235 钢板，300mm×150mm×12mm 及 300mm×100mm×12mm 钢板各一块。

2. 焊条

E4303 型，直径为 ϕ3.2mm 和 ϕ4.0mm。

3. 焊接设备

BX3-300 交流弧焊机一台。

实施过程

一、装配及定位焊

首先将焊件装配成90°T形接头,不留间隙,采用正式焊缝所用的焊条进行定位焊,定位焊的位置应在焊件两端的前后对称处,四条定位焊缝的长度均为10~15mm。装配完毕应矫正焊件,保证立板与平板间的垂直度,并且清理干净接口周围30mm内的锈、油等污物。

二、确定焊接参数

由于该焊件要求焊脚尺寸为12mm,所以可采用两层三道焊,T形接头横角焊工艺参数见表2-7。

表2-7 T形接头横角焊工艺参数

焊接层次		运条方法	焊条直径/mm	焊接电流/A
第一层(第一道焊道)		直线运条法	3.2	125~140
第二层	第二条焊道	斜圆圈形运条法	4.0	150~170
	第三道焊道	直线往复运条法	3.2	110~120

三、焊接

1)第一条焊道的焊接。焊接第一条焊道时(图2-22中的1),其操作方法与单层焊相同,焊后需要将焊道的熔渣清理干净。

2)第二条焊道的焊接。焊接第二条焊道时(图2-22中的2),焊条与水平板的夹角为45°~55°,以使水平板与焊道熔合良好。焊条与焊接方向的角度仍为70°~80°。

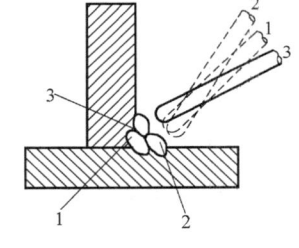

图2-22 多层多道焊各焊道的焊条角度

第二条焊道应覆盖第一层焊道的2/3以上,并且保证这条焊道的下边缘满足角焊缝焊脚尺寸。运条时采用斜圆圈形运条法,运条方法与多层焊相同。这条焊道保持平直且宽窄一致,是获得良好焊缝成形的基础。

3)第三条焊道的焊接。焊接第三条焊道时(图2-22中的3),焊条与水平板的夹角为40°~45°。

第三条焊道是焊缝成形的关键。焊接时,应覆盖第二条焊道的1/3~1/2,焊条的落点在立板与第二条焊道的夹角处,焊接电流要比第二条焊道相应小些,仍用直线运条法。若希望焊道薄些,可以采用直线往复运条法,通过这条焊道的焊接可将夹角处焊平整。最终整条焊缝应宽窄一致、平整圆滑,无咬边、夹渣和焊脚下偏等缺陷。

课题六 V形坡口板对接立焊

学习目标

1. 掌握焊件装配和定位焊的操作方法。

2. 掌握对立焊的跳弧法和灭弧法。
3. 掌握对立焊焊条电弧焊单面焊接双面成形的操作方法。

知识准备

与水平面相垂直的立位焊缝的焊接称为立焊。根据焊条的移动方向,立焊焊接方法可分为二类。一类是自上向下焊,即向下立焊,此方法需特殊焊条才能施焊,故应用少。另一类是自下向上焊,即向上立焊,此方法采用一般焊条即可施焊,故应用广泛。

一、立焊操作的姿势

1. 基本姿势

立焊操作的基本姿势如图2-23所示。

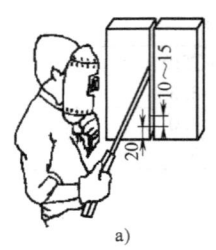

图 2-23　立焊操作姿势
a) 站姿　b) 坐姿　c) 蹲姿

2. 握钳方法

立焊的握钳方法如图2-24所示。

二、立焊操作的一般要求

1. 保证正确焊条角度

一般情况焊条角度向下倾斜60°~80°,电弧指向熔池中心,如图2-25所示。

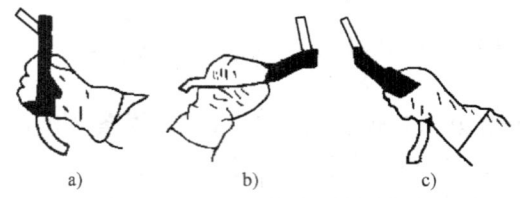

图 2-24　立焊握钳姿势
a) 正握　b) 平握　c) 反握

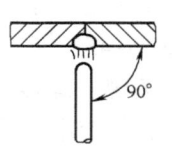
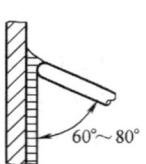
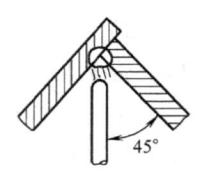

图 2-25　立焊的焊条角度

2. 选用合适的焊接参数

选用较小焊条直径（<φ4.0mm）,较小焊接电流（比平焊小20%左右）,采用短弧焊。焊接时要特别注意对熔池温度的控制,不要过高,可选用灭弧焊法来控制温度。

3. 选用正确运条方法

一般情况可选用月牙形、锯齿形和三角形运条方法。当焊条运至坡口两侧时应稍微停顿,以增加焊缝熔合性和减少咬边现象发生,如图 2-26 所示。

三、焊接注意事项

1)焊接时注意对熔池形状观察与控制。若发现熔池呈扁平椭圆形,如图 2-27a 所示,说明熔池温度合适。熔池的下方出现鼓肚变圆时(图 2-27b)则表明熔池温度已稍高,应立即调整运条方法。

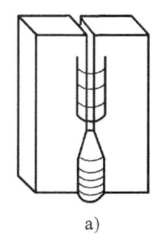 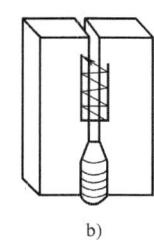 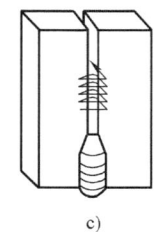 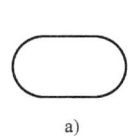 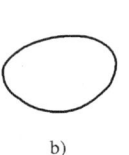 

图 2-26 立对接焊运条方法
a) 月牙形 b) 锯齿形 c) 三角形

图 2-27 熔池形状与温度的关系
a) 正常 b) 温度稍高 c) 温度过高

若不能将熔池恢复到偏平状态,反而鼓肚有扩大的趋势,如图 2-27c 所示,则表明熔池温度已过高,不能通过运条方法来调整温度,应立即灭弧,待降温后再继续焊接。

2)握钳方法可根据实际情况和个人习惯来确定,一般采用正握法。

3)采用跳弧焊时,为了有效地保护熔池,跳弧长度不应超过 6mm。采用灭弧焊时,在焊接初始阶段,因为焊件较冷,灭弧时间应短些,焊接时间可长些。随着焊接时间延长,焊件温度增加,灭弧时间要逐渐增加,焊接时间要逐渐减短,这样才能有效地避免出现烧穿和焊瘤。

4)立焊是一种比较难焊位置,因此在起头或更换焊条时,当电弧引燃后,应将电弧稍微拉长,对焊缝端头起到预热作用后再压低电弧进行正式焊接。当接头采用热接法时,因为立焊选用的焊接电流较小,更换焊条时间过长,接头时预热不够及焊条角度不正确,极易造成熔池中熔渣和铁水混在一起,接头中产生夹渣,以及造成焊缝过高等现象。若采用冷接法,则应认真清理接头处焊渣,于待焊处前方 15mm 处起弧,拉长电弧,到弧坑上 2/3 处压低电弧作划半圆形接头。立焊收尾方法较简单,采用反复点焊法收尾即可。

工作任务

V 形坡口立对焊如图 2-28 所示。

操作准备

1. 焊件准备

板料两块,规格均为 300mm×150mm×10mm,坡

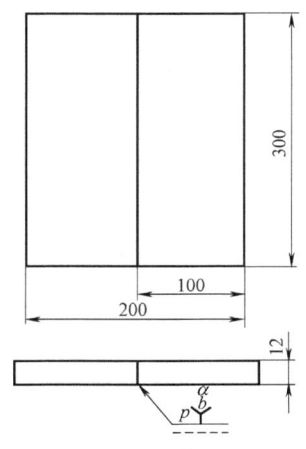

技术要求
1. 立焊单面焊双面成形。
2. $b=3.2\sim4.0$mm, $\alpha=60°$, $p=1.0\sim1.5$mm。
3. 工艺参数自定。
4. 焊后变形≤3°。

图 2-28 V 形坡口立对焊

口面角度为30°。

2. 材料准备

E4303 焊丝，φ3.2mm 焊条若干根。

3. 焊接设备

弧焊设备：BX1-315。

4. 辅助工具

焊条保温箱、金属直尺、角向磨光机、清渣工具和个人劳动保护用品等。

实施过程

一、操作步骤

清理工件→检测坡口角度→组装→定位焊→清渣→反变形→打底焊→填充焊→盖面焊→反转180°焊→清渣→检查。

二、操作要领

1. 清理工件

检测坡口角度、组装、定位焊、清渣与开坡口平对接焊基本相同。组装时预留间隙 2 ~ 3mm 为宜，反变形角度2°~3°为宜。

2. 打底焊

V 形坡口底部较窄，焊接时若工艺参数选择不当或操作方法不正确都会出现焊缝缺陷。为获得良好的焊缝质量，应选用直径为 φ3.2mm 焊条，电流选取 90 ~ 100A，焊条角度与焊缝成 70°~ 80°，运条方法选用小三角形、小月牙形或锯齿形均可，操作方法选用跳弧焊，也可用灭弧焊，如图2-29 所示。

图 2-29　V 形坡口立对接焊的根部焊缝

3. 填充焊

焊前应对底层焊进行彻底清理，对于高低不平处应先修整后焊接，否则会影响下一道焊缝的质量。调整焊接工艺参数，焊接电流为 95 ~ 105A，焊条与焊缝成 60°~ 70°角，运条方法与打底焊相同，但摆动幅度要比打底焊大，操作方法可选择跳弧焊法或稳弧焊法（焊条横摆频率要高，到坡口两侧停顿时间要稍长），以免焊缝出现中间凸、两侧低，造成夹渣现象。

4. 盖面焊

焊前要彻底清理前一道焊缝及坡口上的焊渣及飞溅。盖面焊的前一道焊缝应低于工件表面 0.5 ~ 1mm。若高出该范围值，则盖面焊时会出现焊缝过高的现象；若低于该范围值，则盖面焊时会出现焊缝过低的现象。盖面焊的焊接电流应比填充焊的焊接电流小 10A 左右，焊条角度应稍大些，运条至坡口边缘时应尽量压低电弧且稍停片刻，中间过渡应稍快，手的运动一定要稳、准、快，只有这样才能获得良好的焊缝。

翻转180°背面焊，电流应稍大，运条方法与盖面焊相同，行走速度应稍快些，以免焊缝过高。

课题七 V形坡口板对接横焊

学习目标

1. 了解板对接横焊的分类及焊接特点。
2. 掌握 V 形坡口板对接横焊单面焊双面成形的操作技术。

知识准备

对接横焊是指对接接头焊件垂直而接口处于水平位置时的焊接操作。对接横焊时熔化的金属在自重的作用下容易下淌，并且在焊缝的上侧易出现咬边，下侧易出现下坠而造成未熔合和焊瘤等焊接缺陷。因此，为减少重力的影响，避免缺陷的产生，应采用较小直径焊条、较小的焊接电流和多层多道焊等工艺措施，同时运用短弧操作方法。根据钢板的厚度不同，对接横焊分为不开坡口双面焊、开坡口多层焊或多层多道焊。

一、不开坡口双面焊

当焊件厚度小于 6mm 时，一般不开坡口，此时可采取双面焊。

1. 正面焊缝的焊接

焊接正面焊缝时，可通过留有适当的间隙（1~2mm）得到一定的熔透深度，此时应采取两层焊。

第一层焊道宜采用直线往复运条法。选择小直径焊条，焊条角度如图 2-30 所示。借助电弧的吹力托住熔化金属，防止其下淌。

第二层焊道（1/2~2/3 缝）可采用多道焊作为修饰焊缝，一般堆焊三条焊道。第一条焊道紧靠在第一层焊道的下边缘施焊，第二条焊道覆盖第一条焊道 1/2~2/3 的宽度，第三条焊道覆盖第二条焊道约 1/2 的宽度，尤其第三条焊道要与母材焊接方向焊条的夹角与母材圆滑过渡，以防止咬边。其

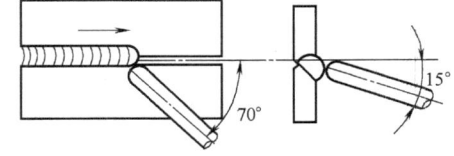

图 2-30　对接横焊焊条角度

焊道最好能窄而薄，所用焊条的直径要小，运条速度要快，焊接电流也要小，并用直线或直线往复运条法进行焊接。

2. 背面封底焊

焊前要清理干净根部的熔渣。为保证有一定的熔透深度，与正面焊缝良好熔合，选用小直径的焊条，稍大的焊接电流，采用直线运条法，用一条焊道完成背面的封底焊接。

二、开坡口多层焊或多层多道焊

当焊件较厚时，一般采用 V 形坡口、单边 V 形坡口或双单边 V 形坡口，如图 2-31 所示。

对接横焊时的坡口特点是下面的焊件不开坡口或坡口角度小于上面的焊件，这样有助于表面熔化金属下淌及焊缝成形。

对于开坡口对接横焊，可采用多层焊或多层多道焊，其焊道排列如图 2-32 所示。

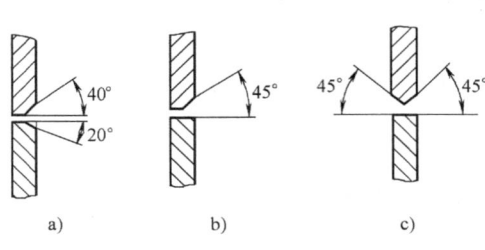
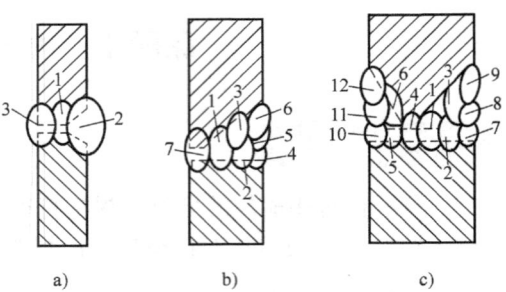

图 2-31　对接横焊接头的坡口形式
a) V 形坡口　b) 单边 V 形坡口　c) 双单边 V 形坡口

图 2-32　开坡口对接横焊焊道的排列顺序
a) 多层焊　b)、c) 多层多道焊

1. 多层焊

多层焊时，焊接第一层焊道可选择小直径焊条。若坡口根部的间隙较小，则应采用直线运条法；若坡口根部的间隙较大，则应采用直线往复运条法。之后的各层焊道可根据板的厚度选择直径为 $\phi3.2mm$ 或 $\phi4.0mm$ 的焊条，采用直线形、直线往复形或斜圆圈形运条法。

斜圆圈形运条时，应保持较短的焊接电弧和有规律的运条节奏。每个斜圆圈形与焊缝中心的斜度不大于 45°，当焊条运动到斜圆圈上面时，电弧应短些并稍停片刻，使较多的熔敷金属过渡到焊道中（以防咬边）。然后用焊条缓缓地将电弧引到焊道下边并稍稍向前移动（防止下淌的熔化金属堆积），紧接着再把电弧运动到斜圆圈的上面。如此反复循环（图 2-33），焊接过程中要保持熔池之间的搭接在 1/2～2/3 的范围内。

2. 多层多道焊

多层多道焊时，焊条角度应根据各焊道的位置调整，如图 2-34 所示。并保持各焊道之间的搭接量，始终短弧、匀速直线运条，以获得较好的焊缝成形。

工作任务

板对接横焊如图 2-35 所示。

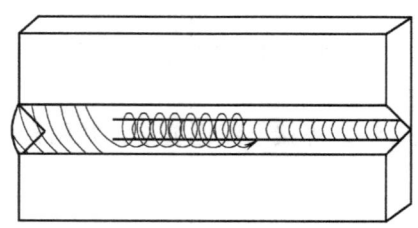

图 2-33　斜圆圈形运条法

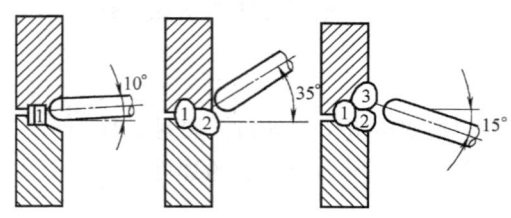

图 2-34　多层多道的焊条倾角

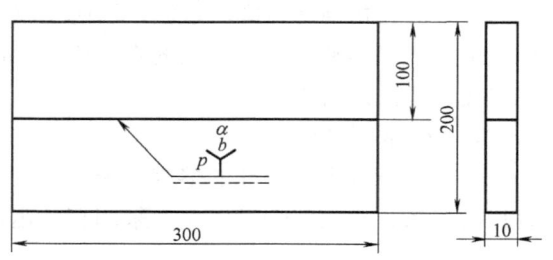

技术要求
1. 横位单面焊双面成形。
2. $\alpha=60°$，$b=3.2～4mm$，$p=1～1.5mm$。
3. 控制焊后变形量 ≤3°。
4. 焊缝表面平直无缺陷。

图 2-35　板对接横焊

操作准备

1. 焊件

Q235 钢板两块，规格为 300mm × 100mm × 10mm，坡口面角度为 30°。

2. 焊接材料

E4303 或 E5015 焊条 φ3.2mm 和 φ4.0mm 各若干根。

3. 焊接设备

ZXG-400 硅弧焊整流器一台。

4. 辅助工具

焊条保温桶和角向磨光机等。

实施过程

一、焊前准备

1. 焊件清理

用角向磨光机或锉刀将焊件坡口两侧及正、反两面 20mm 范围内的油污、铁锈等清理干净，使之呈现金属光泽。若焊件有弯曲不平现象时，则应进行调平，然后用锉刀将钝边打出，横焊钝边为 1～1.5mm。

2. 焊件的组对与定位焊

将打磨好的焊件放置在平台上，检查有无错边现象，然后留出合适的间隙，焊件组对的各项尺寸见表 2-8。焊件的组对安装如图 2-36 所示。

表 2-8　横焊组对的各项尺寸

板厚/mm	坡口角度	钝边/mm	组对间隙/mm	反变形角度	错边量/mm
10	60°	1～1.5	2.8～3.2	5°～6°	≤0.5

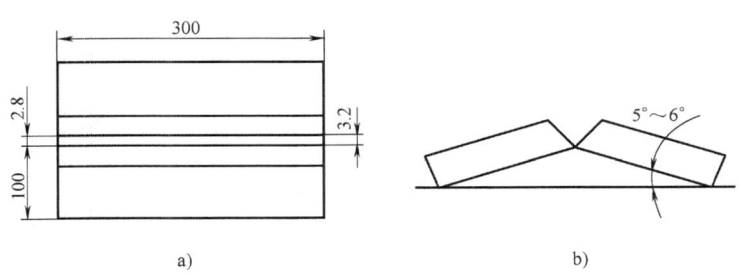

图 2-36　焊件的组对安装
a) 焊件组对形式　b) 焊件预留反变形量

焊件组对完成后，要在焊件背面实施定位焊，两端定位焊缝长度为 10～15mm，终焊端定位焊要牢靠，以防焊接过程中发生收缩和开裂等现象。

反变形横焊时由于采用多层多道焊，产生的角变形量远远大于其他焊接位置，横焊焊件预留反变形角度为 5°～6°。

二、焊接

1. 确定焊接参数

板对接横焊的焊接参数见表2-9。

表2-9 板对接横焊的焊接参数

焊接层次	运条方法	焊条直径/mm	焊接电流/A
打底层	短弧焊法	3.2	110~120
填充层(2层)	直线形或直线往复运条法		120~125
盖面层	直线形运条法		

2. 打底焊

将焊件垂直固定在焊接支架上,保证接口呈水平位置,坡口上缘与焊工视线齐平。打底焊的焊条角度如图2-37所示。

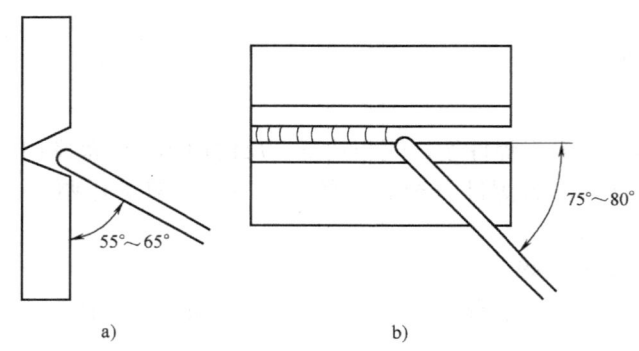

图2-37 焊条角度
a)焊条与下侧试板的夹角 b)焊条与焊接方向的夹角

打底焊时,首先在定位焊缝前引弧,随后将电弧拉到定位焊缝的中心部位预热。当坡口钝边即将熔化时,将熔滴送至坡口根部,并压一下电弧,使熔滴熔化的部分定位焊缝和坡口钝边熔合成第一个熔池。当听到背面有电弧的击穿声时,应立即熄弧,这时已形成明显的熔孔。然后依次先上坡口、后下坡口往复击穿→熄弧焊接。熄弧时,焊条向后下方快速移动。在从熄弧转入引弧时,焊条要与熔池保持较短的距离(作引弧的准备动作),待熔池温度下降,颜色由亮变暗时,迅速而准确地在原熔池的顶端引弧,熔焊片刻(约0.8s),再立即熄弧。如此反复地引弧→熔焊→熄弧→准备→引弧,完成打底层的焊接。

在更换焊条熄弧前,必须向熔池背面补充几滴熔滴,以避免出现缩孔,然后将电弧拉到熔池的下侧后方熄弧。接头时,在原熔池后面10~15mm处引弧,焊至接头处稍拉长弧,借助电弧的吹力和热量重新击穿钝边,然后压下电弧并稍作停顿,形成新的熔池后再转入正常的往复击穿焊接。

打底焊的过程中,要求下坡口面击穿的熔孔始终超前上坡口面熔孔0.5~1个熔孔直径,这样有利于减少熔池金属下坠,避免出现熔合不良的焊接缺陷。

打底焊时,每次向熔池送给的液态金属要少,每次送给熔滴的时间为0.5~1s,熄弧间断频率要快,每次1~1.5s,焊成的焊道要薄,焊道厚度约为3mm。

3. 填充层

打底层焊接完成后，将坡口内侧表面的焊渣和飞溅物等清理干净，接头凸起的地方可用角向磨光机磨平，焊缝与坡口下侧熔合的地方产生的焊渣要清理干净。然后开始填充层的焊接，填充层共分为两层，第一层分两道焊缝，第二层分三道焊缝。

焊接第一层的两道焊缝时，焊条与下侧试板间的夹角如图 2-38 所示，与焊接方向之间的夹角为 70°～80°。填充层第一层第一道焊接时，应特别注意打底焊缝下侧边缘夹角处的金属熔合情况，要保证焊缝金属充分熔透，否则将在焊缝内部产生夹渣等缺陷。填充

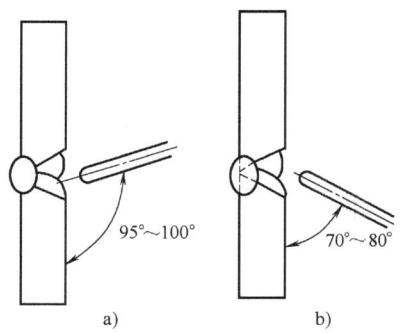

图 2-38 焊条与下侧焊件间夹角
a) 填充层第一道　b) 填充层第二道

层第一道焊缝焊完后，坡口上端和焊缝之间夹角已很小，第二道焊缝焊接时，应将电弧尽量深入夹角根部，必要时可适当加大焊接电流，以保证焊透。

填充层第二层的焊接分为三道焊缝：焊接第一道焊缝时，要注意坡口上边缘与试板表面之间的距离尺寸一般保持在 11.5mm 之内为宜，否则不利于盖面层的焊接。同时还要注意不能破坏坡口边缘的棱角，以免影响盖面层的焊接视线。焊接第二道焊缝时，焊条要对准第一道焊缝的上侧边缘，使熔池金属与第一道焊缝的中心齐平。焊接第三道焊缝时，既要保证第三道焊缝与第二道焊缝中心齐平，又要保证焊缝金属与焊件表面的距离大小合适，必要时可采用斜圆圈形运条。

4. 盖面焊

盖面层自下而上可分四道焊缝完成。焊条角度与填充焊时相同，焊接时采用较短的焊接电弧，运条方法为直线形，运条速度要均匀。

焊接盖面层第一道焊缝时，电弧应深入下坡口边缘 12mm，使母材金属保持均匀熔化，避免产生咬边或边缘未熔合的现象。焊接第二道和第三道焊缝时，要使焊接电弧对准前一道焊缝的上边缘，使熔化的液态金属覆盖到前一道焊缝的中心，不可越过中心太多，也不可产生未衔接。焊接第四道焊缝是焊接盖面层的关键，第四道焊缝应与下侧焊缝结合平整，上端无咬边缺陷。操作不当则可能产生液态金属下淌，下部焊缝超高起棱，上部出现咬边、凹陷甚至出现未熔合等缺陷。焊接过程中要注意观察坡口上边缘的熔合情况，并压低电弧，使液态金属和熔渣均匀地流动，保证良好的熔池形状，使之清晰可见。当出现熔渣超前流动或出现熔渣脱离熔池较远现象时，应及时调整焊条的角度，使焊接熔渣紧紧跟在液态熔池后面，焊后焊缝圆滑过渡，整齐美观无缺陷。

盖面层多道焊时，每道焊道焊后不宜马上敲渣，待盖面焊缝形成后一起敲渣，这样有利于盖面焊缝的成形及保持表面的金属光泽。

课题八　V 形坡口板对接仰焊

学习目标

1. 熟练掌握仰焊断弧焊接的操作要点。

2. 掌握仰对接焊多层焊的操作技术。

知识准备

仰焊是焊条位于焊件下方，焊工仰视焊件进行的焊接，如图 2-39 所示。仰焊操作一般分为仰角焊和对接仰焊。

仰焊是各种焊接位置中操作难度最大的焊接位置。熔池倒悬在焊件下面，受重力作用而下坠，同时熔滴自身的重力又不利于熔滴过渡，且熔池温度若较高，表面张力减小，很容易在焊件正面出现焊瘤，焊件背面出现凹陷，焊缝成形较为困难。因此，操作中要熟知以下要领。

1. 短弧焊接

必须采用最短的电弧长度，熔池体积尽可能小些，焊道成形应该薄且平。

2. 运条速度要快

运条速度要快些，否则很容易使焊道表面出现凸形焊道，这样会给后面的焊接带来困难，并容易产生夹渣、未熔合等缺陷。

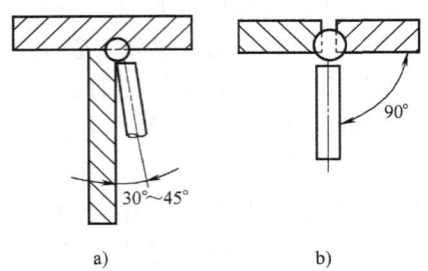

图 2-39 仰焊操作
a) 仰角焊　b) 对接仰焊

3. 反握焊钳

操作时若采用正握焊钳，熔滴和熔渣的下落很容易将握焊钳的手烧伤。反握焊钳可以躲避熔滴飞溅，一般仰焊时均采用反握焊钳进行操作，焊钳夹持焊条的角度一般为 45° 左右，如图 2-40 所示。

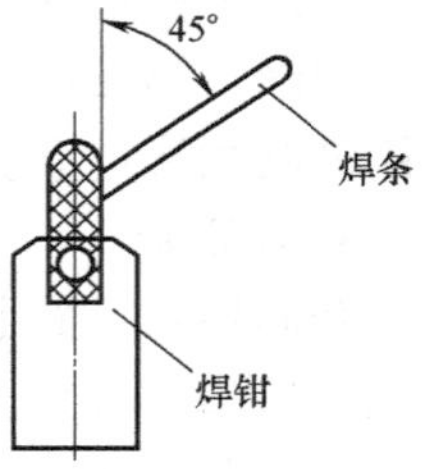

4. 操作姿势

操作时采取站姿，两脚成半开步站立，反握焊钳，头部稍向左侧歪斜注视焊接部位，为减轻劳动强度，可以将焊接电缆搭在临时设置的挂钩上。

仰焊时挺胸昂首，极易疲劳，而运条过程又需要细心操作，一旦臂力不支，身体就会松弛，导致运条不均匀、不稳定，从而影响焊接质量。因此，要掌握仰焊技术必须苦练基本功。

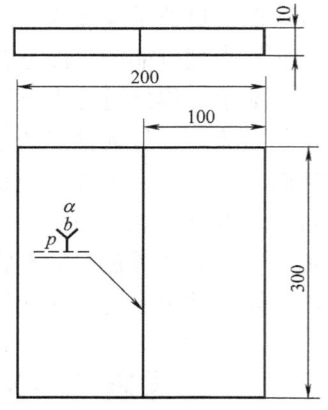

图 2-40 焊钳夹持焊条角度

工作任务

板 V 形坡口对接仰焊如图 2-41 所示。

实训准备

1. 焊件

Q235 钢板两块，规格为 300mm × 100mm × 10mm 坡口面角度为 30°。

2. 焊接材料

E4303 型，直径为 ϕ3.2mm。

技术要求
1. 板 V 形坡口对接仰焊。
2. 根部间隙 b=12mm，钝边 p=1mm，坡口角度 α=60°。
3. 控制焊后变形量 ≤3°。

图 2-41 板 V 形坡口对接仰焊

3. 焊接设备

BX1-400 弧焊机。

4. 辅助工具

焊条保温桶和角向磨光机等。

一、焊前准备

1. 焊件清理

用角向磨光机或锉刀将焊件坡口两侧正、反两面 20mm 范围内的油污、铁锈等清理干净，使之呈现金属光泽，焊件有弯曲不平现象时应进行调平，然后用锉刀将钝边打出，仰焊钝边约为 0.51mm。

2. 焊件的组对与定位焊

1) 装配间隙，始焊端为 3.2mm，终焊端为 4mm。
2) 定位焊应采用与焊接焊件相同牌号的焊条进行，并在焊件坡口背侧两端头进行定位焊，定位焊缝长度为 10~15mm，并将两焊点接头端打磨成斜坡。
3) 预制反变形量 3°~4°。
4) 错边量≤1.2mm。

二、确定焊接参数

板对接仰焊的焊接参数见表 2-10。

表 2-10 板对接仰焊的焊接参数

焊接层次	运条方法	焊条直径/mm	焊接电流/A
打底焊（1）	连弧焊或断弧焊	2.5	80~90
填充焊（2、3）	月牙焊或锯齿形运条焊	3.2	110~120
盖面焊（4）			105~115

三、焊接

焊件水平固定，坡口向下，间隙小的一端位于左侧，采用四层四道焊接。

1. 打底焊

打底层焊接可采用连弧手法，也可采用断弧焊手法施焊。

（1）连弧焊手法

1) 引弧。在定位焊缝上引弧，并使焊条在坡口内作轻微横向快速摆动，当焊至定位焊缝尾部时，应稍作预热，将焊条向上顶一下，听到"噗噗"声时则表示坡口根部已被熔透，第一个熔池已形成，需使熔孔向坡口两侧各深入 0.5~1mm。

2) 运条方法。采用月牙形或锯齿形运条，当焊条摆动到坡口两侧时，需稍作停顿，使填充金属与母材熔合良好，并应防止与母材交界处形成夹角，以免不易清渣。

采用短弧施焊。利用电弧吹力把铁水托住，并将一部分铁液送到焊件背面。

3) 焊条角度焊条与试板夹角为 90°，与焊接方向夹角为 70°~80°，如图 2-42 所示。

4）收弧时，先在熔池前方做一熔孔，然后将电弧向后回带 10mm 左右再熄弧，并使其形成斜坡。

5）接头。采用热接法。在弧坑后面 10mm 的坡口内引弧，当运条到弧坑根部时，应缩小焊条与焊接方向的夹角，同时将焊条顺着原先熔孔，向坡口根部顶一下，听到"噗噗"声后稍停并恢复正常手法焊接。热接法的换焊条动作越快越好。

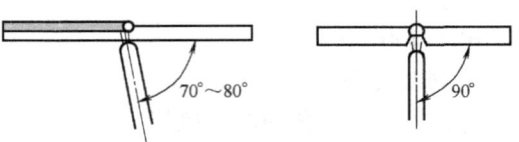

图 2-42 仰焊操作焊条角度示意图

也可采用冷接法。其操作要领是在弧坑冷却后，用砂轮或扁铲对收弧处打磨一个 10～15mm 的斜坡，并在斜坡上引弧并预热，使弧坑温度逐步升高，然后将焊条顺着原先熔孔迅速上顶，听到"噗噗"声稍作停顿后，恢复正常手法焊接。

（2）断弧焊手法

1）引弧。在定位焊缝上引弧，然后使焊条在始焊部位坡口内作轻微横向快速摆动，当焊至定位焊缝尾部时，应稍作预热，并将焊条向上顶一下，听到"噗噗"声后，表明坡口根部已被熔透，第一个熔池已形成，并使熔池前方形成向坡口两侧各深入 0.5～1.0mm 的熔孔，然后焊条向斜下方灭弧。

2）焊条角度。焊条与焊接方向的夹角为 70°～80°。

3）焊接要领。采用两点击穿法，左、右两侧钝边应完全熔化，并深入每侧母材 0.5～1mm。灭弧动作要快，并使焊条总是向上探，利用电弧吹力可有效地防止背面焊缝内凹。灭弧与接弧时间要短，灭弧频率为 30～35 次/min。每次接弧位置要准确，焊条中心要对准熔池前端与母材的交界处。

4）更换焊条接头。换焊条前，应在熔池前方做一熔孔，然后回带 10mm 左右再熄弧。迅速更换焊条后，在弧坑后部 10～15mm 坡口内引弧，用围弧手法运条到弧坑根部时，将焊条沿着预先做好的熔孔向坡口根部顶一下，听到"噗噗"声后稍停，在熔池中部斜下方灭弧，随即恢复原来的断弧焊手法。

5）打底层焊道要细而均匀，外形平缓，避免焊缝中部过分下坠，否则易给第二道焊缝带来困难，并易产生夹渣和未熔合等缺陷。

2. 填充层焊接分二层二道进行施焊

1）应对前一道焊缝仔细清理熔渣和飞溅。

2）在距焊缝始端 10mm 左右处引弧，而后将电弧拉回始焊处施焊，每次接头都应如此。

3）采用短弧、月牙形或锯齿形运条。

4 焊条与焊接方向夹角为 85°～90°。

5）焊条摆动到两侧坡口处时，应稍停顿，让中间快些，以形成较薄的焊道，如图 2-43 所示。

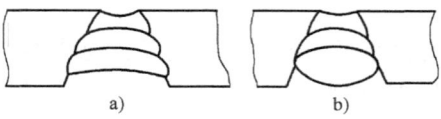

图 2-43 填充层焊道的形状
a）合格的焊道 b）焊道表面凸起过高不合格

6）应让熔池始终呈椭圆形，并保证其大小一致。

3. 盖面层焊接

1）引弧同填充层。

2）采用短弧、月牙形或锯齿形运条。

3)焊条与焊接方向夹角为90°。
4)焊条摆动到坡口边缘时,要稍作停顿,以坡口边缘熔化1~2mm为准,以防止咬边。
5)焊接速度要均匀一致,使焊缝表面平整。
6)接头。采用热接法。换焊条前,应对熔池稍填铁液,且迅速换焊条后,在弧坑内10mm左右处引弧,然后将电弧拉到弧坑处画一小圆圈,使弧坑重新熔化,随后进行正常焊接。

课题九　管水平固定单面焊接双面成形

学习目标

1. 掌握管道对接焊单面焊接双面成形的操作方法。
2. 了解管道焊接的相关标准。
3. 能够选择调整管道焊接的焊接参数。
4. 按图样要求严格执行焊接工艺完成焊接操作,制作出合格的管道工件。
5. 能对管道焊接工件进行质量检测。

知识准备

管道水平固定焊接也称吊焊,是将管子悬吊在水平位置或接近水平位置的焊接。由于小直径管道和容器质量要求高且无法从背面铲除焊根与重新焊接,故要求在坡口一侧进行焊接而在焊缝正、背面焊双面成形。

一、管道水平固定单面焊接双面成形对接焊手工电弧焊操作技术

水平固定管焊接包括仰、立、平和与其对应的仰焊向上立焊、立焊向上立焊等所有空间的焊接,是焊接里难度大、工艺复杂、质量要求高的工艺。且焊接热量的循环规律是下冷上热,在焊接电流不能改变的情况下,主要靠操作工摆动焊条来控制焊接质量以达到均匀熔化的目的。

中、小直径钢管的焊接不能施行两面施焊,所以必须从工艺上保证第一层焊缝质量。由于焊接位置的不断的变化,运条角度和操作者站立的高度必须适应变化的需要,同时在焊接电流不能改变的情况下,主要靠焊工摆动焊条来控制热量,以达到均匀熔化目的。因此是难度较大的焊接技术。操作时,通常以平、仰焊点为界,将环形焊口分成两个半圆形焊口,如图2-44所示。按仰→立→平的顺序焊接,对下带残留垫圈的管接头采用灭弧法(酸性焊条)或边焊边调节电流(碱性焊条)的方法控制熔池温度和根部焊透程度,以达到正反面成形良好的目的。

二、管道焊接的握钳方法和基本姿势

握钳方法可根据实际情况和个人习惯来确定,一般常用正握法,如图2-45所示。管道焊接的基本姿势如图2-46所示。

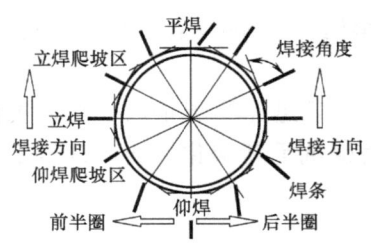

图 2-44　同区域的焊接示意图

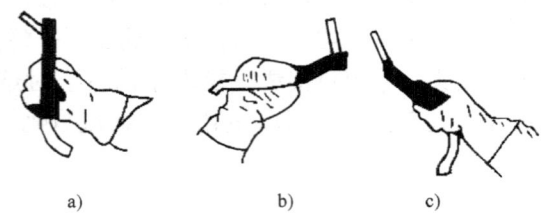

图 2-45　管对接焊的握钳方法
a）正握　b）平握　c）反握

a）

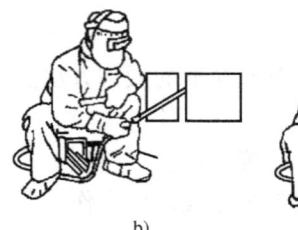
b）

c）

图 2-46　管道焊操作的基本姿势
a）站姿　b）坐姿　c）蹲姿

工作任务

管水平固定单面焊接双面成形如图 2-47 所示。

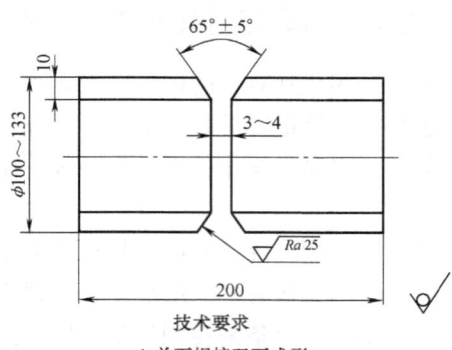

技术要求
1. 单面焊接双面成形。
2. 间隙 3～4mm。
3. 钝边尺寸自选。

图 2-47　管水平固定单面焊接双面成形

操作准备

1. 焊件准备

20#无缝钢管，规格为 100mm×133mm×10mm，坡口面角度为 65°。

2. 材料准备

E4315 或 E4316 型碱性焊条在 (350~400)℃烘干箱中烘焙 1~2h 然后放入保温桶中随用随取。

3. 焊接设备

直流电焊机，反接。

4. 辅助工具

量具、敲渣锤、钢丝刷、金属直尺、焊缝万能量规、角向磨光机、放大镜、样冲、划针、焊条烘箱、焊条保温桶、石棉条和测温计等。

实施过程

一、焊前准备

1. 清理焊件

用角向磨光机分别将焊件坡口两侧 20~30mm 处及坡口边缘的油污、锈垢和氧化层等清理干净，露出金属光泽，将凹凸不平处打磨平整，然后将距离坡口 100mm 处焊件表面用划针划出与坡口平行的圆周线，作为测量焊后焊缝每侧增量的基准线。

2. 确定焊接参数

水平固定管对接焊的焊接参数见表 2-11。

表 2-11　水平固定管对接焊的焊接参数

焊接顺序	运弧方法	焊条直径/mm	焊接电流/A	焊接电压/V	电源极性
打底层	直线运弧法	3.2	90	16~25	反极性
填充层	月牙形或锯齿形运条		100	16~25	
盖面层					

3. 试件装配及定位焊

打磨后的管子坡口对接，内壁应齐平，保证轴线的空间位置要求，严格控制错边量。

根部间隙的大小直接影响单面焊双面成形背面焊缝的成形。间隙大，则背面焊缝成形宽，向熔池填充的液体金属量就会增加，燃弧时间就会增长，击穿熔孔尺寸增大，重力大于表面张力产生下坠，则背面焊缝就会形成余高过高或形成焊瘤。间隙小，则背面焊缝成形窄，熔敷金属送不到根部，背面焊缝就会出现余高过低或产生未焊透。实践证明，始焊处根部间隙取 3.2~3.5mm，终焊根部间隙取 4.2~4.5mm 比较合适。焊件的装配尺寸见表 2-12。装配方法及焊道分布如图 2-48 和图 2-49 所示。

表 2-12　焊件的装配尺寸

坡口角度/(°)	钝边/mm	装配间隙/mm		错边量/mm
		上部	下部	
65	0~3	4	3.4	≤1

定位焊在时钟 2、10 两点处进行，焊缝长度为 10~15mm，保证焊透，焊缝质量与正常焊要求相同。

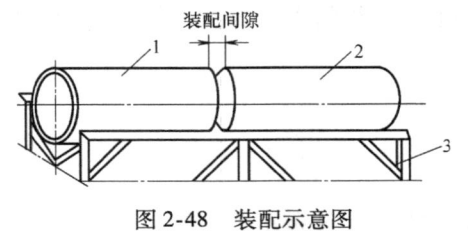
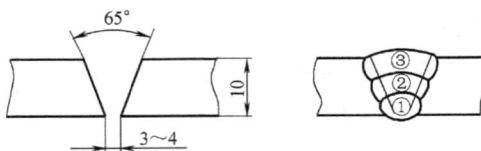

图 2-48 装配示意图
1、2—焊件 3—装配支架

图 2-49 装配间隙及焊道分布

若采用临时点固,则在时钟 2、7、11 三点处进行,用小圆钢临时焊接代替焊缝,以后在焊接过程中再逐渐拆除,如图 2-50 所示。装配好的焊件装夹在适宜高度的架上待焊。

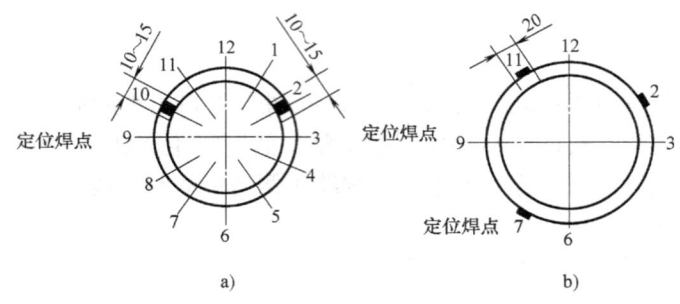

图 2-50 管对接定位焊位置
a)实焊点固 b)临时点固

二、操作步骤

安全准备→作业准备→电弧焊接(引弧、打底焊、填充焊、盖面焊(前半圈:仰焊→仰焊向上立焊→立焊→向上立焊→平焊;后半圈与前半圈的顺序相同)→检查焊缝。

1. 打底焊(灭弧焊)

调整打底焊的焊接参数。第一层焊缝的焊接一般采用稍作摆动的直线运条法。根据管径大小的不同,可在仰焊位置中心线前 10~20mm 的坡口一边引弧。应注意避免在坡口或对口中心引弧,以避免造成缺陷。引燃电弧后,用长弧把焊缝根部预热 2~3s,接着马上压低电弧,托住铁液并用电弧击穿焊缝根部。若过程正常,则可向上连续焊接;若出现熔孔,则可用一字形往复运条法将熔孔堵好后,再继续向上焊。当运条到定位焊缝时,必须用电弧击穿根部间隙,使之充分熔合。在焊接过程中,从下往上焊位置不断变化,因此,焊条角度也必须相应改变。

通常中、小管焊接时,以截面中心垂直线为界面分成两部分,先焊的一半称为前半圈,后焊的一半称为后半圈。施焊时按仰、立、平焊的位置顺序由下向上进行。

(1)起焊 在仰焊位置前 10mm 即 A 点处引弧起焊,在平焊位置 B 点处收尾,形成两个接头,打底焊实现单面焊双面成形,如图 2-51 所示。焊条角度如图 2-52 所示。

(2)仰焊及仰焊爬坡焊 在 A 点位置点火后以稍长的电弧加热 2~3s,当引弧处坡口两处金属有"出汗"现象时应迅速压低电弧至坡口根部间隙。通过护目镜看到有熔滴过渡并

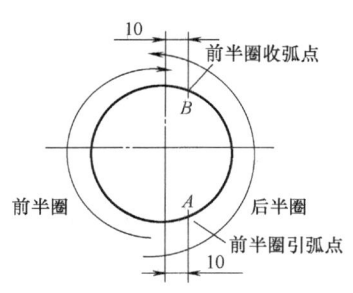

图 2-51 前半圈焊接

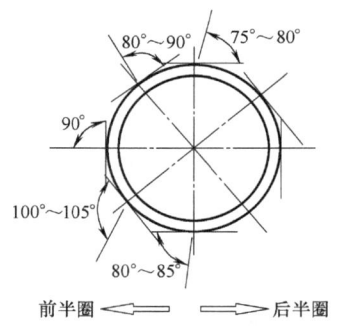

图 2-52 焊条角度

出现熔孔时，焊条稍微左右摆动并稍向后上推，观察到熔滴金属与钝边金属连接成金属小桥后，将焊条稍微拉开，恢复正常焊接。此焊接过程必须采用短弧焊，将熔滴送到坡口根部。在仰焊向上立焊的过程中采用适当的运条方法，电弧在两侧钝边外稍作停留，看到熔化金属已挂在坡口根部间隙并融入坡口两侧 1～2mm 时再停弧。

（3）在立焊及向上立焊　焊接手法与仰焊及仰焊向上立焊大体相同。不同之处是管道温度开始升高加上焊接熔滴熔池等重力的作用及电弧吹力共同作用，在立焊爬坡焊时很容易出现焊流。所以在立焊及向上立焊时要保持短弧快速运条。

（4）平焊位置　平焊位置焊接至前半圈焊接收弧点 B。

（5）与定位焊缝的接头　焊接过程中打底焊与定位焊缝相接时，焊条要向根部定位焊缝顶一下，当听到"噗噗"声后，将焊条快速运条到定位焊缝的另一端，根部预热。看到焊条根部焊缝有"出汗"现象时，焊条要往根部焊缝压弧。听到"噗噗"声时，稍作停顿后，仍用原先的焊接手法继续操作。

（6）收弧　当焊接操作接近 B 点收弧处时，焊条应在收弧处稍停，进行预热。然后将焊条向坡口间隙处压弧，让电弧击穿坡口根部。听到"噗噗"声后，稍作停顿，然后向前焊 10～15mm 填满弧坑，以防弧坑咬边。

后半圈打底层焊接焊接工艺与前半圈的相同，如图 2-53 所示。但两个半圈上下接头处的接头一定要接好。仰焊接头时，应把先焊的焊缝端头用电弧割去一部分（5～10mm），或用角向磨光机开出利于焊接接头的坡口，这样既可清除焊渣，把可能存在的缺陷去除，又可以形成缓坡形割缝，对焊接有利。接头处焊接时要使原焊缝充分熔化，并使之形成熔孔，以保证根部焊透。平焊接头时，应压低电弧，焊条前后摆动，推开熔渣，并击穿根部以保证焊透，熄弧前填满弧坑。

仔细清理打底层焊缝和坡口两侧母材夹角处的焊渣和焊点叠加处的焊渣、飞溅物，将打底层焊缝表面的不平处打磨平整。

2. 填充层焊

一般壁厚大于 6mm 时才有填充层。填充层的焊接相对比较容易，但如果工艺参数选择不当也会出现气孔、夹渣和层间未焊透等缺陷。

填充层焊波较宽，一般采用月牙形或锯齿形运条进行连

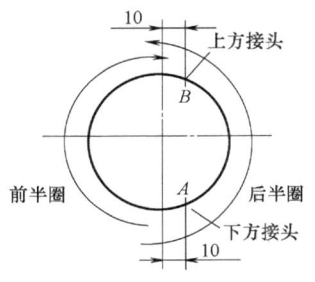

图 2-53 后半圈焊接

续焊接，在坡口两侧应稍作停留。

由于根部已完成打底焊，填充层焊缝与根部焊缝是否焊透无关。主要技术问题是填充层焊缝成形应该良好，生产率有所提高，有一定的焊层厚度，提高焊缝的力学性能，无气孔，夹渣等缺陷。因此，焊接角度和焊接速度就成为关键因素。

打底焊时，可使用与填充层焊接相同的焊条或增加一个径级。焊接电流不变或随焊条径级增加而增大 10~20A，焊接速度提高 3~5cm/min，焊接角度增大约 5°，焊接角度如图 2-54 所示。

填充焊缝厚度应为焊条直径的 0.8~1.2 倍。严禁在焊缝的焊接层表面引弧。焊缝接头应与底层焊缝接头错开不小于 10mm。该层焊接完毕，将熔渣、飞溅物清除后进行检查，发现隐患必须铲除后重焊。

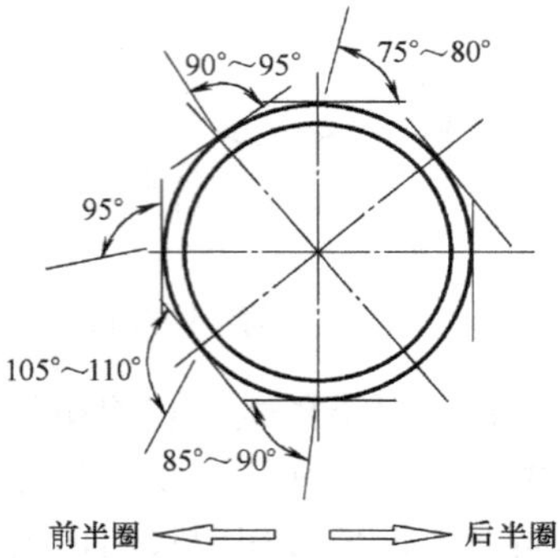

图 2-54 填充层焊接时焊接的角度

3. 盖面层的焊接

盖面层焊缝应根据设计要求焊一定的焊缝增高量，焊缝外表应均匀美观，沿圆周基本一致。一般采用月牙运条法，摆动要慢而稳，坡口两侧要有足够的停留时间。当坡口较宽时，可采用多道焊，应先焊坡口两侧，后焊中间。

调整盖面层焊接参数，进行盖面焊。盖面焊接又称加强面焊接，要使焊缝外表美观，每根焊条起弧、收弧位置必须与填充层焊缝接头错开。严禁在填充焊缝表面引弧。

在引弧点 B 处引弧后进行长弧预热。在仰焊部位，将第一、二滴熔滴抛掉，以短弧焊方式向上送熔滴，采用月牙式或横向锯齿式运条方式焊接，摆动要慢而稳，使焊波均匀美观。

焊接过程始终保持短弧，焊条摆到两侧时稍作停顿，将坡口两侧边缘熔化 1~2mm，使焊缝金属与母材圆滑过渡。在焊接过程中焊缝熔池始终保持圆形球状且大小一致，焊缝明亮清晰。前半圈收弧时，要对熔坑稍填些熔化金属，使弧坑呈斜坡状为后半圈焊接焊缝收弧做准备。

后半圈焊接方法与前半圈相同。

盖面层焊缝应表面完整，与管道圆滑过渡。焊缝表面不得出现裂纹、气孔、夹渣和熔合性飞溅等。一般每边宽度要比坡口增宽 1.5mm 左右，余高一般仰焊部位 0.5~3mm，其他部位为 0.5~2.5mm。不得出现严重的咬边（深度大于 0.5mm），余高过高或不足，以及过度陡急等缺陷。

焊接完毕，清理熔渣后，用钢丝刷清理表面，并加以覆盖，以免在保温、防蚀处理前出现锈蚀。

三、焊接注意事项

焊接时注意观察与控制熔池形状。熔池如果呈扁平椭圆形，如图 2-55a 所示，则说明熔池温度合适。如果熔池的下方出现鼓肚变圆，如图 2-55b 所示，则表明熔池温度已稍高，应立即调整运条方法。

若不能将熔池恢复到偏平状态，反而鼓肚有扩大的趋势，如图 2-55c 所示，则表明熔池

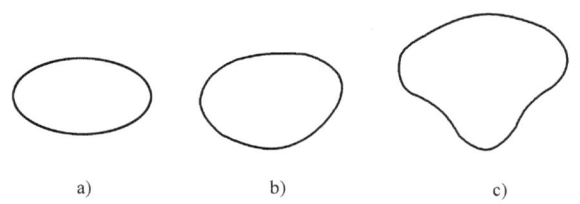

图 2-55 熔池形状与温度的关系
a)温度正常 b)温度稍高 c)温度过高

温度已过高。不能通过运条方法来调整温度,应立即灭弧,待降温后再继续焊接。

四、外观质量检测

1. 目测检查

焊缝表面质量：不允许有裂纹、未焊透、夹渣、气孔和焊瘤等缺陷。

2. 测量咬边长度、深度

咬边深度≤0.5mm,焊缝两侧咬边总长度≤20%焊缝总长,超10mm扣一分。

3. 测量未焊透深度、长度

未焊透深度≤1.5mm,总长度≤10%焊缝总长,标准内每超5mm扣一分。

4. 表面凹坑深度

测量背面凹坑深度≤2mm,总长度≤10%焊缝总长,上述范围内每超5mm扣一分。

5. 测量焊缝宽度、余高

焊缝余高0~3mm,正面焊缝宽度比坡口每侧增宽0.5~2.5mm,每一项不合格扣3~5分。

课题十 管对接垂直固定焊

学习目标

1. 掌握管对接垂直固定焊的焊接手腕转动运条技巧。
2. 掌握管对接垂直固定运用多层多道焊的操作方法。

知识准备

垂直固定管的焊接位置为横焊,其不同于板对接横焊的是焊工在焊接过程中要不断地按着管子曲率移动身体,并逐渐调整焊条沿管子进行圆周转动,这就给操作带来了一定的难度。

大直径薄壁管垂直固定焊单面焊双面成形时,液态金属受重力影响,极易下坠形成焊瘤或下坡口边缘熔合不良、坡口上侧易产生咬边等缺陷。因此,焊接过程中应始终保持较短的焊接电弧、较少的液态金属送给量和较高的间断熄弧频率,以便有效地控制熔池温度,从而防止液态金属下坠,并且使焊条角度随着环形焊缝的周向变化而变化来获得满意的焊缝成形。

工作任务

管对接垂直固定焊如图 2-56 所示。

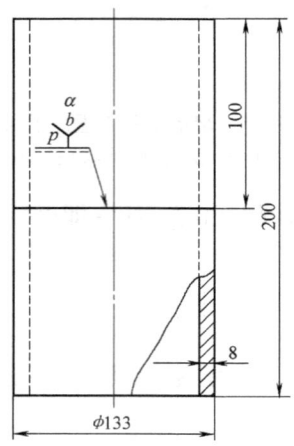

技术要求

1. 垂直固定单面焊双面成形。
2. $b=2\sim 4mm$，$\alpha=60°$ $P=1mm$。
3. 焊缝焊后进行通球检验。
4. 允许用小直径管子焊接。

图 2-56　管对接垂直固定焊

实训准备

1. 焊件

20 钢无缝钢管两节，规格为 $\phi 133mm \times 8mm \times 100mm$，坡口面角度为 30°。

2. 焊接材料

E4303 或 E5015 焊丝，直径 $\phi 2.5mm$ 和 $\phi 3.2mm$ 焊条若干根。

3. 焊接设备

ZXG-500 硅弧焊整流器一台。

4. 工具与量具

焊条保温桶、焊缝测量尺、金属直尺、放大镜、角向磨光机和钢丝刷等。

实施过程

一、焊件组对与定位焊

1. 焊件清理

将焊件坡口内、外两侧 20mm 范围内的铁锈、油污等用角向磨光机和电磨头打磨干净，使之呈现金属光泽。

2. 焊件组对与定位焊

焊件组对前需检查两管件内径的对口情况，以免发生错边。焊件组对的各项尺寸见表

2-13，组对形式如图 2-57 所示。

表 2-13　焊件组对的各项尺寸

坡口角度	根部间隙/mm	钝边/mm	错边量/mm
60°	2.5~3	1~1.5	≤0.5

焊件组对完成后，检查焊件内表面有无错边现象。定位焊时所使用的焊条应与正式焊接时相同，定位焊缝的位置如图 2-58 所示，定位焊的焊缝长度不超过 15mm。

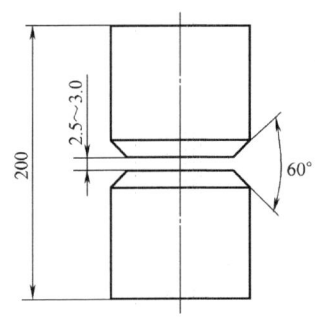

图 2-57　焊件组对形式

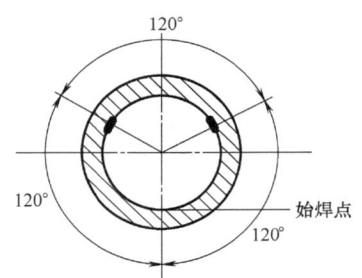

图 2-58　焊件定位焊缝位置示意图

二、确定焊接参数

管对接固定垂直焊的焊接参数见表 2-14。

表 2-14　管对接垂直固定焊的焊接参数

焊接层次	焊道数量	运条方法	焊条直径/mm	焊接电流/A
打底焊	1	断弧焊法	3.2	100~120
填充焊	2	直线运条或斜锯齿运条法		115~125
盖面焊	3	直线运条法和直线往复运条法		105~115

三、焊接

将焊件垂直固定在适当的位置上，始焊处选在与定位焊缝相对称的位置上，焊条角度如图 2-59 所示。采用三层六道焊进行焊接。

1. 打底焊

为保证坡口根部焊透，应采用单面焊双面成形技术施焊。焊接时，为控制熔池温度，获得斜椭圆形外形，可采用断弧焊法击穿钝边进行焊接。

首先在坡口内引弧，电弧引燃后，拉长弧预热坡口根部并熔化钝边，把电弧带至间隙处向内压，待发出击穿声并形成熔池后马上熄弧（向后下方划挑），使熔池降温。待熔池由亮变暗时，在熔池的前沿重新引燃电弧，压低电弧，由上坡口焊至

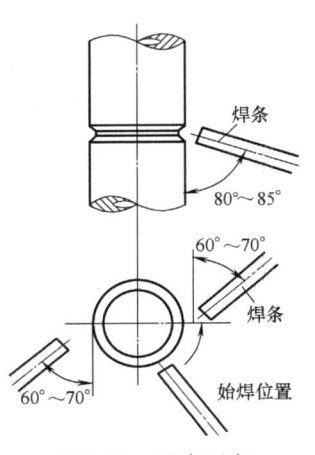

图 2-59　垂直固定管焊接焊条角度

下坡口，待坡口两侧熔合并形成熔孔后，以同一动作熄弧。如此反复地熄弧→燃弧击穿焊接。

封闭接头时，应该预先清理接头熔渣或将接头处打磨成缓坡形再焊。在接头缓坡前沿 35mm 处，不再断弧焊而是连弧焊至接头处，电弧向内压，稍作停顿，然后焊过缓坡填满弧坑后熄弧。

垂直固定管打底层焊时，熔滴和熔渣极易下坠，影响对坡口下侧熔孔的观察，且容易产生夹渣。根据经验，焊接电流可适当大些（与水平固定焊比），使电弧落在熔池前沿，即可得到所需大小的熔孔，一般控制坡口钝边的熔化量在 1~1.5mm 之间。打底焊应做到"看熔池，听声音，落弧准"，即观察熔池的颜色并控制其温度，熔池形状一致，熔孔大小均匀，熔渣与熔池分明；听清电弧在坡口根部击穿的声音；电弧要准确地落在熔池的前沿。

2. 填充焊

采用三层焊接，应用斜锯齿形运条法。此方法的生产率高，但操作难度大，因此用得较少。若采用三层六道焊，应运用直线形运条法，其焊接电流比打底焊时略大些，焊道间要充分熔合，尤其与下坡口熔合的焊道，要避免熔渣与熔池混淆而造成夹渣、未熔合的缺陷。

施焊前，需将打底层焊道上的熔渣及飞溅物等清理干净，有接头超高现象时，可用錾子或锉刀修平。

填充层焊道分上、下两道，先焊下道焊缝，再焊上道焊缝。

第一道焊接时，在焊接方向焊条与管子切线成 65°~75°夹角，与坡口下端夹角为 90°~100°，采用直线形运条法。运条过程中保持电弧对准打底层焊道下边缘，并使熔池边缘接近坡口棱边，但不能熔化棱边，运条速度要均匀，焊条角度要随焊道部位改变而变化，焊出宽窄一致的焊道。接头时，在熔池前方 10~15mm 处引燃电弧，直接拉向熔池偏上部位，压低电弧向下斜焊，形成新的熔池后恢复正常焊接。第二道焊接时，焊条对准第一道焊道与上坡口面形成的夹角处，运条方法与前道相同，但焊条角度应向下适当调整，与坡口下端成 75°~85°夹角。运条时要注意夹角处的熔化情况，使焊道覆盖住第一焊道的 1/3~1/2，避免填充层焊道表面出现凹槽或凸起，填充层焊完后，下坡口应留出约 2mm，上坡口应留出约 0.5mm，为盖面焊打好基础。

3. 盖面焊

盖面焊时焊条与焊件角度如图 2-60 所示。盖面层分三道由下至上焊接。施焊盖面层的下焊道时，电弧应对准下坡口边缘，使熔池下沿熔合坡口下棱边（≤1.5mm），并覆盖填充层焊道，下焊道焊速要快，运用直线往复运条法，使此焊道细些与母材圆滑过渡。中间焊道焊速要慢，以使盖面层成凸形。焊最后一条焊道时，应适当增大焊接速度或减小焊接电流，焊条倾角要小，以防止咬边，确保整个焊缝外形宽窄一致，均匀平整。盖面层的上、下焊道是成形的关键。施焊时，其熔化坡口棱边应控制在 1~1.5mm，并且要细而均匀，才能保证焊缝成形宽窄一致，与母材圆滑过渡。

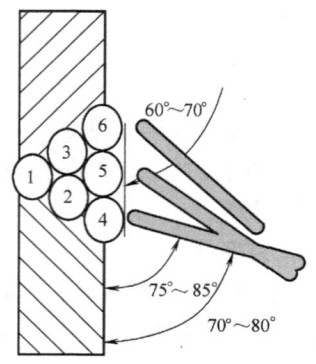

图 2-60 盖面焊时焊条角度

盖面焊时，焊道间不清理渣壳，待整条焊缝焊接之后一并清除，可保持焊缝表面的金属光泽。

清渣检验焊接完毕后，将焊缝表面清理干净，并保持原始状态。

课题十一　管板水平固定全位置焊（骑坐式）

学习目标

1. 灵活运用手臂和手腕动作，适应固定管板焊接时的焊条角度的变化。
2. 熟练掌握管板打底层、填充层及盖面层的操作方法。
3. 熟练掌握管板仰位、平位的接头方法。

知识准备

管板焊接时，由于管和板在形状、厚度上的差异，使其受热熔化存在很大差异，板的承热能力远大于管件的承热能力。因此，在打底焊中电弧热量应偏重于板的坡口一侧，在板的坡口根部得到充分熔化的情况下，再将电弧移向管的坡口一侧，且电弧在管件坡口根部停留时间要短，焊条端部距坡口根部应保持1～2mm的距离。

管板水平固定焊属于全位置焊接，施焊时，分前、后两半，焊缝由下向上均存在仰、立、平三种不同位置的变化。焊条角度、给送液态金属的速度、间断灭弧的节奏及熔池倾斜的状态都将随焊接位置的改变而改变。因此，控制好熔池温度和熔池倾斜程度，不断改变焊条角度是管板水平固定焊的关键。如果焊接参数选择不合理、运条方法不当，则可能会产生焊瘤、未熔合和咬边等缺陷。

工作任务

管板水平固定全位置焊（骑坐式）如图2-61所示。

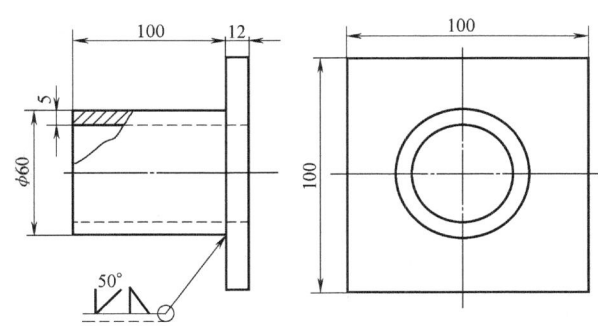

技术要求
1. 单面焊双面成形。
2. 焊角尺寸K=(8±1)mm。
3. 焊后焊缝用煤油检查。

图2-61　管板水平固定全位置焊（骑坐式）

实训准备

1. 焊件

100mm×100mm×12mm（Q235）钢板，中心加工出与管内径相同的圆孔。φ60mm×

5mm×100mm（20钢）无缝钢管，一端加工成50°坡口面。

2. 焊接材料

E4303 直径为 ϕ2.5mm 和 ϕ3.2mm 的焊条若干根。

3. 焊接设备

BX1-400 弧焊变压器。

4. 工具与量具

焊条保温桶、焊缝测量尺、金属直尺、放大镜、角向磨光机和钢丝刷等。

实施过程

一、焊件清理

焊前将管子坡口两侧及板孔边缘两侧20mm范围内的铁锈、油污等清理干净，使之呈现金属光泽。打磨时注意不要破坏板孔边缘的棱角及管子坡口边缘。

二、焊件的组对与定位焊

焊件组对时，管的内径要与板上孔的中心在同一轴线上，不得有错边现象。焊件组对形式如图2-62所示，焊件组对各项尺寸见表2-15。焊件定位焊时所使用的焊条与正式焊接时相同，定位焊缝为两处，与始焊部位成120°角，定位焊焊缝位置如图2-63所示。

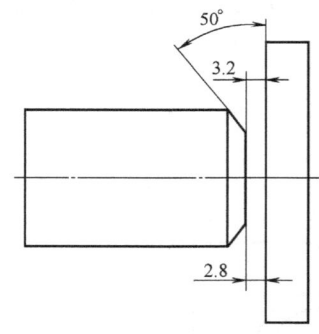
图2-62 焊件组对形式

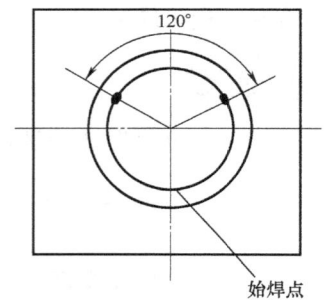
图2-63 定位焊焊缝位置

定位焊可采用击穿定位焊法，也可采用虚焊法。当采用击穿定位焊法时，定位焊缝长度为10mm。由于击穿定位焊缝为永久焊缝，因此要采用与正式焊接时相同的方法进行焊接，焊后焊缝两端用角向磨光机打磨成斜坡状，以利于接头。当采用虚焊法定位焊接时，因定位焊缝为临时焊缝，故不可深入坡口根部，否则会给打底焊接带来困难。

表2-15 焊件组对各项尺寸

坡口角度	根部间隙/mm		钝边/mm	错边量/mm
	始焊端	终焊端		
50°	2.8	3.2	1~1.5	≤0.5

三、确定焊接参数

管板水平固定全位置焊的焊接参数见表2-16。

表 2-16 管板水平固定全位置焊的焊接参数

焊接层次	运条手法	焊条直径/mm	焊接电流/A
打底焊(共1道)	连弧焊	2.5	75~85
盖面焊(共1道)	斜锯齿形	3.2	100~120

四、焊接

两层二道焊，每道分两个半圈进行焊接，先焊右半圈，后焊左半圈。

1. 打底焊

打底层的焊接可采用连弧焊法，也可采用断弧焊法，应保证根部焊透，防止焊穿和产生焊瘤。下面主要介绍连弧焊的操作要点。

1）在仰焊6点钟位置（图2-64中6）前5~10mm处的坡口内引弧，焊条在坡口根部管与板之间作微小横向摆动，当母材熔化铁液与焊条熔滴连在一起后，第一个熔池形成，然后进行正常焊接。

2）连弧焊采用月牙形或锯齿形摆动。

3）因管与板厚度差较大，焊接电弧应偏向孔板，使管和板的温度均匀，保证板孔边缘熔化良好。一般焊条与孔板的夹角为30°~45°，与焊接前进方向的夹角随着焊接位置的不同而改变。

4）由于施焊分两个半圈，每半圈都存在平、立、仰三种焊接位置，因此焊条角度要随焊接位置的变化而不断变化，如图2-65所示。

5）为了便于仰焊及平焊位置接头，施焊前半圈时，在仰焊位置（图2-64）起焊点即6点位置及平焊位置即12点位置终焊点都必须超过焊件的半圈。

6）在仰焊位置时，焊条应尽量向上顶送，横向摆幅要小，运条间距要均匀且不宜过大，目的是防止产生背面内凹和咬边。在立焊位置向背面压送焊条要比仰焊位置浅，平焊位置更浅，防止焊缝背面超高或形成焊瘤。

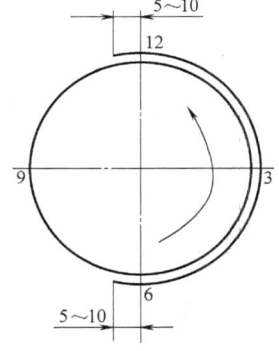

图 2-64 起焊点和终焊点位置

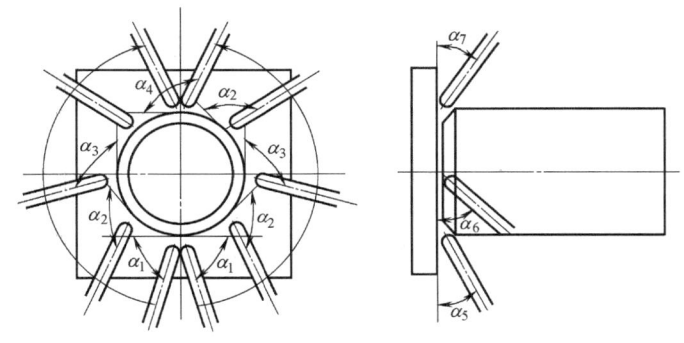

图 2-65 管板水平固定全位置焊的施焊步骤及焊条角度

7)焊接时,电弧在管和板上要稍作停留,并在板侧的停留时间要长些。

8)焊接过程中,要使熔池的形状和大小保持基本一致,使熔池中的铁液清晰明亮,熔孔始终深入每侧母材0.5~1mm。同时应始终伴有电弧击穿根部所发出的"噗噗"声,保证根部焊透。

9)与定位焊缝接头。当运条到定位焊缝根部时,焊条要向管内压一下,听到"噗噗"声后,连弧快速运条到定位焊缝另一端,再次将焊条向下压一下,听到"噗噗"声后稍作停留,恢复原来的操作手法。

10)收弧时,将焊条逐渐引向坡口斜前方,或将电弧往回拉一小段,再慢慢提高电弧,使熔池逐渐变小,填满弧坑后熄弧。

11)更换焊条时接头。

① 热接。当弧坑尚保持红熟状态时,迅速更换焊条后,在熔池后方约10mm处引弧,然后将电弧拉到熔孔处,焊条向里推一下,听到"噗噗"声后稍作停顿,恢复原来的手法焊接。

② 冷接。当熔池冷却后,必须将收弧处打磨出斜坡方可接头。更换焊条后在打磨处附近引弧,运条到打磨斜坡根部时焊条向里推一下,听到"噗噗"声后稍作停留,恢复原来手法焊接。后半圈的焊接方法与前半圈基本相同,但需在仰焊接头和平焊接头处多加注意。

12)一般在上、下两接头处,均应打磨出斜坡,引弧后在斜坡后端起焊,运条到斜坡根部时,焊条向上顶,听到"噗噗"声后,稍作停顿,再进行正常手法焊接。当焊缝即将封闭收口时,焊条向下压一下,听到"噗噗"声后,稍作停留,然后继续向前焊接10mm左右,填满弧坑收弧。

13)打底焊道应尽量平整,并保证坡口边缘清晰,以便盖面。

2. 盖面焊

1)清除打底焊道熔渣,特别是死角处。

2)盖面层焊接可采用连弧焊法或断弧焊法施焊,常采用连弧焊法。

3)连弧焊时,采用月牙形横拉短弧施焊。在仰焊部位前10mm左右焊趾处引弧,并使熔池呈椭圆形,上、下轮廓线基本处于水平位置,焊条摆动到管与板侧时要稍作停留,而且在板侧停留的时间要长些,以避免咬边。焊条与孔板的夹角从仰焊部位的45°逐渐过渡到平焊部位的60°左右,焊接前进方向夹角随焊接位置不同而改变。焊缝收口时要填满弧坑再熄弧。

课题十二 管板垂直固定俯位焊(骑坐式)

学习目标

1. 灵活运用手臂和手腕动作,适应固定管板焊接时焊条角度的变化。
2. 熟练掌握管板垂直固定俯位焊(骑坐式)的操作技能。

知识准备

管板接头是锅炉压力容器结构的基本形式之一。

插入式管板接头只需保证根部焊透，外表焊脚对称，无缺陷，因此比较容易焊接，通常单层单道焊就行了。骑坐式管板接头焊接除保证焊缝外观外，还要保证焊缝背面成形，因此通常都采用多层多道焊，用打底焊保证焊缝背面成形和焊透，其余焊道保证焊脚尺寸和焊缝外观。

两类管板接头的焊接要领和焊接参数一般基本上是相同的，在焊接骑坐式管板接头时，只需按插入式管板接头焊接时的焊条角度和焊接参数就行了。下面着重介绍骑坐式管板接头的焊接技术。

★ 工作任务

管板垂直固定俯位焊（骑坐式）如图 2-66 所示。

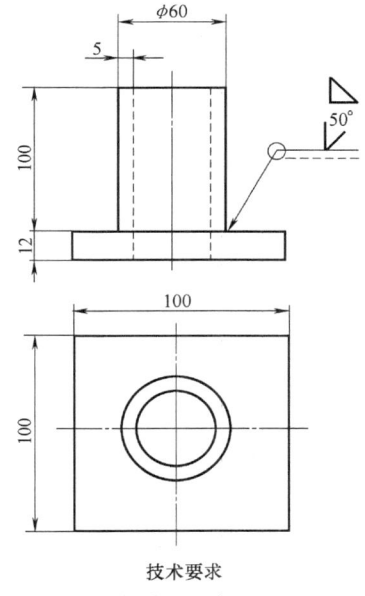

技术要求
1. 单面焊双面成形。
2. 焊脚尺寸 $K=(8\pm1)$ mm。
3. 钢板孔与钢管同心装配。

图 2-66　管板垂直固定俯位焊（骑坐式）

◎ 实训准备

1. 焊件

孔板材料为 Q235 钢板，100mm×100mm×12mm 低碳钢板，中心加工出与管内径相同的圆孔；ϕ60mm ×5mm×100mm（20 钢）钢管，一端加工成 50°坡口面。

2. 焊接材料

E4303 直径为 ϕ2.5mm 和 ϕ3.2mm 的焊条若干根。

3. 焊接设备

BX3-300 或 ZX7-400 焊机。

4. 用具及量具

焊条保温桶、焊缝测量尺、金属直尺、放大镜、角向磨光机和钢丝刷等。

实施过程

一、钝边、清理

1. 钝边

将管子锉钝边 11.5mm。

2. 焊件清理

清除管子及孔板的坡口范围内两侧 20mm 及内、外表面上的铁锈、油污及其他污物，直至露出金属光泽。

二、焊件的组对与定位焊

将管子置于孔板上，并调整孔板与管子之间的根部间隙为 3mm 左右，保证管子与孔板相互垂直，装配错变量 ≤0.5mm。焊件组对形式如图 2-67 所示。

一点定位。采用与焊接焊件相同牌号焊条，在坡口内进行定位焊，焊点长度为 1015mm，焊点不能过厚，必须焊透和无缺陷，焊点两端应预先打磨成斜坡形，以便接头。

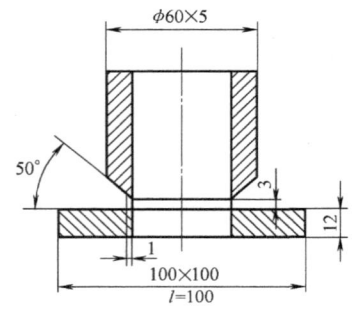

图 2-67　骑坐式管板焊件组对形式

三、确定焊接参数

骑坐式管板垂直固定俯位焊的焊接参数见表 2-17。

表 2-17　骑坐式管板垂直固定俯位焊的焊接参数

焊接层次	焊条直径/mm	焊接电流/A
打底焊（共1道）	2.5	70~80
盖面焊（共1道）	3.2	100~120

四、焊接

1. 打底焊

打底层的焊接可采用连弧焊法，也可采用断弧焊法，应保证根部焊透，防止焊穿和产生焊瘤。

（1）连弧焊法　在与定位焊点相对称的位置起焊，并在坡口内的孔板上引弧，进行预热，当孔板上形成熔池时，向管子一侧移动，待与孔板熔池相连后，压低电弧使管子坡口击穿并形成熔孔，然后采用小锯齿形或直线形运条法进行正常焊接，焊接角度如图 2-68 所示。

焊接过程中，要求焊条角度基本保持不变，运条速度均匀平稳，电弧在坡口根部与孔板边缘要稍作停留，应严格控制电弧长度（保持短弧），使电弧的 1/3 在熔池前，用来击穿和熔化坡口根部；2/3 覆盖在熔池上，用来保护熔池，防止产生气孔。焊接时，随着焊缝弧度的变化，手腕应不断转动，要保证电弧始终在焊条的前方，并要注意熔池的温度，保持熔池形状和大小基本一致。以免产生未焊透、内凹和焊瘤等缺陷。

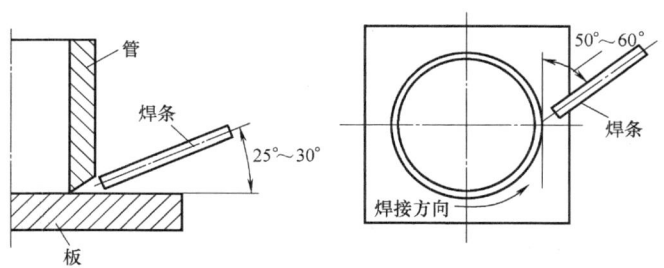

图 2-68 骑坐式管板垂直固定俯位打底焊时焊条角度

1）更换焊条的方法。当每根焊条即将焊完前，向焊接相反方向回焊 10～15mm，并逐渐拉长电弧至熄灭，以消除收尾气孔或将其带至表面，以便在换焊条后将其熔化。接头应尽量采用热接法，如图 2-69 所示，即在熔池冷却前，在 A 点处引弧，稍作上下摆动移至 B 点，压低电弧，当根部击穿并形成熔孔后，转入正常焊接。当不能采用热接法时，待熄弧处熔池冷却后，应修磨焊道形成缓坡形，再按上述接头方法接头，即采用冷接法。

2）接头的封闭。应先将焊缝始端修磨成斜坡形，待焊至斜坡前沿时，压低电弧，稍作停留，然后恢复正常弧长，焊至与始焊缝重叠约 10mm 处，填满弧坑即可熄弧。

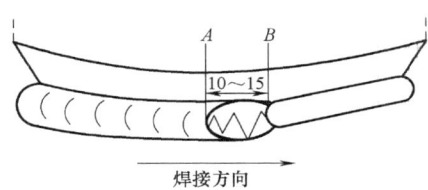

图 2-69 骑坐式管板打底焊的接头方法

（2）断弧焊法　引弧后向坡口根部压送焊条，停顿 2s 左右，当听到击穿坡口根部的"噗噗"声后，说明第一个熔池已形成，然后立即灭弧，按图 2-70 所示运条方法操作施焊。电弧在 1 点迅速引燃后拉向 2 点，穿透坡口根部后，向 3 点挑划灭弧，如此循环施焊操作。在施焊过程中应注意：电弧以熔化板侧坡口边缘为主，管侧坡口边缘熔化较少些，以防止背面焊道下坠；应使 2/3 的电弧覆盖熔池，1/3 的电弧熔化坡口根部。

2. 盖面焊

盖面层必须保证管子不咬边，焊脚对称。盖面层采用两道焊，后道焊缝覆盖前一道焊缝的 1/3～2/3，应避免在两焊道间形成沟槽和焊缝上凸，盖面层焊接时的焊条角度如图 2-71 所示。

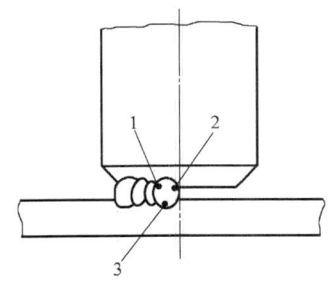

图 2-70 骑坐式管板垂直俯位焊的断弧焊法

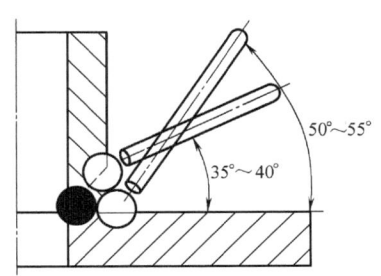

图 2-71 盖面层焊接时的焊条角度

五、清理及检测

将完成的焊件焊缝表面及飞溅物清理干净,直到露出金属光泽。检测焊缝正、反面质量,焊缝表面不得有焊瘤、气孔、夹渣及咬边等缺陷。

六、注意事项

1)必须根据焊件材料选择焊接工艺参数。
2)焊条必须按规定烘干,随用随取。
3)坡口内应使用点固定,不允许刚性固定,允许预留反变形量。
4)焊前将坡口两侧 10~20mm 范围内清理干净,直至露出金属光泽。
5)焊件一经施焊,不得改变焊接位置。
6)焊接完毕后,将焊缝表面清理干净,并保持原始状态。
7)严格按照安全操作规程进行操作。

第三单元 CO_2 气体保护焊

课题一 平 敷 焊

学习目标

1. 了解 CO_2 气体保护焊的过程、分类及特点。
2. 掌握 CO_2 气体保护焊正确的操作姿势,以及起弧、运弧和收弧方法。
3. 熟练 CO_2 气体保护焊机的操作要领。
4. 掌握 CO_2 气体保护焊平敷焊基本操作技术。

知识准备

CO_2 气体保护焊是 20 世纪 50 年代发展起来的焊接技术,目前它已发展成为一种重要的熔焊方法。CO_2 气体保护焊广泛应用于汽车工业、工程机械制造业、造船业、机车制造业、电梯制造业、锅炉压力容器制造业、各种金属结构和金属加工机械的生产。

一、CO_2 气体保护焊的特点及其分类

CO_2 气体保护焊是使用焊丝来代替焊条,经送丝轮通过送丝软管送到焊枪,再经导电嘴导电,CO_2 气体从焊丝周围喷射出来,在电弧周围形成局部的气体保护层使熔滴和熔池与空气隔离开来,从而保护焊接过程稳定持续地进行,并获得优质的焊缝。CO_2 气体保护焊的焊接过程如图 3-1 所示。焊接电源两输出端分别接在焊枪与焊件上。盘状焊丝由送丝机构带动,经软管与导电嘴不断向电弧区域送给。CO_2 气体以一定的压力和流量进入焊枪,形成保护气流,使熔池和电弧与空气隔绝,如图 3-2 所示。

1. CO_2 气体保护焊的特点

(1) 优点

1) 焊接效率高。连续送丝,节省时间,熔化速度快,电流密度大,焊渣极少可不必清渣,生产率比焊条电弧焊高 2~4 倍。

2) 焊接范围广。可适用低碳钢、低合金钢、低合金高强度钢和普通铸钢全方位焊。

3) 焊接质量好。对铁锈不敏感,焊缝含氢量低,抗裂性能好,受热变形小。由于电弧加热集中,焊件受热面积小,CO_2 气流又具有较强的冷却作用,所以焊接变形小,特别适合薄板焊接。

4) 焊接成本低。CO_2 气体成本低,来源广,能源消耗量少,故使焊接成本降低。CO_2 焊的成本通常只有埋弧焊或焊条电弧焊的 40%~50%。

5) 操作简便。焊后不需清渣,且是明弧,便于监控,有利于实现机械化和自动化

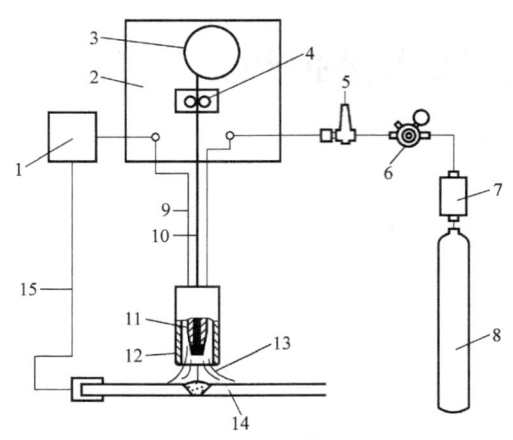

图 3-1　CO_2 气体保护焊焊接过程

1—电源　2—焊丝供给装置　3—焊丝卷　4—送丝轮
5—流量表　6—流量调节器　7—预热器　8—气瓶
9—电源线　10—焊丝　11—导电嘴　12—喷嘴
13—保护气体　14—工件　15—电缆

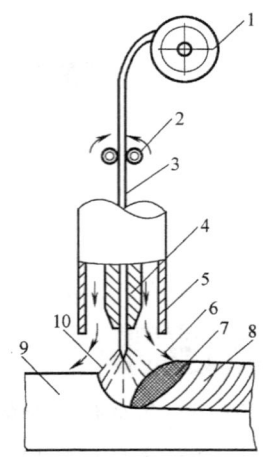

图 3-2　CO_2 气体保护焊

1—焊丝盘　2—送丝机构　3—软管　4—导电嘴
5—喷嘴　6—CO_2 保护气体　7—熔池
8—焊缝　9—焊件　10—电弧

焊接。

(2) 缺点

1) 飞溅大。参数调整不合理时会产生飞溅。参数正确时的飞溅会比焊条电弧焊少。

2) 弧光强。焊接时会产生较强的弧光,因此需注意加强保护措施,防止伤害眼睛。

3) 抗风性能差。室外实施 CO_2 气体保护焊时,需采用防风措施,防止对喷嘴气流的影响。

4) 灵活性差。CO_2 气体保护焊枪和软管比较重,移动不灵活,特别是水冷枪使用时很不方便。

5) 对非铁金属焊接能力差。不能焊易氧化的非铁金属。

6) 焊机较复杂。CO_2 气体保护焊的焊机比焊条电弧焊的焊机复杂,且价格贵,对设备维护技术的要求高。

2. CO_2 气体保护焊的分类

1) 按使用焊丝直径的不同,可分为细丝 CO_2 气体保护焊(焊丝直径≤$\phi1.6mm$)和粗丝 CO_2 气体保护焊(焊丝直径>$\phi1.6mm$)。

2) 按操作方法可分为半自动焊和自动焊。

3) 按送丝方式分为推丝式、拉丝式和推拉式三种。

3. CO_2 半自动气体保护焊的应用

1) CO_2 焊主要用于焊接低碳钢及低合金钢等钢铁材料。

2) 对于不锈钢,由于焊缝金属有增碳现象,会影响抗晶间腐蚀性能,所以只能用于对焊缝性能要求不高的不锈钢焊件。

3) CO_2 焊还可用于耐磨零件的堆焊、铸钢件的补焊以及电铆焊等方面。

目前，CO_2 焊已在机车和车辆制造、化工机械、农业机械及矿山机械等部门得到了广泛的应用。

二、CO_2 气体保护焊的安全防护

1. 触电的危害及防护

（1）触电的危险　CO_2 气体保护焊焊机的一次电压是 220V 或 380V 交流电。通常整流电源采用 380V 三相交流电供电。

CO_2 气体保护焊电源接通一次回路后，输出端空载电压都比较低，一般不超过 70V。不焊接时，自动焊机的焊枪和半自动焊机的焊枪都不带电，一次触电的危险性较小。只要焊机导电外壳上接有保护地线或零线，电源输入端有保护罩，一般不会发生触电事故。

（2）预防触电的措施　操作前必须穿戴合格的防护用具，所有劳保品必须干燥，绝缘鞋需耐压 2kV。电源必须有防护罩，焊机放置在干燥处，电源外壳必须接地。经常检查焊机的绝缘情况，避免因过载烧坏绝缘而造成漏电。夏天因出汗工作服潮湿时，人体电阻小，触电危险性较大，因此应站在绝缘胶板或木板上操作。容器内操作时，严禁用 13V 以上的灯具照明。在高空作业或靠近电源线工作时，要采取隔离措施，或停电挂牌后再操作。

（3）急救方法　一旦发生触电事故，应在最短时间内使触电者脱离电源，并根据具体情况，采取相应的急救措施。

若触电者脱离电源后心跳好呼吸都正常，只需将其衣扣解开，让其在通风处静卧一段时间即可恢复正常。

若触电者脱离电源后呼吸较弱但心跳正常，此时应采用人工呼吸法进行抢救。

若触电者脱离电源后呼吸正常，但心跳弱或停止，此时应立即采用心脏挤压法进行抢救。

若触电者脱离电源后呼吸和心跳都停止，应立即交替进行人工呼吸法和心脏挤压法进行抢救。

以上抢救方法只是应急措施，主要目的是争取时间，使触电者获救希望更大。因此，在抢救的同时，要及时通知医疗单位，争取让专业救护人员尽快赶到现场施救。

2. 弧光辐射的危害及防护

焊接时电弧及高温焊件能产生红外线、可见光和紫外线辐射，温度越高，光的辐射就越强。

焊接电弧的可见光线的照度超出人眼正常承受照度的一万倍。这样强烈的可见光将烧灼视网膜，造成视觉模糊，眼睛疼痛，有中心暗点。眼睛反复受弧光辐射将造成视力损伤。

焊接电弧中的红外线同样会对视力造成损伤，能造成眼睛晶状体弹性变差，调节困难，使视力减退。

焊接电弧中紫外线照射人眼后，会导致角膜和结膜发炎，使两眼刺痛、痉挛、流泪、怕见亮光。

防止弧光辐射有以下个方面。

1）佩戴合适的护目用具。不同的焊接电流和不同类型的气体保护焊应选择不同色号的护目镜片。

2）穿戴好有效的防护用具，不能将皮肤裸露在外面。

3）条件允许时，用遮光布帘或屏风将焊接区挡起来。

4）焊接区附近有白墙或玻璃等有反射作用的物体时，最好将它们屏蔽起来，防止反射光伤人。

3. 气体和烟尘的危害及防护

气体保护焊常见的有害气体有 O_3、CO、CO_2、NO 和 NO_2 等。CO_2 气体保护焊时，一般环境下 CO_2 气体浓度不会超过安全范围，对人体健康影响不大。但在电弧高温区，CO_2 分解的 CO 毒性很大。预防的措施是加强通风，及时排除有害气体，降低浓度。

焊接烟尘的成分比较复杂，焊接钢材时主要成分是 Fe、Si 和 Mn。长期吸入焊接烟尘可导致肺尘埃沉着病、锰中毒或金属热等症状。要采取以下几项措施加以防范。

1）加强个人防护，烟尘浓度较高时，最好戴防尘口罩。

2）采取有效的通风排烟措施。

3）采用焊接密闭罩。

4）发展烟尘离子荷电就地净化技术。

5）提高自动化程度。

工作任务

CO_2 气体保护平敷焊如图 3-3 所示。

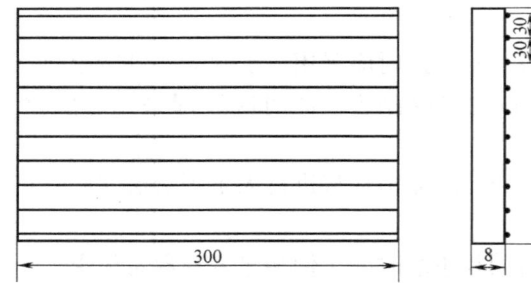

图 3-3　CO_2 气体保护平敷焊

操作准备

1. 焊件准备

Q235 低碳钢板，规格为 300mm×200mm×8mm。

2. 材料准备

H08Mn2SiA 焊丝，直径为 ϕ1mm。

3. 焊接设备

NBC-400 半自动 CO_2 气体保护焊焊机。CO_2 气瓶，CO_2 气体纯度≥99.5%。

4. 辅助工具

面罩、尖嘴钳、焊缝检测尺、角向磨光机、清渣工具和个人劳动保护用品等。

实施过程

一、焊前准备

1. 焊件清理

清理焊件的表面，除去油污、铁锈、水分及其他污染物，使其露出金属光泽。在钢板上沿纵向方向用石笔均匀划出线条，间距为20mm，把事先划好的线条作为焊道轨迹进行平敷焊。

2. 确定焊接参数

CO_2气体半自动保护平敷焊的焊接参数见表3-1。

表3-1 CO_2气体半自动保护平敷焊的焊接参数

焊道层次	电源极性	焊丝直径/mm	焊丝伸出长度/mm	焊接电流/A	焊接电压/V	气体流量/(L/min)
表面焊缝	反极性	1.0	10~15	120~130	17~18	8~10

二、操作步骤

检查电源系统→检查CO_2供气系统→启动焊机电源→检查送丝机构→预热并调整CO_2气体流量→调整其他工艺参数→引弧→运弧→收弧→焊件清理检验。

三、操作要领

1. 操作姿势

身体与焊枪处于自然状态，要有正确协调的稳定体位。手腕能灵活带动焊枪平移或转动。可以在下蹲、坐位或站立姿势下进行焊接操作，焊接过程中软管电缆最小曲率半径应大于300mm，焊接时可任意拖动焊枪。焊接过程中能保持焊枪倾角不变还能清楚方便观察熔池。保持焊枪匀速向前移动，同时注意保持喷嘴和焊件的距离，防止产生焊接缺陷。可根据电流大小、熔池的形状和工件熔合情况调整焊枪前移速度，尽量做到匀速前进。CO_2气体半自动保护焊的操作姿势如图3-4所示。

图3-4 CO_2气体半自动保护焊的操作姿势

a）蹲位平焊 b）坐位平焊 c）立位平焊 d）站位立焊 e）站位仰焊

2. 引弧

CO_2气体半自动保护焊的引弧方式是采用短路方法，而非焊条电弧焊的划擦引弧。

(1) 保持焊丝伸出长度　如果焊丝过长,则应在引弧前剪去超长部分,达到伸出长度。当焊丝伸出较短时,应先按遥控盒上的点动开关或焊枪上的控制开关将焊丝送出导电嘴,保持伸出长度。

(2) 准备引弧　将焊枪按要求放在引弧处,此时焊丝端部与工件未接触,导电嘴高度由焊接电流决定。

(3) 引弧过程　将焊丝端头与焊件表面接触,焊枪提起2～3mm距离的同时,按下焊机开关,焊机自动提前送气,延时接通电源,保持高电压、慢送丝,当焊丝碰撞工件短路后自然引燃电弧。短路时,焊枪有自动顶起的倾向,故引弧时要稍用力下压焊枪,防止因焊枪抬起太高,电弧太长而熄灭。引燃电弧后迅速移向焊接处,待金属熔化后进行正常焊接,如图3-5所示。

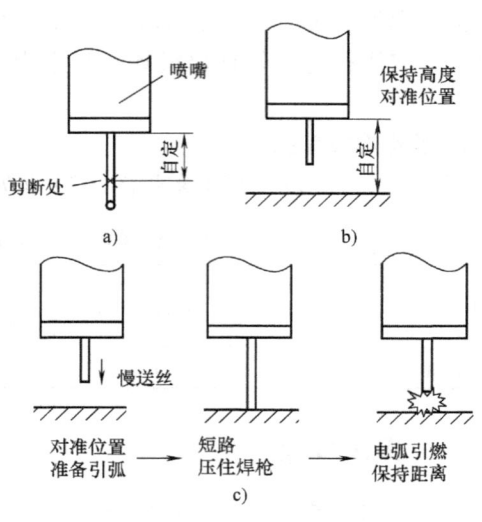

图3-5　引弧
a) 引弧前剪去超长部分　b) 准备引弧　c) 引弧过程

3. 运弧方法

为了形成良好的焊缝,CO_2气体保护焊与焊条电弧焊一样需要在焊接过程中作焊枪的相应摆动。常用的摆动方法有直线移动法、直线往返移动法、锯齿形摆动法、月牙形摆动法、斜圆圈移动法和三角形摆动法。焊枪摆动方法及应用范围见表3-2。

表3-2　焊枪摆动方法及应用范围

焊枪摆动轨迹	摆动方法	应用范围
←———————	直线移动法	薄板及中厚板打底层焊道
8　6 7 4 5 2 3　1	直线往返移动法	薄板根部有间隙,坡口有钢垫板或施工物
∧∧∧∧∧∧∧∧	锯齿形摆动法	小间隙及中厚板打底焊运用小幅摆动,厚板第二层以后焊接运用大幅摆动
ﻌﻌﻌﻌﻌﻌﻌ	月牙形摆动法	大坡口大间隙填充或盖面
⌒⌒⌒⌒⌒⌒	斜圆圈摆动法	堆焊,多层焊的第一层
◁◁◁◁◁◁———	三角形摆动法	向上立焊长焊缝、角焊缝

在焊接操作中焊枪的摆动要注意以下几点。

1) 焊丝在熔池不同位置停留时间各不相同,摆动到中心时速度稍快,而到两侧时,要停顿0.5～1s。

2）摆动幅度不能过大，否则，熔池温度高的部分不能得到良好的保护，容易产生氧化现象。

3）整个焊接过程中，不同位置的摆动幅度要均匀一致，不偏离预定的轨迹，焊缝宽度尺寸要符合要求。

4. 焊缝起始端的操作

焊接过程中，可以把起始端放在左边，也可以放在右边，但要注意运弧方式，这样才能得到高质量的焊缝。

焊接初始阶段，焊缝温度较低，应该在引弧之后，将电弧稍微拉长一些，以此对焊缝进行适当的预热，然后压低电弧进行起始端的焊接。若是重要的焊件，应该加装引弧板，将引弧时容易出现的缺陷留在引弧板上。

5. 焊枪运动方向

和焊条电弧焊一样，CO_2 气体半自动保护焊在焊接方向上分为左焊法和右焊法。焊枪自右向左移动的称为左焊法，如图 3-6a 所示。焊枪自左向右移动的称为右焊法，如图 3-6b 所示。左焊法和右焊法对焊缝的影响不同。

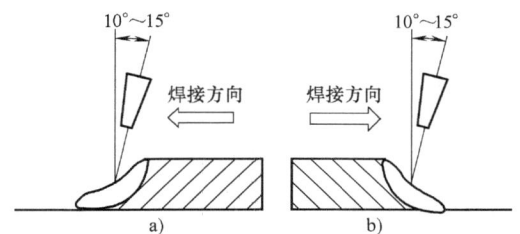

图 3-6 CO_2 半自动保护焊焊枪运动方向
a) 左焊法 b) 右焊法

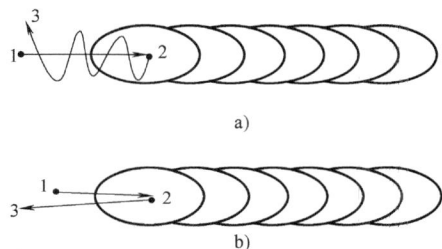

图 3-7 焊接接头的方法
a) 摆动焊 b) 无摆动焊接

（1）左焊法 焊接时电弧朝向左侧，同时向左移动，电弧的吹力作用在熔池及其前沿处，将熔池金属向前推移，由于电弧不直接作用在母材上，因此熔深较浅，焊道平坦变宽，保护效果好。焊接时易于观察，不易焊偏，但飞溅较大。左焊法适用于薄板、角焊缝和 V 形坡口打底焊。左焊法不宜采用大电流。

（2）右焊法 从左向右方向焊接。焊接时电弧躲着熔池走，电弧直接作用在母材上，熔深较大，焊道窄而高，飞溅略小，容易观察焊道，但不易准确掌握焊接方向，容易焊偏，对接焊时尤为突出，气体保护效果不太好。右焊法适用于厚板、V 形坡口第二道以上焊缝和药芯焊丝。

6. 焊接接头

CO_2 气体保护焊在焊接时是连续自动送丝，因此应尽量避免停弧。如果由于某些原因发生停弧，就要正确处理焊缝的接头，以保证焊缝质量。焊接接头有以下三种方法。

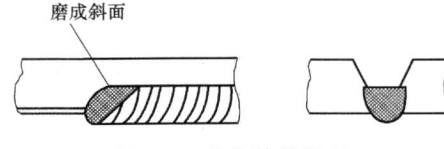

图 3-8 接头前的处理

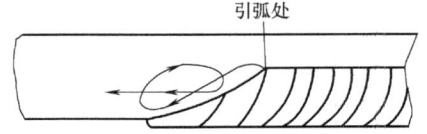

图 3-9 接头磨成斜面后的引弧操作

1）摆动焊缝连接时，以直线方式将电弧引向接头处，在接头中心开始摆动，并向前移动同时，逐渐加大摆幅，保持与原焊缝宽度相同，逐渐转入正常焊接，如图3-7a所示。

2）直线焊缝连接时，在弧坑前方30mm处引弧，然后迅速回焊至弧坑，待熔化金属将弧坑填满后，迅速将电弧前移，进行正常焊接，如图3-7b所示。

3）将待焊接头处用角向磨光机打磨成斜面，如图3-8所示，在斜面顶部引弧，然后将电弧移至斜面地底部，再转过来返回至斜面的顶部，之后继续向左焊接，如图3-9所示。

7. 收弧

焊接结束前焊缝必须进行正确的收弧操作，以避免在焊缝终端出现过深的弧坑，造成裂纹和缩孔等缺陷。收弧的方法有回转法、断续回焊法、引出板法，如图3-10所示。焊接结束后应将焊枪停留几秒钟再离开熔池，注意利用 CO_2 气体对弧坑进行保护，以免熔池出现氧化现象。在收弧中适当加快焊接速度，减小电弧长度，使停弧处形成斜坡状。

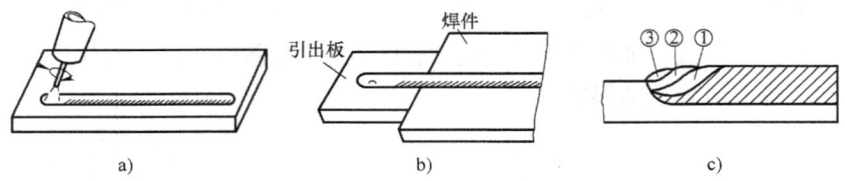

图3-10　填满弧坑方法

a）回转法　b）断续回焊法　c）引出板法

课题二　V形坡口板对接平焊

学习目标

1. 掌握 CO_2 气体保护焊常用焊接参数的选择原则。
2. 掌握 CO_2 气体保护焊板对接平位V形坡口单面焊双面成形技术。
3. 完成板对接平焊操作，焊道平整，宽窄一致，无明显缺陷。

知识准备

一、焊接参数的选择和使用原则

CO_2 气体保护焊的焊接参数包括焊丝直径、焊接电流、电弧电压、焊接速度、焊丝伸出长度、气体流量、焊枪倾角和喷嘴高度等。合理选择焊接参数是保证焊接质量、提高焊接效率的前提。

1. 焊丝直径

焊丝直径一般根据焊件厚度、焊接位置及生产率的要求选择。目前，普遍采用的焊丝直径是 $\phi 0.8mm$、$\phi 1.0mm$、$\phi 1.2mm$ 和 $\phi 1.6mm$，对于 $\phi 2.0mm$、$\phi 3.0mm$ 和 $\phi 4.0mm$ 的粗焊丝，只能采用长弧进行焊接。薄板或中厚板的立焊、横焊和仰焊时，多采用直径 $\phi 0.8 \sim \phi 1.6mm$ 的焊丝。平焊接中厚板时，采用直径 $\phi 1.2mm$ 以上的焊丝。焊丝直径与焊件厚度关系见表3-3。

表3-3 焊丝直径的选择

焊丝直径/mm	焊件厚度/mm	焊接位置	熔滴过渡形式
φ0.8	1~3	各种位置	短路过渡
φ1.0	1.5~6		
φ1.2	2~12		
	中厚	平焊、平角焊	细颗粒过渡
φ1	6~25	各种位置	短路过渡
φ1.2	中厚	平焊、平角焊	细颗粒过渡
φ2.0			

2. 焊接电流

根据焊接条件（板厚、焊接位置、焊接速度和材质等参数）选定相应的焊接电流。

电源外特性不变时，焊接电流与送丝速度成正比，即送丝速度越快则焊接电流也越大，而电压几乎不变。随着焊接电流的增加，焊缝熔宽和余高会随之增大一些，而熔深增大最明显。但是，当焊接电流太大时，金属飞溅会相应增加，并容易产生烧穿及气孔等缺陷。

焊接电流过小时，易产生焊缝成形不良、未焊透、未熔合和夹渣等缺陷。实际生产中，在保证焊缝质量前提下，尽量采用大电流以提高生产率。

每种直径的焊丝都有一个合适的焊接电流范围，只有在这个范围内的焊接过程才能稳定进行。

通常用直径为φ0.8~φ1.6mm的焊丝。当短路过渡时，焊接电流在50~230A之间选择，在颗粒状过渡时，焊接电流可在250~500A选择。焊丝直径与焊接电流的关系见表3-4。

表3-4 焊丝直径与焊接电流的关系

焊丝直径/mm	电流范围/A	适用板厚/mm
φ0.6	40~100	0.6~1.6
φ0.8	50~150	0.8~2.3
φ0.9	70~200	1.0~3.2
φ1.0	90~250	1.2~6
φ1.2	120~350	2.0~12
φ1.6	>300	>6.0

3. 电弧电压

电弧电压是影响熔滴过渡、金属飞溅、电弧燃烧时间及焊缝宽度的主要因素。确定焊接电流的范围后，调整电弧电压，使电弧电压与焊接电流形成良好的匹配。

电弧电压越高，焊接能量越大，弧长变长，飞溅颗粒变大，焊丝熔化速度就越快，焊接电流也就越大。熔宽增加，而熔深、余高却减小，焊缝呈扁平状，易产生气孔和咬边，如图3-11所示。

电弧电压过低，则电弧太短，焊丝容易伸入熔池，使电弧不稳定，飞溅增加，焊缝呈狭

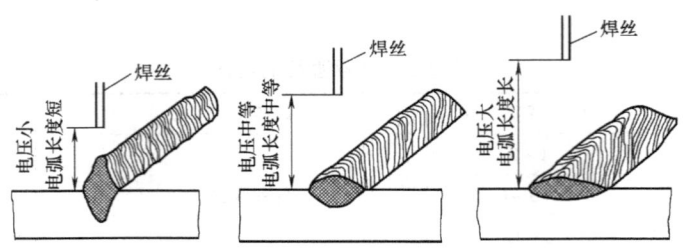

图 3-11　电弧电压对焊缝形成的影响

窄的圆拱状，焊缝易造成熔合不良（焊道易成为凸形）。

电弧电压与焊接电流形成良好匹配时，焊接电弧稳定、飞溅小，能听到"沙沙"的声音，焊机的电流表、电压表的指针稳定，摆动小。最佳的电弧电压一般在 16～24V 之间，粗滴过渡时，电弧电压为 25～36V，所以电弧电压应仔细调试，其选择范围见表 3-5。

表 3-5　短路过渡时电弧电压与焊接电流的关系

焊接电流/A	电弧电压/V		焊接电流/A	电弧电压/V	
	平焊	立焊和仰焊		平焊	立焊和仰焊
75～120	18～21	18～19	180～210	20～24	18～22
130～170	19～23	18～21	220～260	21～25	—

4. 焊接速度

焊接速度对焊缝内部与外观的质量都有重要的影响。在保持焊接电流和电弧电压一定的情况下，加快焊接速度则会造成焊缝的熔深、熔宽和余高都减小。如果再加快焊接速度，则将产生咬边、下陷、未焊透及未熔合缺陷。相反，焊速过低，熔池中液态金属将流到电弧前面，电弧在液态金属上面燃烧，造成焊缝成形不良、变形增大、焊缝组织晶粒粗等大缺陷。

通常半自动焊时，焊接速度为 15～40m/h，自动焊时不超过 90m/h。

5. 焊丝伸出长度

焊丝伸出长度是指焊接时导电嘴端部到焊丝端头间的距离。焊丝伸出长度对焊接过程的稳定性影响比较大，通常为焊丝直径的 10～12 倍。保持焊丝伸出长度不变是保证焊接过程稳定的基本条件之一。当焊丝伸出长度增加时，焊丝的熔化速度加快，可以使生产率提高。焊丝伸出长度过大时，由于电阻热的作用，使焊丝的熔化速度相应加快，将引起电弧不稳，飞溅增加，焊缝外观不良和产生气孔；反之，焊丝伸出长度太短时，焊接电流增大，并缩短了喷嘴与焊件间的距离，这样使喷嘴极易过热，容易堵塞喷嘴，从而影响气体流通。

焊丝伸出长度对焊缝的影响如图 3-12 所示。

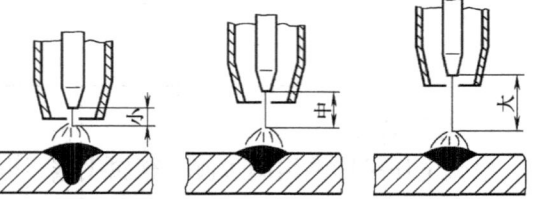

图 3-12　焊丝伸出长度对焊缝成形的影响

6. 气体流量

CO_2 气体保护焊是利用 CO_2 气体的屏蔽作用实现保护的，气体流量、焊丝伸出长度及风的大小都是影响保护效果的主要因素。一般根据焊接电流、焊接速度、焊丝伸出长度及喷嘴直径来选择。气流量过大或过小都会影响气体保护效果。

细焊丝焊接时，气体流量通常为 8~15L/min；粗焊丝焊接时，气体流量可达 20~25L/min。

气体流量会直接影响焊接质量，当焊接电流越大，焊接速越快，焊丝伸出长度越长时，气体流量应大些。气体流量太大或太小时，都会造成成形差、飞溅大、产生气孔等缺陷。一般经验是，流量为焊丝直径的 10 倍，即直径 ϕ1.2mm 焊丝选择 12L/min。当采用大电流快速焊接，或室外焊接及仰焊时，应适当提高气体流量。

气体流量不是越大效果就越好。当保护气流超过临界值时，从喷嘴喷出的保护气体会由层流变成紊流，将空气卷入保护区，降低保护效果。特别是造成合金元素的烧损，减弱硅、锰元素的脱氧还原作用，在焊缝表面往往会出现较多的二氧化硅和氧化锰的渣层，使焊缝产生气孔等缺陷。当气流量过小时，会影响熔池和熔滴的保护效果。

CO_2 气体的纯度不得低于 99.5%。

7. 焊枪倾角

无论是自动焊还是半自动焊，当喷嘴与工件垂直或倾角小于 10°时，不论前倾还是后倾，对焊接过程和焊缝形成都没有明显的影响。但倾角过大时，将对熔宽和熔深产生影响。倾角越大，熔宽越大，熔深越小，飞溅增大，电弧不稳，如图 3-13 所示。

8. 电源极性

CO_2 气体保护焊时，电源极性对焊缝熔深、电弧稳定都有重要的影响。为保证电弧的稳定燃烧，一般采用直流反接，即反极性。反极性特点是电弧稳定，焊接过程平稳，飞溅小。

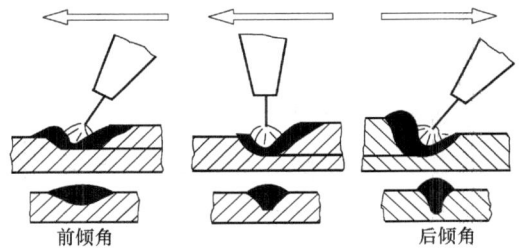

图 3-13 焊枪倾角对焊缝成形的影响

采用正接时，焊丝熔化速度快（约为反极性的 1.6 倍）、焊缝熔深浅、余高增加、飞溅很大、焊缝成形不好、电弧燃烧没有反接稳定，主要用于堆焊和铸铁补焊。

CO_2 气体保护焊、MAG 焊和脉冲 MAG 焊一般都采用直流反极性。

9. 回路电感

焊接回路电感应根据焊丝直径和电弧电压来选择，电感值通常随焊丝直径的增大而增加。如果焊接时飞溅很少，焊接过程稳定，则此时的电感值为最佳值。

10. 喷嘴与焊件间的距离

喷嘴下表面和熔池表面的距离称为喷嘴高度，它是影响保护效果、生产率和操作的重要因素。喷嘴与焊件间的距离可根据焊接电流来选择。焊接电流越大，喷嘴高度就越大，焊丝熔化快，需要保护的范围就越大，需要的气流量也越大。喷嘴高度小，则焊丝伸出长度短，需要的气流量也小。一般当焊接电流小于 200A 时，距离为 10~15mm；焊接电流为 200~350A 时，距离为 15~20mm；焊接电流在 350A 以上时，距离为 20~25mm。

11. 电弧对中位置选择

在焊缝的垂直横剖面内，焊枪的轴线和焊缝表面的交点称为电弧对中位置，如图 3-14 所示。

在焊缝横截面内，焊枪轴线、焊缝表面的夹角和电弧对中位置决定了电弧功率在坡口两侧的分配比例。当电弧对中位置在坡口中心时，若 $\beta < 90°$，则 A 侧获得的热量高；若 $\beta = 90°$，则 A、B 两侧获得的热量相等；若 $\beta > 90°$，则 B 侧热量多。

实际工作中，应根据焊位、板厚和焊道数目等因素，合理选择对中位置来保证焊缝两侧良好熔合，焊脚尺寸应控制在规定范围内，焊缝质量须符合技术要求。

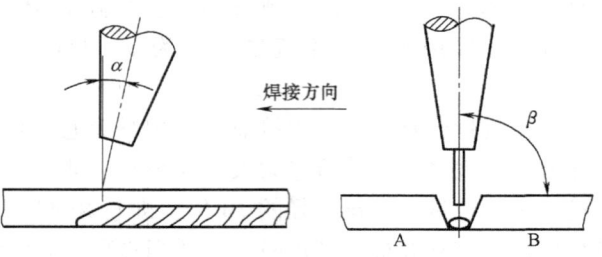

图 3-14 电弧的对中位置

二、CO_2 气体保护焊焊接方向的选择

1. 薄板对接

平焊：左焊法；立焊：向下立焊；横焊：左焊法；仰焊：右焊法。

2. 中厚板对接

平焊：左焊法；立焊：向上立焊；横焊：左焊法；仰焊：右焊法。

3. 中厚板 T 形接头

平焊：左焊法；立焊：向上立焊；横焊：左焊法；仰焊：左焊法。

工作任务

V 形坡口板对接平焊如图 3-15 所示。

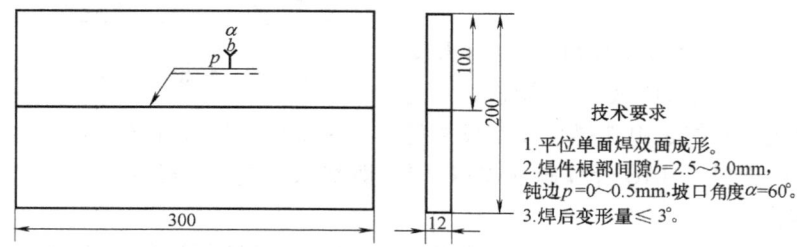

技术要求
1. 平位单面焊双面成形。
2. 焊件根部间隙 $b=2.5\sim3.0$mm，钝边 $p=0\sim0.5$mm，坡口角度 $\alpha=60°$。
3. 焊后变形量 $\leqslant 3°$。

图 3-15 V 形坡口板对接平焊

操作准备

1. 焊件准备

Q235 板料两块，规格为 300mm×100mm×12mm，一侧坡口面角度为 30°。

2. 材料准备

H08Mn2SiA 焊丝，直径为 $\phi1.2$mm。

3. 焊接设备

NBC1-300 半自动 CO_2 气体保护焊机，CO_2 气瓶（CO_2 气体纯度≥99.5%）。

4. 辅助工具

面罩、尖嘴钳、焊缝检测尺、角向磨光机、清渣工具和个人劳动保护用品等。

实施过程

一、焊前准备

1. 清理焊件

清理焊件的表面距离坡口 20mm 范围内正反两面的油污、铁锈、水分及其他污染物,使其露出金属光泽。两块焊件按照技术要求进行组对。

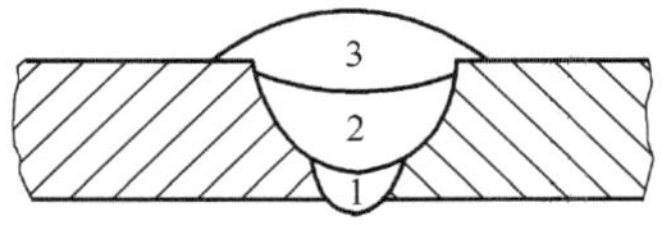

2. 确定焊接参数

采用三层三焊道,焊接层次分布如图 3-16 所示。板对接平焊的焊接参数见表 3-6。

图 3-16 焊接层次分布

表 3-6 板对接平焊的焊接参数

焊接顺序	焊丝直径/mm	焊丝伸出长度/mm	焊接电流/A	焊接电压/V	气体流量/(L/min)	电源极性
定位焊	1.2	13～15	100～110	18～20	10～15	反极性
打底焊						
填充层		14～16	120～130	20～21	12～17	
盖面层						

3. 试件装配及定位焊

首先将焊接试件固定在自制的垫板或耐火砖上,保持焊件水平,位置正确。按照技术要求确定装配间隙,在焊件两端坡口内进行定位焊,如图 3-17 所示。具体要求是定位焊缝长度为 10～15mm,定位焊使用的焊丝和焊接参数见表 3-6。定位焊道要求薄而平整,并将定位焊缝两端用角向磨光机打磨成斜坡状,清理干净,预置反变形 3°～5°,如图 3-18 所示。定位焊后将组对好的焊件放置在焊接操作架上待焊,间隙大的位置放在左边。

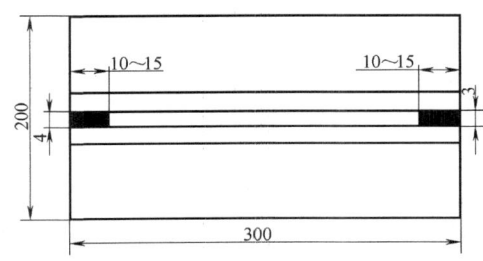

图 3-17 焊件的装配间隙及定位

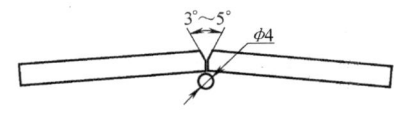

图 3-18 板对接平焊反变形

二、操作步骤

检查电源系统→检查 CO_2 供气系统→启动焊机电源→检查送丝机构→预热并调整 CO_2 气体流量→调整其他参数→定位焊→打底焊→充填焊→盖面焊→焊件清理检验。

1. 打底焊

先调整打底层的焊接参数,然后引弧。焊枪角度如图 3-19 所示,采用左焊法。单面焊双面成形打底焊一般采用细焊丝、小电流焊接，熔滴以短路形式过渡。为了引弧顺利，引弧前用尖嘴钳将焊丝剪成斜坡状，以减小短路接触面积。

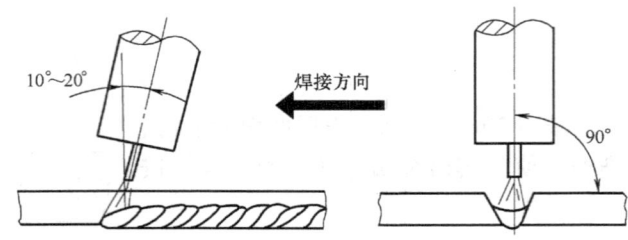

图 3-19　焊枪角度示意图

将试件的始端（装配间隙小的一侧）放右侧，在离试件端部 20mm 的坡口内的一侧引弧，然后移至始端开始向左进行打底焊。焊枪沿坡口两侧作小幅度横向摆动，控制电弧在离底边 2～3mm，并在坡口两侧稍微停留 0.5～1s。焊接时应根据间隙大小和熔孔直径的变化调整横向摆动的幅度和焊接速度，待熔孔直径达到 4～5mm 时进入正常焊接阶段，尽可能维持熔孔直径不变，以获得宽窄和高低均匀的背面焊缝，严防烧穿。

打底焊应注意以下事项。

1）控制熔孔的大小。这决定背部焊缝的宽度和余高，要求焊接过程中控制熔孔直径始终比间隙大 1～2mm。如图 3-20 所示。

2）控制电弧在坡口两侧的停留时间。为保证坡口两侧熔合良好，使打底焊道两侧与坡口结合处稍下凹，焊道表面平整，电弧应在坡口两侧稍微停留 0.5～1s，而中间停留时间较短。

3）控制喷嘴高度。电弧必须在离坡口底部 2～3mm 处燃烧，保证打底层厚度不超过 4mm。

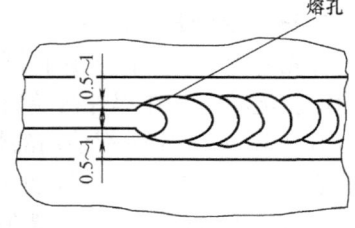

图 3-20　平位对接焊时的焊道控制

4）摆动幅度。电弧应对准焊道的中心线在坡口内进行小幅度锯齿形或月牙形横向摆动，中间移动速度稍快，两侧速度慢且有稍微的停顿，以保证焊道两侧熔合好，焊道平整、宽窄一致，焊缝尺寸符合要求，无缺陷。

2. 填充焊

调试充填层的焊接参数后从试板右端开始焊填充层，焊枪的横向摆动幅度稍大于打底层的焊缝宽度，电弧同样在坡口两侧稍微停顿。注意熔池两侧的熔合情况，保证焊道的表面平整并稍下凹，并使填充层的高度低于母材表面 1.5～2mm，焊接时不允许熔化坡口棱边，如图 3-21 所示。在焊到终点收弧时，要填满弧坑并使弧坑尽量短，防止产生弧坑裂纹。

3. 盖面焊

盖面焊的焊枪角度、摆动方式与充填焊相同。调整盖面层焊接参数后从右端开始焊接。

盖面焊应注意以下事项。

1）保持喷嘴高度，焊接熔池边缘

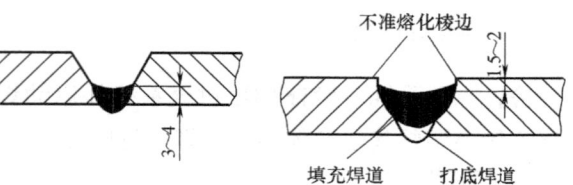

图 3-21　打底焊道与填充焊道示意图

应超过坡口棱边 1.5~2mm,并防止咬边。

2)焊枪横向摆动幅度应比填充焊时稍大,宜采用倒退式月牙形摆动。尽量保持焊接速度均匀,以运弧方式调整熔池温度,控制熔池形状,使焊缝外观成形平滑。

3)收弧时要填充弧坑,收弧弧长要短,熔池凝固后方能移开焊枪,以免产生弧坑裂纹和气孔。

焊后清理工件飞溅物,检查焊缝的质量,分析问题,总结经验。

课题三 T形接头平角焊

学习目标

1. 掌握 CO_2 气体保护焊 T 形接头平角焊的操作技术。
2. 掌握平角焊缺陷的产生原因及预防办法。
3. 完成 T 形接头平角焊,焊缝质量符合技术要求。

知识准备

一、CO_2 气体

1. CO_2 气体的性质

CO_2 气体是无色、无味的,在常温下的密度为 $1.98kg/m^3$,约为空气的 1.5 倍。在常温时很稳定,但在高温时可发生分解,至 5000K 时几乎能全部分解。

在常温下把 CO_2 气体加压至 5~7MPa 时变为液体。常温下液态 CO_2 比较轻。在 0℃,0.1MPa 时,1kg 的液态 CO_2 可产生 509L 的 CO_2 气体。

2. 瓶装 CO_2 气体

采用 40L 标准钢瓶,可灌入 25kg 液态的 CO_2,约占钢瓶容积的 80%,其余的 20% 充满了 CO_2 气体。气瓶的压力与环境温度有关,当温度为 0~20℃ 时,瓶中压力为 (4.5~6.8)×10^6Pa(40~60 个大气压)。当环境温度在 30℃ 以上时,瓶中压力急剧增加,可达 7.4×10^6Pa(73 个大气压)以上。所以气瓶不得放在火炉、暖气等热源附近,也不得放在烈日下暴晒,以防发生爆炸。

3. CO_2 气体纯度对焊接质量的影响

CO_2 气体纯度对焊缝金属的致密性和塑性有很大影响。CO_2 气体中的主要杂质是 H_2O 和 N_2,其中 H_2O 的危害较大,易产生氢气孔,甚至产生冷裂纹。焊接用 CO_2 气体纯度不应低于 99.5%(体积分数),其含水量小于 0.005%(质量分数)。

二、焊丝

CO_2 气体保护焊焊丝既是填充金属又是电极,所以焊丝既要保证一定的化学成分和力学性能,又要保证具有良好的导电性和工艺性能。

常用焊丝的型号、特征及适用范围见表 3-7。

表 3-7　常用焊丝的型号、特征及适用范围

焊 丝 型 号	特征及适用范围
H08Mn2SiA	冲击值高，送丝均匀，导电好
H04Mn2SiTiA	脱氧、脱氮、抗气孔能力强，适用于 200A 以上电流
H04Mn2SiAlTiA	脱氧/脱氮/抗气孔能力更强，适用于填充和 CO_2-O_2 混合气体保护焊
H08MnSiA	MAG 焊

常用的实心焊丝型号为 H08Mn2SiA。其中，H 表示焊接用钢，08 表示碳的质量分数为 0.08%，Mn2 表示氧化锰的质量分数为 2%，Si 表示氧化硅的质量分数为 1%，A 表示硫和磷的总质量分数小于 0.03%（无 A 则表示硫和磷的总质量分数小于 0.04%）。

为了提高导电性能及防止焊丝表面生锈，一般在焊丝表面采用镀铜工艺，要求镀层均匀，附着力强，铜的质量分数不得大于 0.35%。

三、T 形接头平角焊的特点和技术要求

CO_2 气体保护焊 T 形接头平角焊特点是焊道下坠不好控制，易产生上焊脚小、下焊脚大、焊道中间高的缺陷。因此，在焊接时要运用焊枪的角度、电弧吹力和焊接速度控制熔化的金属下淌，以保证良好的焊缝质量。

根据工件厚度，角焊缝可分为单道焊和多层焊，其中单道焊最大焊脚高度为 7～8mm，多层焊适用于 8mm 以上焊脚。

因右焊法余高过高，作业性能差，气保效果不好，因此水平角焊宜采用左焊法进行焊接。

工作任务

T 形接头平角焊如图 3-22 所示。

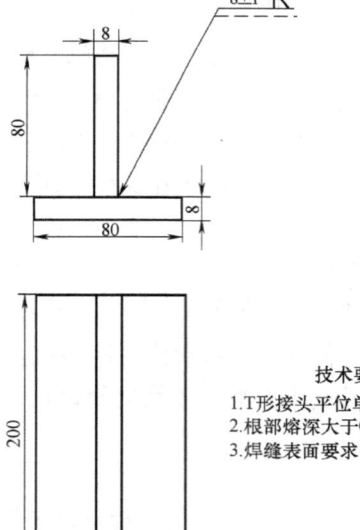

图 3-22　T 形接头平角焊

操作准备

1. 焊件准备
Q235 板料两块，规格均为 200mm×80mm×8mm，I 形坡口。要求焊脚尺寸为（8±1）mm。

2. 材料准备
H08Mn2SiA 焊丝，直径为 ϕ1.2mm。

3. 焊接设备
NBC-400 半自动 CO_2 气体保护焊机，CO_2 气瓶（CO_2 气体纯度≥99.5%）。

4. 辅助工具
面罩、尖嘴钳、焊缝检测尺、角向磨光机、清渣工具和个人劳动保护用品等。

实施过程

一、焊前准备

1. 清理焊件
清理的表面距离坡口 20mm 范围内正反两面的油污、铁锈、水分及其他污染物，使其露出金属光泽。两块焊件按照技术要求进行组对。

2. 确定焊接参数
采用左焊法，分两层次焊接。T 形接头平角焊的焊接参数见表3-8。

表 3-8　T 形接头平角焊的焊接参数

焊接顺序	运丝方法	焊接电流/A	焊接电压/V	焊脚尺寸/mm	焊接速度/(cm/s)	气体流量/(L/min)
定位焊	直线形	180~200	22~24	5	0.5~0.8	12~18
打底层	直线形	180~200	22~24	5	0.5~0.8	12~18
盖面层	斜椭圆形	160~180	22~24	8	0.4~0.6	12~18

3. 试件装配及定位焊
首先将水平焊接试件放置在自制垫板或耐火砖上面，保持稳定和水平。再放置立板，保持立板与水平焊件垂直，位置正确。定位焊缝长度为 10~15mm，如图 3-23 所示，定位焊使用的焊丝与正式焊接时使用的相同，定位焊后将焊件放置在焊接操作架上待焊。

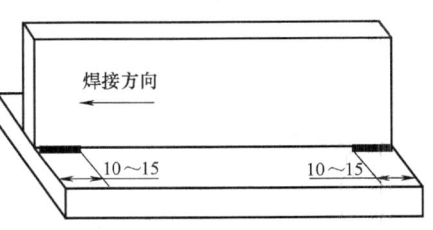

图 3-23　T 形接头平角焊的定位焊

二、操作步骤
检查电源系统→检查 CO_2 供气系统→启动焊机电源→检查送丝机构→预热并调整 CO_2 气体流量→调整其他工艺参数→定位焊→打底焊→盖面焊→焊件清理检验。

T 形角焊接时极易产生咬边、未焊透、焊缝下坠等缺陷，因此除了正确选择焊接参数外，还要根据板厚及焊脚尺寸来控制焊丝的角度。

1. 焊丝的角度

1）一般等厚焊件焊丝与水平板的夹角为 40°～50°，焊丝指向焊缝（要求位置准确），如图 3-24a 所示。

2）如果是不等厚焊件，要使焊缝对称，必须考虑垂直侧与水平侧的散热情况，焊丝的倾角应是电弧偏向厚板，是两板均匀受热，如图 3-24b、c 所示。上板散热差，下板散热好，所以，电弧应指向下板。

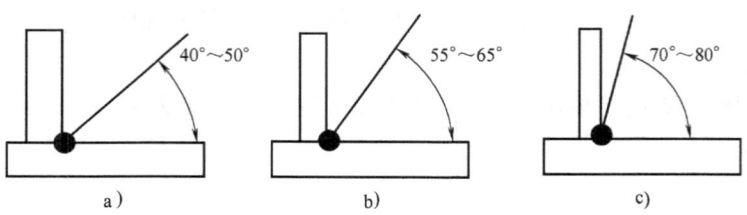

图 3-24　平角焊是焊丝角度
a）两板等厚　b）、c）两板不等厚

2. 焊丝的位置

1）当焊脚尺寸小于 5mm 时，将焊丝指向焊缝夹角处，如图 3-25 中的位置 A。

2）当焊脚尺寸大于 5mm 时，要使焊丝在距离夹角线 1～2mm 处进行焊接，这样可以得到等焊脚的角焊缝，如图 3-25 的位置 B。

3. 焊丝的前倾角

横焊时焊丝的前倾角一般为 10°～25°，如图 3-26 所示。

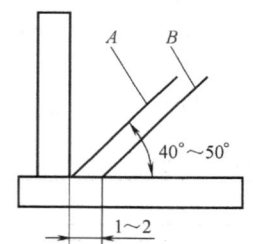

图 3-25　平角焊时的焊丝位置

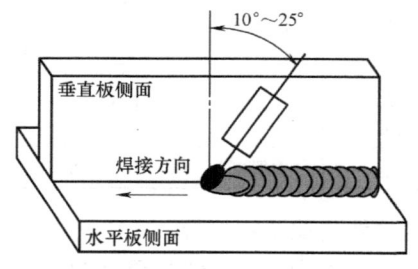

图 3-26　平焊时焊丝的前倾角

4. 运丝及焊接方法

1）焊脚小于 8mm 时，可采用单层焊接，多采用直线运丝法或斜圆圈运丝法。

2）焊脚大于 8mm 时，应采用多层焊法或多层多焊道焊法。多层焊的第一层焊接操作与单层相似，焊丝距焊件夹角 1～2mm，采用左焊法，焊脚尺寸在 6mm 左右。第二层应采用斜圆圈运丝法进行焊接。

多层多道焊接操作时，每层焊脚尺寸要限制在 6～7mm 范围内，过大的焊脚容易造成熔化的金属下坠或咬边。

5. 打底焊

本例采用等厚板，焊丝与水平板夹角为 45°，焊枪前倾角为 10°～15°。先调整打底层的焊接参数，采用左焊法进行焊接，这样电弧的吹力吹向立板一侧，对熔池熔化的金属有助推作用，避免焊道下坠。

首先进行引弧。为了引弧顺利，引弧前用尖嘴钳将焊丝剪成斜坡状，以减小短路接触面积，容易产生电弧。在离试件端部 20mm 的一侧引弧，抬高电弧拉向焊件端头，压低电弧并控制喷嘴高度，焊丝距离焊件夹角处约 1mm 处，运用直线形运丝方法，进行匀速焊接。注意保持正确的焊接姿势，体位稳固。焊接过程中要始终控制焊脚尺寸在 5mm 左右，并保证焊道和焊件良好熔合。在终点处收弧时，要填满弧坑，稍停片刻缓慢抬起焊枪完成收弧。

6. 盖面焊

先调整盖面层的焊接参数，引弧和收弧操作要领和打底焊一致，焊丝和焊枪的倾斜角度与打底焊相同，采用斜椭圆形摆动，向左进行焊接。操作时，电弧在斜椭圆摆动轨迹上的各位置停留时间不同，如图 3-27 所示。当电弧从 a 点运动到 b 点时速度放慢，目的是使水平板有一定的熔深。在 b 点运动到 c 点处稍快，防止熔滴下淌并在 c 处要稍作停留，给予足够的熔滴避免咬边。从 c 点到 d 点稍慢，以增加水平板的熔深。d 点到 e 点稍快，并在 e 处稍加停留，如此反复完成整个焊缝的盖面焊。

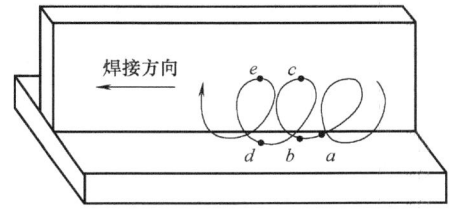

图 3-27　T 形接头平角焊斜圆圈形运条法

在焊接过程中，要注意焊丝不能伸出太长，焊接电流、焊接电压要匹配适当，否则飞溅大，容易堵塞喷嘴。气体流量过大会造成紊流，流量过小保护效果差，容易产生缺陷。焊丝伸出过短容易产生咬边、未焊透和气孔等缺陷。

焊后将焊件上的飞溅物、焊渣清理干净。

课题四　V 形坡口板对接横焊

学习目标

1. 了解 CO_2 气体保护焊的冶金特点。
2. 掌握板对接横焊的特点及操作注意事项。
3. 掌握板对接横焊单面焊双面成形的操作技术。
4. 完成板对接横焊操作，焊缝质量符合技术要求。

知识准备

一、CO_2 气体保护焊的保护效果

CO_2 气体保焊是利用 CO_2 气体作为保护气体的一种电弧焊。CO_2 气体本身是一种活性气体，它的保护作用主要是使焊接区与空气隔离，防止空气中的氮气对熔池金属的有害作用，因为一旦焊缝金属被氮化和氧化，设法脱氧是很容易实现的，而要脱氮就很困难。CO_2 气体保护焊在 CO_2 保护下能很好地排除氮气。在电弧的高温作用下（5000K 以上），CO_2 气

体全部分解成 CO 和 O，可使保护气体的体积增加一倍。同时由于分解吸热的作用，使电弧因受到冷却的作用而产生收缩，弧柱面积缩小，所以保护效果非常好。

二、CO_2 气体保护焊的冶金特点

1. CO_2 气体的氧化性

CO_2 气体是氧化性气体，在电弧高温作用下会发生分解，即

$$CO_2 = CO + O$$

在电弧区中，有 40%～60% 的 CO_2 气体被分解，分解出来的原子态氧具有强烈的氧化性。使碳和其他元素如 Mn、Si 被大量氧化，生成 SiO_2 和 MnO，这些氧化物虽然能浮在熔池表面，但减少了合金元素的含量，结果使焊缝金属的力学性能大大下降。

CO_2 气体和 O 的氧化作用，主要有以下几种形式：

$$Fe + CO_2 = FeO + CO$$
$$Si + 2CO_2 = SiO_2 + 2CO$$
$$Mn + CO_2 = MnO + CO$$
$$Fe + O = FeO$$
$$Si + 2O = SiO_2$$
$$Mn + O = MnO$$

由于氧化作用而生成的 FeO 能大量溶于熔池金属中，易使焊缝金属产生气孔及夹渣等缺陷。残留的 FeO 在焊缝金属中将使焊缝的含氧量增加而降低力学性能。

反应生成的 CO 气体有两种情况：其一是高温反应出来的 CO 急剧膨胀，引起熔池或熔滴的爆破，造成金属飞溅。其二是低温反应出的 CO 气体，由于液态金属呈现较大的黏度和较强的表面张力，产生的 CO 气体无法逸出，在焊缝中形成气孔。

2. 脱氧方法

CO_2 气体保护焊常用的脱氧措施是在焊丝中加入脱氧剂，常用的脱氧剂是 Al、Ti、Si 和 Mn，而其中尤以 Si 和 Mn 用得最多。

3. 焊缝的气孔缺陷

CO_2 气体保护焊时，由于熔池表面没有熔渣覆盖，CO_2 气流又有冷却作用，因而熔池凝固比较快。如果焊接材料或焊接参数选择不当，可能会出现 CO 气孔、氢气孔和氮气孔。

氢气孔产生的主要原因是，熔池在高温时溶入了大量氢气，在结晶过程中又不能充分排出，留在焊缝金属中成为气孔。工件、焊丝表面的油污及铁锈，以及 CO_2 气体中所含的水分，在电弧的高温下都能分解出氢气。氢气在电弧中还会被进一步电离，然后以离子形态很容易溶入熔池。熔池结晶时，由于氢的溶解度陡然下降，析出的氢气如果不能排出熔池，则在焊缝金属中形成圆球形的氢气孔。

熔池金属对氮有很大的溶解度。但当熔池温度下降时，氮在液态金属中的溶解度便迅速减小，就会析出大量氮，若未能逸出熔池，便生成氮气孔。

4. 预防措施

脱氧元素 Si 和 Mn，有效地防止 CO 气孔的产生。

焊前应去除工件及焊丝上的铁锈、油污及其他杂质，更重要的要注意 CO_2 气体的含水

量,以避免氢气孔的产生。

氮气孔产生的主要原因是保护气层遭到破坏,使大量空气侵入焊接区。造成保护气层破坏的因素有:①使用的 CO_2 保护气体纯度不合要求,CO_2 气体流量过小,喷嘴被飞溅物部分堵塞;②喷嘴与工件距离过大及焊接场地有侧向风等。

要避免氮气孔,必须改善气体保护效果。要选用纯度合格的 CO_2 气体,焊接时采用适当的气体流量参数;要检验从气瓶至焊枪的气路是否有漏气或阻塞,要增加室外焊接的防风措施。

三、横焊的特点及应用

横焊时一般要求单面焊双面成形。由于金属自重的原因,熔化金属容易下坠,在焊缝上侧容易造成咬边,下侧焊道下坠现象,造成焊缝表面不对称,焊接质量下降,如图3-28所示。因此对于坡口较大、焊缝较宽的焊件,采用多层多焊道方法,横焊时要加快焊缝成形速度,尽量减小熔池体积,以获得较对称的焊缝,如图3-29所示。横焊时一般采用左焊法。

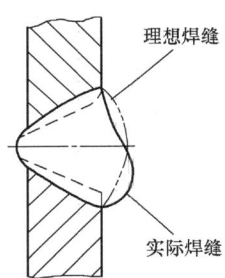

图 3-28　横焊理想焊缝和实际焊缝

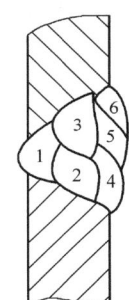

图 3-29　横焊焊道分布

工作任务

V 形坡口板对接横焊如图 3-30 所示。

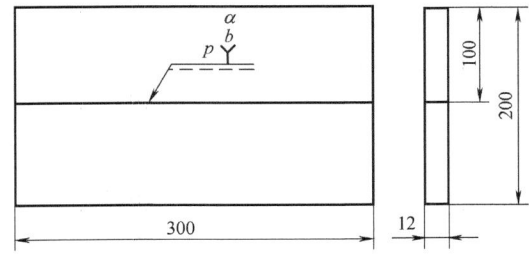

技术要求

1. 平位单面焊双面成型。
2. 焊件根部间隙 $b=2.5\sim3.0mm$,钝边 $p=0\sim0.5mm$,坡口角度 $\alpha=60°$。
3. 焊后变形量 $\leqslant3°$。

图 3-30　V 形坡口板对接横焊

操作准备

1. 焊件准备

Q235 板料两块,规格均为 300mm×150mm×12mm,一侧坡口面角度为 30°。

2. 材料准备

H08Mn2SiA 焊丝,直径为 $\phi1.0mm$。

3. 焊接设备

NBC-400 半自动 CO_2 气体保护焊机，直流反接。CO_2 气瓶，CO_2 气体纯度≥99.5%。

4. 辅助工具

面罩、尖嘴钳、焊缝检测尺、角向磨光机、清渣工具和个人劳动保护用品等。

实施过程

一、焊前准备

1. 清理焊件

清理焊件的表面距离坡口 20mm 范围内正反两面的油污、铁锈、水分及其他污染物，使其露出金属光泽。两块焊件按照技术要求进行组对。在上侧板坡口处加工出 0.5mm 的钝边，下侧坡口内加工出 1mm 钝边。

2. 确定焊接参数

本例采用左焊法，分三层六焊道进行焊接，焊接顺序及焊接参数的选择见表 3-9。

表 3-9　焊接顺序及焊接参数

焊接顺序	焊接电流/A	焊接电压/V	焊丝伸出长度/mm	气体流量/(L/min)	焊丝直径/mm
定位焊	90~100	18~20	15~20	12~15	$\phi1.0$
打底焊	90~100	18~20	15~20	12~15	$\phi1.0$
填充焊	110~120	20~22	90~110	12~15	$\phi1.0$
盖面焊	110~120	20~22	90~110	12~15	$\phi1.0$

3. 试件装配及定位焊

焊件装配的各项尺寸见表 3-10。首先将两块焊接试件放置在焊接夹具上，钝边较大的放置在下侧，钝边较小的放置在上侧，如图 3-31 所示。装配间隙小的一侧放置在右边，预置反变形量为 5°~6°，如图 3-32 所示。保持焊缝水平，位置正确，错边量符合要求。

表 3-10　焊件装配的各项尺寸

坡口角度/(°)	钝边/mm	装配间隙/mm	反变形量/(°)	错边量/mm
60	0.5~1	3~4	5~6	≤0.5

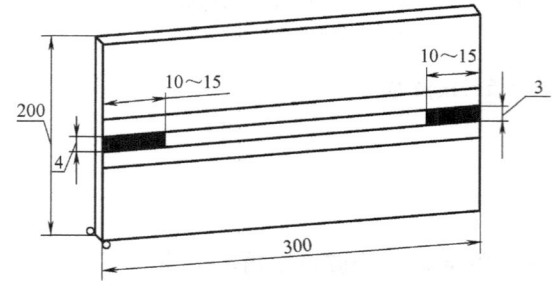

图 3-31　时间尺寸与定位焊

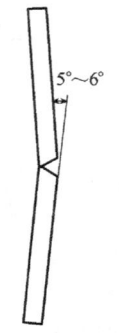

图 3-32　板对接横焊反变形

按照技术要求进行定位焊。要求定位焊缝长度为 10~15mm，定位焊使用的焊丝和焊接参数见表 3-9。定位焊后将焊件坡口内的飞溅物清理干净，用角向磨光机将焊缝两端打磨成斜坡状。

二、操作步骤

检查电源系统→检查 CO_2 供气系统→启动焊机电源→检查送丝机构→预热并调整 CO_2 气体流量→调整其他参数→定位焊→打底焊（一层一焊道）→充填焊（一层二焊道）→盖面焊（一层三焊道）→焊件清理检验。

1. 打底焊

（1）采用左焊法进行　焊接前调整好打底焊的焊接参数，检查装配间隙和反变形量是否合适，注意装配间隙小的一端放在右侧。

打底焊在试件的右侧定位焊缝上进行，焊枪角度如图 3-33 所示。首先在距离右侧端头 15~20mm 处引弧，当引弧完成后快速移向右侧端头进行起焊。当电弧在右侧定位焊缝上形成熔孔后，开始向左移动，待超过定位焊缝并形成熔池时，开始进入正常焊接。保持焊枪与前进方向的前倾角为 70°~80°，焊枪与垂直方向的下倾角为 80°~90°。

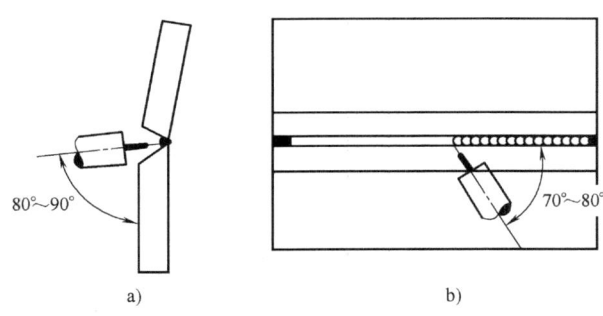

图 3-33　焊枪与焊件之间夹角示意图
a) 焊枪与焊件下端夹角　b) 焊枪与焊接方向夹角

运弧方法为小幅度锯齿形摆动或小椭圆形摆动，摆动幅度和移动速度要均匀一致。移动速度要兼顾熔孔的大小，以熔孔边缘超过坡口上、下边棱 0.5~1mm 为宜，确保与棱边的完全熔合，避免背面形成的焊缝宽度和余高超标。电弧在焊缝上下两端停留的时间不同，下坡口处停留的时间要比上坡口停留时间短，防止因重力作用使焊缝下坠或产生焊瘤。

打底焊完成后，要及时清理焊道内的飞溅物和焊渣，用角向磨光机将局部的凸起焊肉磨平，为下一层施焊做准备。

（2）焊缝的接头的处理　在焊接过程中中断电弧后，要按以下步骤进行接头。

1）首先将接头处打磨成斜坡状，如图 3-34 所示。

2）在焊道的最高处进行引弧，当电弧引燃后，做小幅度锯齿形摆动，同时向左移动，注意熔孔的形成

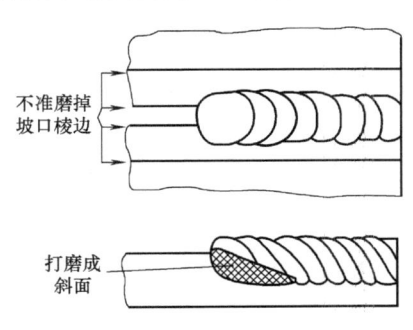

图 3-34　接头的打磨要求

和大小的控制，当移动到接头区的前端后，进入正常焊接阶段。

2. 填充焊

调整填充焊的焊接工艺参数。填充焊时焊枪的角度和横向摆动运弧方法对焊缝质量的影响很大。填充焊有上下两道焊缝，焊枪角度如图3-35所示。

（1）第一道焊缝　第一道焊缝在下侧进行，焊枪的角度为0°～10°的俯角。电弧以打底焊道的下边缘为中心直线形匀速移动，尽量不横向摆动以避免产生不熔合的缺陷。填充焊道的高度以距焊件表面1.5mm为宜，不得熔合坡口棱边。

（2）第二道焊缝　第二道焊缝要调整焊枪角度，使焊枪成0°～10°的仰角。电弧以打底焊道的上边缘为中心，进行小幅度摆动，保证焊道与坡口的良好熔合，注意填充高度与填充焊的第一道焊缝一致，平整美观。

清理打底焊道表面的飞溅物和焊渣，用角向磨光机将局部的凸起磨平，为填充焊做好准备。

3. 盖面焊

调整盖面焊的焊接工艺参数。盖面焊分三条焊道进行施焊，按图3-36所示。

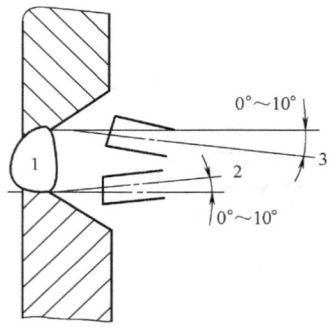
图3-35　填充焊两条焊道的焊枪角度

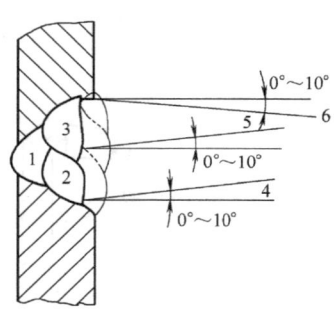
图3-36　盖面焊三条焊道的焊枪角度

1）焊接第一条焊道时，重点在于填充焊道的下边缘，做到熔池边缘熔化坡口棱边1.5～2mm，运弧时移动和摆动要均匀平稳，焊道要直。

2）焊接第二条焊道时，电弧深入到第一条焊道的上边缘，保证覆盖第一条焊道的1/2～2/3，焊接时保证焊道平直，高度一致。

3）焊接第三条焊道时，应注意坡口上边缘的熔化情况，控制熔化上坡口边缘1.5～2mm，并防止出现咬边及未熔合缺陷。

焊接结束后，将焊缝（试件）表面的焊渣和飞溅物清理干净。

课题五　V形坡口板对接向上立焊

学习目标

1. 了解CO_2气体保护焊熔滴过渡形式。

2. 掌握板对接立焊的特点及操作注意事项。
3. 掌握板对接横焊单面焊双面成形的操作方法。
4. 完成立焊试件的焊接操作，达到技术要求。

知识准备

熔化极电弧焊时，焊丝端头的液态金属经电弧向熔池过渡的过程称熔滴过渡。熔滴过渡对电弧稳定性、焊缝成形、金属飞溅等有直接影响。

一、CO_2 气体保护焊熔滴过渡形式

1. 短路过渡

细丝 CO_2 气体保护焊（直径小于 $\phi1.6mm$）焊接过程中，因焊丝端部熔滴大，易与熔池接触发生短路，从而使熔滴过渡到熔池形成焊缝。短路过渡是一个燃弧→短路（熄弧）→燃弧的连续循环过程，焊接热源主要由电弧热和电阻热两部分组成。

短路过渡的频率由焊接电流、焊接电压控制，其特征是小电流、低电压、焊缝熔深大，焊接过程中飞溅较大。短路过渡主要用于细丝 CO_2 气体保护焊，薄板、中厚板的全位置焊接。

2. 颗粒状过渡

粗丝 CO_2 气体保护焊（直径大于 $\phi1.6mm$）焊接过程中，焊丝端部熔滴较小，过渡到熔池不易发生短路现象，电弧连续燃烧，焊接热源主要是电弧热。其特征是大电流、高电压、焊接速度快。颗粒状过渡，主要用于粗 CO_2 气体保护焊，中厚板的水平位置焊接。

3. 射流过渡

当粗丝 CO_2 气体保护焊或采用混合气体保护细丝焊，焊接电流大到超过临界电流值，焊接时，焊丝端部呈针状，在电磁收缩力、电弧吹力等作用下，熔滴呈雾状喷入熔池，焊接过程中飞溅很小，焊缝熔深大，成形美观。射流过渡主要用于中厚板，带衬板或带衬垫的水平位置焊接。

二、平板对接立焊的特点

平板对接立焊时，焊缝是垂直分布的，熔池下部焊道对熔池起到依托作用。在工艺参数选择上，要注意防止熔池液态金属下淌。采用细焊丝焊接，短路过渡形式，有利于实现单面焊双面成形。焊接时要控制熔池的温度，电流不易太大，焊枪摆动频率应稍快，每层焊道要薄而均匀，保证焊缝平整，避免液态金属下淌，在焊缝正反两面形成焊瘤的缺陷。

立焊有向上立焊和向下立焊两种焊接方法。一般板厚 6mm 以下薄板采用向下立焊，厚板用向上立焊，因为向上立焊的熔深大。

工作任务

V 形坡口板对接立焊如图 3-37 所示。

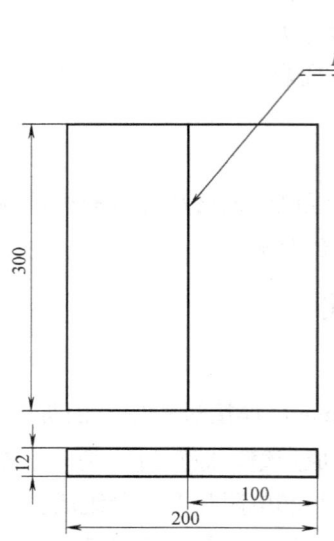

图 3-37　V 形坡口板对接立焊

操作准备

1. 焊件准备
Q235 板料两块，规格均为 300mm×100mm×12mm，一侧坡口面角度为 30°。

2. 材料准备
H08Mn2SiA 焊丝，直径为 $\phi1.2$mm。

3. 焊接设备
NBC1-300 半自动 CO_2 气体保护焊机，直流反接。CO_2 气瓶，CO_2 气体纯度≥99.5%。

4. 辅助工具
面罩、尖嘴钳、焊缝检测尺、角向磨光机、清渣工具和个人劳动保护用品等。

实施过程

一、焊前准备

1. 清理焊件
清理焊件表面距离坡口 20mm 范围内正反两面的油污、铁锈、水分及其他污染物，使其露出金属光泽。两块焊件按照技术要求进行组对。

2. 确定焊接参数
板对接向上立焊的焊接参数如表 3-11 所示。

3. 试件装配及定位焊
首先将两块焊接试件放置在自制垫板或耐火砖上面，保持水平和稳定，位置正确，装配间隙下端 2.5mm，上端 3mm，预置反变形量为 4°～5°。按照技术要求先进行定位焊。具体要求是定位焊缝长度为 10~15mm，定位焊使用的焊丝和焊接参数见表 3-11。定位焊后将焊件坡口内的飞溅物清理干净，用角向磨光机将焊缝两端打磨成斜坡状，将试件放置在焊接操作架上待焊。

表 3-11 板对接向上立焊的焊接参数

焊接顺序	运丝方式	焊接电流 /A	焊接电压 /V	焊丝伸出长度 /mm	气体流量 /(L/min)	焊丝直径/mm
定位焊	小反月牙形摆动法	90~110	18~20	15~20	12~15	ϕ1.2
打底焊						
填充焊	小反月牙形摆动法	130~150	20~22			
盖面焊						

二、操作步骤

检查电源系统→检查 CO_2 供气系统→启动焊机电源→检查送丝机构→预热并调整 CO_2 气体流量→调整其他参数→定位焊→打底焊→充填焊→盖面焊→焊件清理检验。

1. 打底焊

1) 采用向上立焊方式进行，分三层焊接。焊接前先调整打底焊的焊接参数，固定焊接试件，检查装配间隙和反变形量，装配间隙小的一端放在下面。

打底焊在试件的最低处定位焊缝上进行，焊枪角度如图 3-38 所示。当引弧完成后作小幅度摆动向上移动，待超过定位焊缝并形成熔池时，开始进入正常焊接。

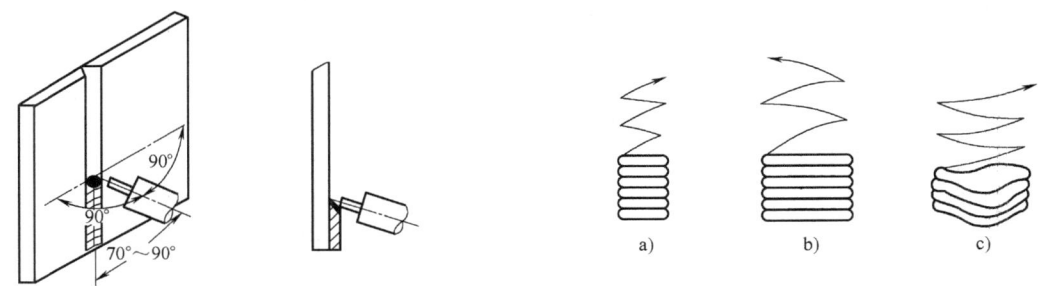

图 3-38 板对接向上立焊焊枪角度与电弧对中位置

图 3-39 立焊摆动方式
a) 小摆幅 b) 月牙形大摆幅 c) 不正确

2) 焊枪横向摆动的方式要正确。由于焊缝熔化的金属容易向下流淌，运弧时要采用反月牙形运弧法运弧，如图 3-39 所示，调整熔池液态金属的分布。否则焊缝焊肉下坠，成形不美观。摆动焊丝时，以操作手腕为中心横向摆动，摆动幅度要小，保持焊丝始终处于熔池的上边缘。正确的操作是保证焊缝质量的前提。

3) 焊接过程中，要时刻注意保持均匀一致的熔池和熔孔，不能太大，以坡口两侧各熔化 0.5~1mm 为宜，如图 3-40 所示。焊枪要与水平面成一定倾斜角度，利用 CO_2 的承托作用，控制电弧熔池形状，如图 3-41 所示。

4) 若中途由于某些原因断弧，接头时，应在断弧处用角磨光机打磨成斜面，在斜面顶

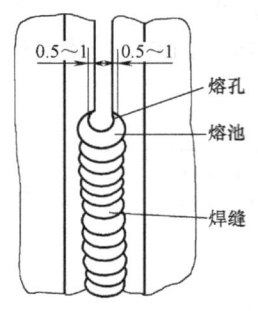

图 3-40　立焊时的熔孔与熔池

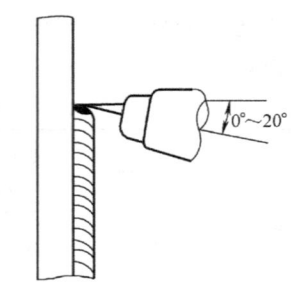

图 3-41　立焊焊枪与水平面倾斜角度

部引弧，电弧引燃后随即移至斜面的底部，转一圈后在回到引弧处继续向上焊接，注意要形成大小合适的熔孔，否则易产生焊不透或背面焊缝太宽和焊漏缺陷。

5）当焊接到终点收弧时，电弧熄灭后不要马上离开，要等待熔池完全凝固，再移开焊枪，防止焊缝氧化或产生气孔。

清理打底焊道表面的飞溅物和焊渣，用角向磨光机将局部的凸起磨平，为填充焊做好准备。

2. 填充焊

填充焊时焊枪横向摆动幅度要比打底焊大，电弧在坡口两侧可稍作停留，保证焊道两侧良好熔合。

填充焊道要比试件表面低 1.5~2mm，并且不允许烧坏坡口的棱边。

调整好填充焊的焊接参数后，清理打底焊道表面的飞溅物和焊渣，用角向磨光机将局部的凸起磨平，为盖面焊做好准备。

3. 盖面焊

调整好盖面焊的焊接参数，清理填充焊道表面的飞溅物和焊渣，用角向磨光机磨掉焊道表面凸起部分，准备进行盖面焊。

在试件下端引弧，引弧方式即焊丝和焊枪的倾角与上一道焊缝操作方法相同，但要注意焊枪的反月牙形摆动幅度比上两层要大。焊接速度要均匀，时刻注意熔池的变化，防止熔池金属下淌和咬边。

焊接至顶端收弧方法以及接头方法与填充焊道一致，注意焊接结束时，熔池的延迟保护，防止缺陷发生。

焊接结束后，将试件表面熔渣和飞溅物清理干净。

课题六　V 形坡口板对接仰焊

学习目标

1. 了解 CO_2 气体保护焊的安全操作规程。
2. 掌握 CO_2 气体半自动保护焊仰焊操作技术。
3. 完成仰焊试件的焊接操作，达到技术要求。

第三单元　CO_2 气体保护焊

🟊 知识准备

一、安全操作规程

1）作业前，CO_2 气体应预热 15min。开气时，操作人员必须站在瓶嘴的侧面。

2）作业前，应检查并确认焊丝的进给机构、电线的连接部分、CO_2 气体的供应系统及冷却水循环系统合乎要求，焊枪冷却水系统不得漏水，防止触电事故。

3）CO_2 气体瓶宜放阴凉处，其最高温度不得超过 30℃，并应放置牢靠，不得靠近热源。

4）CO_2 气体预热器端的电压不得大于 36V。作业后应立即切断电源。

5）焊接操作及配合人员必须按规定穿戴劳动防护用品，并必须采取防止触电、高空坠落、瓦斯中毒和火灾等事故的安全措施。

6）现场使用的焊机应设有防雨、防潮、防晒的机棚，并应装设相应的消防器材。

7）高空焊接或切割时必须系好安全带，焊接周围和下方应采取防火措施，并应有专人监护。

8）CO_2 气体保护焊电弧温度为 6000～10000℃，电弧辐射比焊条电弧焊强，因此应加强防护。

9）CO_2 气体保护焊飞溅较多，焊工应有完善的防护用具，防止人体灼伤。

10）当消除焊缝焊渣时应戴防护眼镜，头部应避开敲击焊渣的飞溅方向。

11）施焊时注意通风，及时排除有害气体。尤其在焊接铜、铝、锌、锡等非铁金属时，必须通风良好，焊接人员必须戴防毒面罩、呼吸滤清器或采取其他防毒措施。

12）雨天不得在露天施焊。在潮湿地带作业时，操作人员应站在铺有绝缘物品的地方，并应穿绝缘鞋。

13）施焊受压容器、密封容器、油桶、管道、沾有可燃气体和溶液的工件时，应先消除容器及管道内压力，消除可燃气体和溶液，然后冲洗有毒、有害和易燃物质；对存有残余油脂的容器，应先用蒸汽、碱水冲洗，并打开盖口，确认容器清洗干净后，再灌满清水进行焊接。在容器内焊接应采取防止触电、中毒和窒息的措施。焊、割密封容器应留出气孔，必要时在进、出气口处装设通风设备；容器内照明电压不得超过 12V，焊工与焊件间应绝缘；容器外应设专人监护。严禁在已喷涂过油漆和塑料的容器内焊接。

14）对承压状态的压力容器及管道、带电设备、承载结构的受力部位和装有易燃、易爆物品的容器严禁进行焊接和切割。

二、CO_2 气体保护焊仰焊特点及应用

仰位焊是焊接中最难掌握的。焊接时熔池倒悬在试件坡口内，由于液态金属和熔渣受重力的作用，容易下坠，从而使正面焊缝形成焊瘤、夹渣，背面焊缝形成凹陷，因此板对接 CO_2 气体保护焊仰位焊操作难度很大。

此外，仰位焊时熔化的金属容易下淌伤人，飞溅物易堵塞焊枪喷嘴，给焊工操作带来困难。

打底焊时要调试好打底焊的焊接参数，采用正确的引弧方法，焊枪开始作小幅度的锯齿

形摆动或是不摆动,当产生熔孔后转入正常焊接。焊接过程中不能让电弧脱离熔池,利用电弧的吹力防止熔池金属下淌。焊接过程中必须注意控制熔池的大小,即保证焊透又防止焊道背面下凹,正面下坠。

填充焊及盖面焊时焊枪要合理摆动,摆动速度和停顿时间的控制是形成良好焊缝的关键。要求操作者反复练习,熟练掌握操作技巧。

工作任务

V形坡口板对接仰焊如图3-42所示。

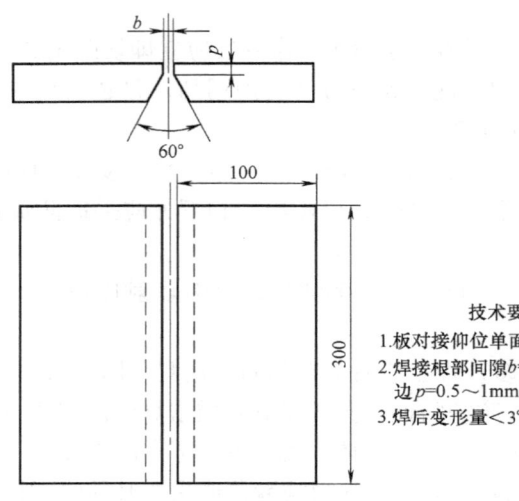

技术要求
1. 板对接仰位单面焊双面成形。
2. 焊接根部间隙$b=2.0\sim3.0$mm,钝边$p=0.5\sim1$mm,坡口角度$\alpha=60°$。
3. 焊后变形量<3°。

图3-42 V形坡口板对接仰焊

操作准备

1. 焊件准备

Q235钢板板料两块,规格均为300mm×100mm×12mm,一侧坡口面角度为30°。

2. 材料准备

H08Mn2SiA焊丝,直径为$\phi1$mm。

3. 焊接设备

NBC-400型半自动CO_2气体保护焊机,直流反接。CO_2气瓶,CO_2气体纯度≥99.5%。

4. 辅助工具

面罩、尖嘴钳、焊缝检测尺、角向磨光机、清渣工具和个人劳动保护用品等。

实施过程

一、焊前准备

1. 清理焊件

清理焊件的表面距离坡口20mm范围内正反两面的油污、铁锈、水分及其他污染物,使其露出金属光泽。两块焊件按照技术要求进行组对。

施焊前应先对电源、送丝机构、焊枪、气瓶和减压流量调节器等分别进行检查,并把流量计调到所需流量,然后进行试焊,整体检查。每次焊接前,都应检查、清理导电嘴、喷嘴上的飞溅,并将喷嘴涂上硅油。

焊枪的电缆导管应有足够的长度,使焊工单腿跪地或站着焊接时,保证腕部能有充分的空间自由动作,保证肘部处于不要举得太高,操作时不感到别扭的位置。

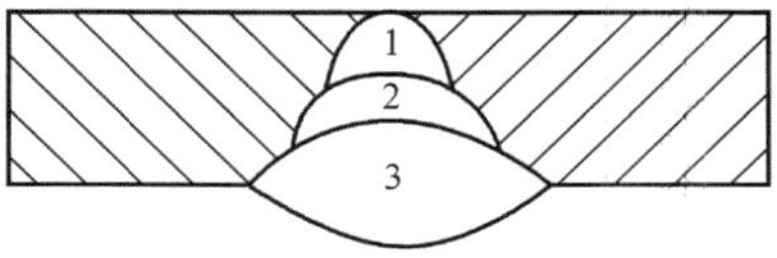

2. 确定焊接参数

本例采用右焊法,反极性连接。三层三道,焊道分布如图 3-43 所示,其焊接参数见表 3-12。

图 3-43 焊层及焊道分布

表 3-12 板对接仰焊的焊接参数

焊接顺序	运丝方式	焊接电流/A	焊接电压/V	焊丝伸出长度/mm	气体流量/(L/min)	焊丝直径/mm
定位焊	锯齿形摆动法	90~110	18~20	15~20	10~14	1.2
打底焊	锯齿形摆动法	90~110	18~20			
填充焊	小幅反月牙形摆动法	120~140	20~22			
盖面焊	反月牙形摆动法	120~140	20~22			

3. 试件装配及定位焊

首先在焊件两端坡口内进行定位焊。焊件装配的各项尺寸见表 3-13。将组对好的两块试件放置在垫板或耐火砖上面,保持焊件水平,位置正确。按照技术要求确定装配间隙为左端 2mm,右端 2.5mm,错边量≤0.5mm,如图 3-44 所示。定位焊缝长度为 10~15mm,定位焊使用的焊丝和焊接参数见表 3-12。定位焊道要求薄而平整,并将定位焊缝两端用角向磨光机打磨成斜坡状,清理干净,预置反变形 3°~4°,如图 3-45 所示。定位焊后将组对好的焊件防置在焊接操作架上待焊,间隙大的位置放在右边。

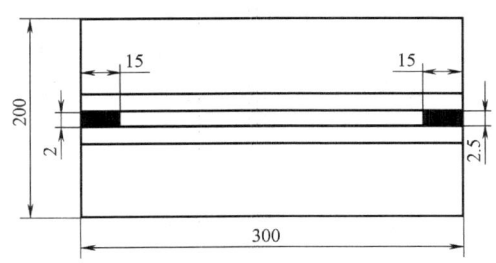

图 3-44 焊件的装配间隙及定位

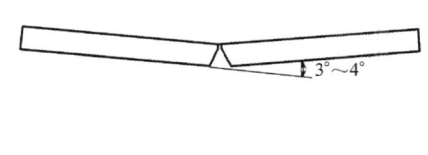

图 3-45 反变形量

二、操作步骤

检查电源系统→检查 CO_2 供气系统→启动焊机电源→检查送丝机构→预热并调整 CO_2 气体流量→调整其他工艺参数→定位焊→打底焊→充填焊→盖面焊→焊件清理检验。

表 3-13　焊件装配的各项尺寸

坡口角度/(°)	钝边/mm	装配间隙/mm	反变形量/(°)	错边量/mm
60	0.5~1.0	2.0~3.0	3~4	≤0.5

1. 打底焊

采用右焊法进行。首先检查试板装配间隙及反变形量,将试件牢固安装在操作架上。保持试件水平,坡口朝向下方,间隙小的一侧为起焊点,放在左侧。调整操作架的高度,方便操作者采用跪姿或站立焊接,留有一定的回旋空间,保证肘部和腕部能够自由移动。焊枪电缆和导管要有足够长度,确保操作安全。

调整打底焊的焊接参数,即可进行焊接操作。打底焊在焊件的左侧定位焊缝上进行,焊枪角度如图 3-46 所示。首先在距离左侧端头 15mm 处引弧,当引弧完成后快速移向左侧端头进行起焊,焊枪小幅度锯齿形摆动。当电弧在左侧定位焊缝上形成熔孔后,开始向左匀速移动,进入正常焊接。

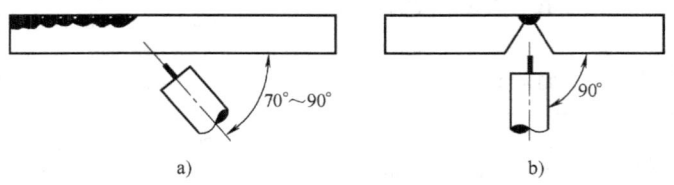

图 3-46　焊枪角度与电弧对中位置
a)焊枪角度　b)电弧对中位置

打底焊操作要注意如下事项。

1)焊接时电弧不能脱离熔池,以便利用电弧吹力防止熔化的金属下淌。

2)电弧与试件表面距离要控制在 2~3mm 的范围内。

3)熔孔的大小以能看到部分电弧穿过试件背面在熔池前燃烧为准,严格控制熔孔尺寸,这样既能保证焊透,又能防止焊道背面下凹及正面下坠。

4)摆动幅度以熔化坡口两侧 0.5mm 为宜,两边稍微停顿,中间摆动速度稍快。

5)当焊丝用完,或者由于送丝机构、焊枪出现故障,需要中断焊接过程时,焊枪不能马上离开熔池,应先稍微停留,待电弧熄灭,熔池完全凝固以后,才能移开焊枪,如可能应将电弧移向坡口侧再停弧,以防产生缩孔和气孔。然后用角向磨光机将弧坑焊道打磨成缓坡形,打磨时要特别注意不能磨掉坡口的棱边。

6)接头时,焊丝伸出长度的顶端应对准缓坡的最高点,然后引弧,以小间距锯齿形摆动焊丝,将焊道缓坡覆盖。当电弧到达缓坡最低处时,稍微压低电弧,即可转入正常施焊。

清理打底焊道表面的飞溅物和焊渣,用角向磨光机将局部的凸起磨平,为填充焊做好准备。

2. 填充焊

调整填充焊的焊接参数,即可以进行焊接操作。引弧方式、起焊位置及焊枪角度与打底焊相同,操作时焊枪摆动幅度要比打底焊大,通常采用反月牙摆动法进行。

填充焊操作要注意如下事项。

1)摆动运弧的幅度要比打底焊时宽些,在坡口两侧要有稍微的停顿,保证良好熔合,防止两侧出现夹角。

2）电弧要低，防止焊道中间高或焊道下坠。

3）以移动速度将填充焊道的高度控制在比试件表面低 1~2mm 范围内，不得熔化坡口棱边。

清理打底焊道表面的飞溅物和焊渣，用角向磨光机将局部的凸起磨平，为填充焊做好准备。

3. 盖面焊

调整好填充焊的焊接参数，焊接时焊枪角度与填充焊相同。运弧方法为反月牙形摆动，且摆动比填充焊时要大。焊枪移动速度要均匀一致，同时兼顾熔孔的大小。电弧在坡口处停留的时间稍长，以熔孔边缘 0.5~1mm 为准，中间移动速度稍快，停留时间稍短，注意焊道表面形状的控制。

课题七　管对接垂直固定焊

学习目标

1. 掌握 CO_2 气体保护焊焊接缺陷的原因及其防止方法。
2. 掌握管对接垂直固定单面焊双面成形的操作方法。
3. 完成试件的焊接，焊接质量达到技术要求。

知识准备

一、焊接缺陷

CO_2 气体保护焊常见焊接缺陷的产生原因、检查项及其防止办法见表 3-14。

表 3-14　焊接缺陷的原因、检查项及其防止方法

焊接缺陷	产生原因	检查项及其防止办法
气孔	CO_2 气体流量不足	气体流量是否合适（15~25L/min） 气瓶中气压是否 >1000kPa 气管有无泄漏处
	空气混入 CO_2 中	气管接头是否牢固 在坡口内焊时，由于焊枪倾斜，气体向一个方向流动，空气容易从相反方向卷入 环焊缝时气体向一个方向流动，容易卷入空气 焊枪应对准环缝的圆心
	保护气被风吹走	风速大于 2m/s 处应采取防风措施
	喷嘴被飞溅颗粒堵塞	去除飞溅（利用飞溅防堵剂或机械清除）
	气体纯度不符合要求	使用合格的 CO_2 气
	焊接处较脏	不要粘附油、锈、水、脏物和油漆
	喷嘴与母材距离过大	通常为 10~15mm，根据电流和喷嘴直径进行调整
	焊丝弯曲	使电弧在喷嘴中心燃烧，应将焊丝校直

(续)

焊接缺陷	产生原因	检查项及其防止办法
飞溅多	焊接规范不合适	焊接规范是否合适,特别是电弧电压是否过高
	输入电压不平衡	一次侧有无断相(保险丝等)
	直流电感抽头不合适	大电流(200A 以上)用线圈多的抽头,小电流用线圈少的抽头
	磁偏吹	改变地线位置 减少焊接区的空隙 设置工艺板
	焊丝种类不合适	按所需的熔滴过渡状态选用焊丝
咬边	焊接规范不合适	电弧电压是否过高,焊速是否过快 焊接方向是否合适
	焊枪操作不合理	焊枪角度是否正确 焊枪指向位置是否正确 改进焊枪摆动方法
焊瘤	焊接规范不合适	电弧电压是否过低,焊速是否过慢 焊丝干伸和是否过大
	焊枪操作不合理	焊枪角度正确否 焊枪指向位置正确否 改进焊枪摆动方法
焊不透	焊接规范不合适	是否电流太小、电压太高、焊速太低 焊丝干伸长是否太大
	焊枪操作不合理	焊枪角度是否正确(倾角是否过大) 焊枪指向位置是否正确
	接头形状不良	坡口角度和根部间隙可能太小 接头形状应适合所用的焊接方法
烧穿	焊接规范不合适	是否电流太大,电压太低
	坡口不良	坡口角度是否太大 钝边是否太小,根部间隙是否太大 坡口是否均匀
夹渣	焊接规范不合适	正确选择焊接规范(适当增加电流、焊速) 摆动宽度是否太大 焊丝干伸长是否太大

二、CO_2 气体保护管对接垂直固定焊的特点

管对接垂直固定焊实际是周向的横焊,但由于焊接过程中需要随时变换姿势,以保持焊枪角度,即具有合理的倾角,所以比横焊又增加了一定难度。在管对接垂直固定焊时,液态金属因自重由坡口上侧向下侧堆积,易产生上部咬边,下部焊肉下坠等缺陷,因此,焊接时要充分利用焊枪的倾角、运弧方式和电弧吹力及焊接速度控制焊缝形成,防止缺陷发生。

工作任务

管对接垂直固定焊如图 3-47 所示。

第三单元 CO_2 气体保护焊

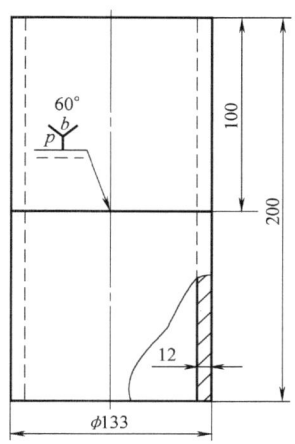

图 3-47 管对接垂直固定焊

技术要求
1. 管对接垂直固定单面焊双面成形。
2. 焊接根部间隙 $b=2.5\sim3$mm，钝边 $p=0\sim1$mm，坡口角度 $\alpha=60°$。
3. 焊件开始焊接，不得再随意移动。

操作准备

1. 焊件准备
20 钢无缝钢管，规格为 $\phi133$mm×100mm×12mm，一侧坡口面角度为30°。

2. 材料准备
H08Mn2SiA 焊丝，直径为 $\phi1.2$mm。

3. 焊接设备
NBC-400 半自动 CO_2 气体保护焊机，直流反接。CO_2 气瓶，CO_2 气体纯度≥99.5%。

4. 辅助工具
面罩、尖嘴钳、焊缝检测尺、角向磨光机、清渣工具和个人劳动保护用品等。

实施过程

一、焊前准备

1. 清理焊件
清理焊件表面距离坡口 20mm 范围内正反两面的油污、铁锈、水分及其他污染物，使其露出金属光泽。两段管子组成一组焊件。

2. 确定焊接参数
采用三焊层四焊道、左焊法进行，焊接顺序分布如图 3-48 所示。管对接垂直固定焊的焊接参数见表 3-15。

表 3-15 管对接垂直固定焊的焊接参数

焊接顺序	焊丝直径/mm	焊丝伸出长度/mm	焊接电流/A	焊接电压/V	气体流量/(L/min)	电源极性
定位焊	$\phi1.2$	10~18	90~110	18~20	10~15	反极性
打底焊			90~110	18~20		
填充层			120~140	20~22		
盖面层			120~140	20~22		

3. 试件装配及定位焊

管对接垂直固定焊试件组对的尺寸要求见表3-16。将两段管子固定在焊接固定架上，采用三点均布定位焊，按照技术要求确定装配间隙为2.5～3mm，钝边为0～1mm，定位焊缝长度为10～15mm，如图3-49所示。定位焊使用的焊丝和焊接参数见表3-15。定位焊道要求焊透和保证无焊接缺陷，并将定位焊缝两端用角向磨光机打磨成斜坡状，清理干净。定位焊后将组对好的焊件放置在焊接操作架上待焊。

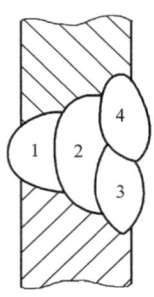

图3-48 焊道分布

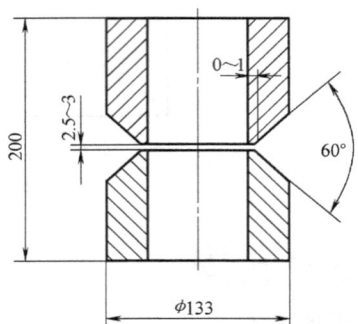

图3-49 焊件装配形状及坡口尺寸

表3-16 管对接垂直固定焊试件组对的尺寸要求

坡口角度/(°)	钝边/mm	装配间隙/mm	错边量/mm
60	0～1	2.5～3	≤1

二、操作步骤

检查电源系统→检查CO_2供气系统→启动焊机电源→检查送丝机构→预热并调整CO_2气体流量→调整其他参数→定位焊→打底焊（一焊层一焊道）→充填焊（一焊层一焊道）→盖面焊（一焊层二焊道）→焊件清理检验。

由于是横位焊接，熔化金属在重力作用下易下坠，焊缝成形难以控制。在焊接过程中，手腕的转动和身体上半部分的移动是保持焊枪角度正确的关键。

1. 打底焊

调整焊接参数，先在右侧定位焊缝的坡口上侧引弧，然后在上下坡口之间微小摆动，形成完整的透过背面的熔池，然后以小锯齿形摆动焊丝，向左施焊，如图3-50所示。

打底焊应注意以下事项。

1）注意用电弧将熔化金属送到坡口根部，保证根部熔透，形成熔池后应注意保证熔孔大小一致（以坡口两侧各熔化0.5～1mm为宜），且两边对称。电弧在熔池中心前方1mm处上下摆动。

2）焊丝在坡口两侧停留时间比中间要长，每一个往返动作使前熔池重叠后熔池1/

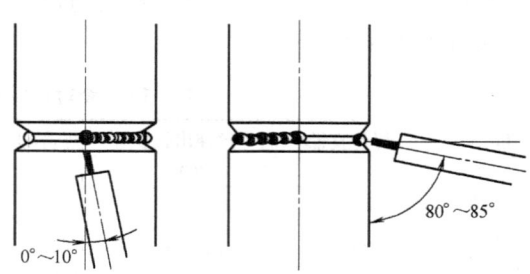

图3-50 打底焊时的焊枪角度

3~1/4。

3）手臂和焊枪应随管子弧度变化而相应转动，手腕要灵活，并注意焊枪倾角和与试件夹角的控制。

4）熄弧时要避免停在坡口中间，否则易产生裂纹和冷缩孔。也不要在坡口下部熄弧，否则容易造成下坡口侧熔化金属下坠，造成焊接缺陷。应在坡口上侧缓慢摆动熄弧，待延迟气体结束后方可移开焊枪。

5）断弧后继续焊接时要重新调整焊丝的伸出长度，去掉头部凝固的熔滴，并剪成斜坡状，以利于顺利引弧。

6）引弧位置在原熔孔上侧的坡口内，起弧后稍微停留，待熔池温度上升后，将电弧拉到熄弧处接头，注意对熔池的观察。

清理打底焊道表面的飞溅物和焊渣，用角向磨光机将局部的凸起磨平，为填充焊做好准备。

2. 填充焊

调整焊接工艺参数进行填充焊，焊接方向从右向左。

填充焊应注意以下事项。

1）起焊位置要与打底焊道的接头错开。

2）焊枪的角度与打底焊相同，但运丝的摆动幅度要比打底焊时的摆动幅度大，在坡口处要稍微停留，以保证良好的熔合。

3）填充焊道要控制好焊道厚度，以焊道表面低于母材1.5~2mm为准，不得熔化坡口棱边。

填充焊结束后，清理焊道中的氧化物，打磨焊缝中局部上凸的焊缝，为盖面焊做准备。

3. 盖面焊

为了保证余高对称，盖面焊分两道进行，焊接参数与填充焊相同，焊枪角度如图3-51所示。

盖面焊操作应注意以下事项。

1）第一道焊缝采用直线运弧法，保证焊缝两侧熔合良好，以将下坡口边缘线熔合1.5~2mm为准，焊缝金属高于母材表面，余高合适，不得出现焊道下坠。

2）第二道盖面焊应将第一道覆盖2/3，在上坡口处稍微停留，同时避免咬边。焊接速度要均匀，保证焊道外形美观，焊缝余高不超标，焊缝对称，收弧时注意利用延迟气体对焊缝的保护。

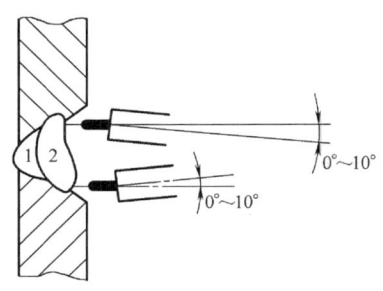

图3-51 盖面焊时的焊枪角度

课题八　管板垂直固定俯位焊（骑坐式）

学习目标

1. 了解骑坐式管板垂直固定俯位焊的特点。
2. 掌握骑坐式管板垂直固定俯位焊的操作技术。
3. 完成骑坐式管板垂直固定俯位焊的操作，焊接质量符合技术要求。

知识准备

管板类接头是锅炉和压力容器制造业常见的焊缝形式。根据接头形式的不同，管板固定焊接可分为插入式管板和骑坐式管板两类。根据空间位置的不同，每类管板又可分为垂直固定俯位焊、垂直固定仰位焊和水平固定全位置焊三种。

插入式管板固定焊虽然只需一定熔透深度，但要求焊缝表面焊脚对称。由于 CO_2 半自动保护焊是连续送丝、自动等速的，焊缝成环形，和板对接焊相比难度要大很多。尤其是插入式管板水平固定焊，其焊位包含平焊、立焊、仰焊，因此难度更大。

骑坐式管板固定焊除与插入式管板固定焊有相同的基本要求外，还需要保证焊缝背面成形。只有根据管子与孔板厚度的差异，散热的速度不同，合理选择焊枪角度和施焊方法，才能保证单面焊双面成形，焊脚尺寸达到规定的要求。操作者要灵活运用手臂和手腕动作，熟练准确地操纵焊枪，适应固定管板焊接时的焊条角度变化。

工作任务

骑坐式管板垂直固定俯位焊如图 3-52 所示。

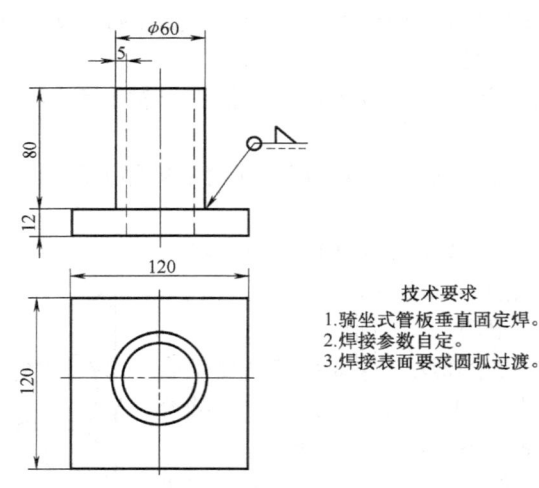

技术要求
1. 骑坐式管板垂直固定焊。
2. 焊接参数自定。
3. 焊接表面要求圆弧过渡。

图 3-52　骑坐式管板垂直固定俯位焊

操作准备

1. 焊件准备

孔板为 20 钢或 Q235，规格为 120mm×120mm×12mm，中间加工 ϕ48mm 的孔；管件为 20 钢，尺寸 ϕ60mm×5mm，长度为 80mm。一端开 50°坡口。孔板和管件各一件组成一组焊件。

2. 材料准备

H08Mn2SiA 焊丝，直径为 ϕ1.2mm。

3. 焊接设备

NBC1-300 型半自动 CO_2 气体保护焊机。CO_2 气瓶，CO_2 气体纯度≥99.5%。

4. 辅助工具

面罩、尖嘴钳、焊缝检测尺、角向磨光机、清渣工具和个人劳动保护用品等。

一、焊前准备

1. 清理焊件

清理管件及板料表面距离坡口 20mm 范围内正反两面的油污、铁锈、水分及其他污染物，使其露出金属光泽。两块焊件按照技术要求进行组对，预先加工钝边 1mm。

2. 确定焊接参数

采用二层三焊道焊接，其焊接参数见表 3-17。

表 3-17 骑坐式管板垂直俯位焊的焊接参数

焊接顺序	运丝方式	焊接电流/A	焊接电压/V	焊丝伸出长度/mm	气体流量/(L/min)	焊丝直径/mm
定位焊	直线运丝法	90~110	18~20	15~20	12~15	1.2
打底焊	直线运丝法	90~110	18~20			
盖面焊	锯齿摆动运丝法	130~150	20~22			

3. 试件装配及定位焊

首先将两个焊件放置在焊接夹具上进行定位焊，装配间隙 $p = 2.5 \sim 3.5$mm，保正管板的相互垂直，错边量符合要求。焊件装配的各项尺寸见表 3-18。采用一点定位，定位焊缝长度为 10~15mm，定位焊使用的焊丝和焊接工艺参数见表 3-17。定位焊后将焊件坡口内的飞溅物清理干净，用角向磨光机将焊缝两端打磨成斜坡状，以便接头，将试件防置在焊接操作架上待焊。

表 3-18 焊件装配的各项尺寸

根部间隙/mm		钝边/mm	错边量
始焊端	终焊端		
2.5	3.5	0~1	≤10%δ

二、操作步骤

检查电源系统→检查 CO_2 供气系统→启动焊机电源→检查送丝机构→预热并调整 CO_2 气体流量→调整其他参数→定位焊→打底焊（一焊层一焊道）→盖面焊（一焊层二焊道）→焊件清理检验。

管板固定焊的难度在于施焊空间受工件形式限制，管子与孔板厚度的差异，造成散热不同，熔化情况也不同。焊接时除了保证焊透和双面成形外，还要保证焊脚高度达到技术要求的尺寸。

1. 打底焊

（1）引弧 打底焊的起点选在定位焊点相对的一侧，调整打底焊的焊接参数，即可进行焊接操作。采用左焊法进行焊接，即从管子从右向左沿管子外圆进行焊接，焊枪角度如图

3-53 所示。先在坡口内进行引弧，待形电弧后，压低电弧在坡口内形成熔孔，尺寸控制在深入坡口 0.8～1mm 为宜。焊枪上下小幅度摆动，电弧在坡口根部与孔板边缘停留，确保焊透。手臂和焊枪应随管子弧度变化而相应转动，手腕要灵活，并注意焊枪倾角和与试件夹角的控制，保持熔孔大小基本不变，以免产生未焊透、内凹和焊瘤等缺陷。

当焊接到距离定位焊缝 20mm 处收弧，调转 180°，在前收弧处引弧，完成全部焊接，收弧处接头不要太高。

（2）停弧和接头　因变换焊姿或其他原因需要停弧时，应将电弧移至平板一侧。将焊丝对准熔池最高点重新进行引弧，然后小幅度摆动，待焊缝中间形成新的熔孔后，继续向左焊接。

（3）收弧　当焊接至终焊点时，电弧应向熔池前段移动，将电弧热量分散到坡口根部和终焊点处，保证焊透并填满弧坑。

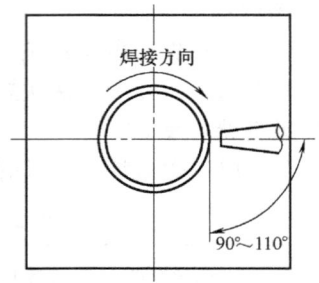

图 3-53　骑坐式管板垂直俯位焊的焊枪角度

清理打底焊道表面的飞溅物和焊渣，用角向磨光机将局部的凸起磨平，为盖面焊做好准备。

2. 盖面焊

盖面焊分为两焊道进行焊接，先调整填充焊的焊接工艺参数。

第一焊道在下面，焊接时摆动幅度要小，要保证其下边缘与水平板的良好熔合，注意焊脚尺寸的控制。

第二道盖面焊在上面进行，在上坡口处稍微停留，摆动幅度稍大，同时避免咬边。注意余高不超标，焊脚对称，保证焊道外形美观，收弧时注意利用延迟气体对焊缝的保护。

课题九　管板水平固定全位置焊（插入式）

学习目标

1. 了解 CO_2 气体保护焊插入式管板水平固定全位置焊的特点。
2. 掌握 CO_2 气体保护焊插入式管板水平固定全位置焊的操作技术。
3. 完成插入式管板水平固定全位置焊的操作，焊接质量符合技术要求。

知识准备

插入式管板水平固定全位置焊是锅炉和压力容器焊工的必备技能，其难度要比垂直俯位焊的难度大。插入式管板水平固定全位置焊处于斜仰位和斜平位，如果操作不当，则熔敷金属在重力的作用下很容易向孔板侧或管壁侧堆积，而且还会出现咬边的焊接缺陷。为此，在焊接过程中要通过合理的运条方法，避免斜仰位和斜平位的焊道堆积。

在斜仰位和斜平位的焊接通常采用斜锯齿形运条。由于管板焊缝两侧是不同直径的同心圆，孔板侧比管子侧圆周长，所以，运条时要在保持熔池液面趋于水平的前提下，加大孔板侧的向前移动间距,并相应增加其停顿时间,以控制熔池形状及温度。必要时可以间歇断弧,以保持焊道饱满而不堆积,以获得满意的焊缝成形。

插入式管板水平固定全位置焊施焊时,焊缝要焊接两层,因为在焊接结构中,这种焊接接头往往是承压管,若单纯追求焊接效率,采用大直径焊条一层焊完,虽然可以达到所需要的焊脚尺寸,但是一旦焊缝内部出现夹渣、未熔合和过烧等焊接缺陷,会直接影响焊接质量,从而导致在使用过程中发生焊缝泄漏、渗水及渗油等现象,所以焊接插入式管板时,其焊缝不宜用大直径焊条一层焊完。

工作任务

插入式管板水平固定全位置焊如图 3-54 所示。

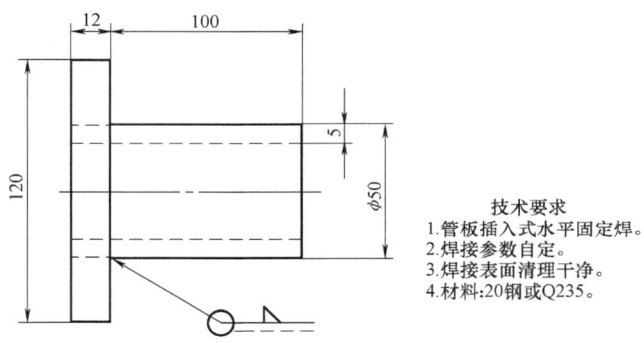

图 3-54 插入式管板水平固定全位置焊

操作准备

1. 焊件准备

板料为 20 钢或 Q235,尺寸为 120mm×120mm×12mm,中间加工 ϕ50mm 的孔;管件为 20 钢,尺寸为 ϕ50mm×5mm×100mm。板料和管件各一件组成一组焊件。

2. 材料准备

H08Mn2SiA 焊丝,直径为 ϕ1.2mm。

3. 焊接设备

NBC1-300 半自动 CO_2 气体保护焊机。CO_2 气瓶,CO_2 气体纯度≥99.5%。

4. 辅助工具

面罩、尖嘴钳、焊缝检测尺、角向磨光机、清渣工具和个人劳动保护用品等。

实施过程

一、焊前准备

1. 清理焊件

清理管件及板料表面距离坡口 20mm 范围正反两面的油污、铁锈、水分及其他污染物,使其露出金属光泽。两块焊件按照技术要求进行组对。

2. 确定焊接参数

采用二焊层二焊道焊接,其焊接参数见表 3-19。

表 3-19　插入式管板水平固定全位置焊的焊接参数

焊接顺序	运丝方式	焊接电流/A	焊接电压/V	焊丝伸出长度/mm	气体流量/(L/min)	焊丝直径/mm
定位焊	直线运丝	90~110	19~21	15~20	12~15	1.2
打底焊	小锯齿摆动	90~110	19~21	15~20	12~15	1.2
盖面焊	锯齿摆动法	120~140	22~24	15~20	12~15	1.2

3. 试件装配及定位焊

首先将管板试件固定在焊接夹具上进行定位焊,保证管件轴线处于水平位置,孔板垂直于管件。检查并确定位置正确后进行定位焊。定位焊焊接参数见表 3-19,采用一点定位,即在焊缝最高点进行施焊,焊点长度为 10~15mm。定位焊后将焊件坡口内的飞溅物清理干净,用角向磨光机将焊缝两端打磨成斜坡状,便于接头,将试件放置在焊接操作架上待焊。

二、操作步骤

检查电源系统→检查 CO_2 供气系统→启动焊机电源→检查送丝机构→预热并调整 CO_2 气体流量→调整参数→定位焊→打底焊→盖面焊→焊件清理检验。

插入式管板水平固定焊的难度在于它包括了平焊、立焊和仰焊三种位置,因此只有在熟练掌握这三种焊接技术的基础上,才能进行焊接操作。此外,由于熔化的金属易因自重而下坠,给操作增加了困难。

1. 打底焊

调整操作架的高度,方便操作者采用跪姿或蹲姿进行施焊。由于包含三种焊位变化,操作人员要保证肘部和腕部能够自由移动和转动,周围要有足够的空间。焊枪电缆和导管伸缩自如。

调整打底焊的焊接参数,进行焊接操作。假定把焊缝圆周看作为一个时钟,整圈焊缝分两个半圈进行。焊枪角度如图 3-55 所示,先从 7 点位置逆时针焊至 3 点处断弧,再由 3 点处焊至 0 点处完成一个半圈。另一侧由 7 点处开始,顺时针焊至 0 点处完成另一个半圈。

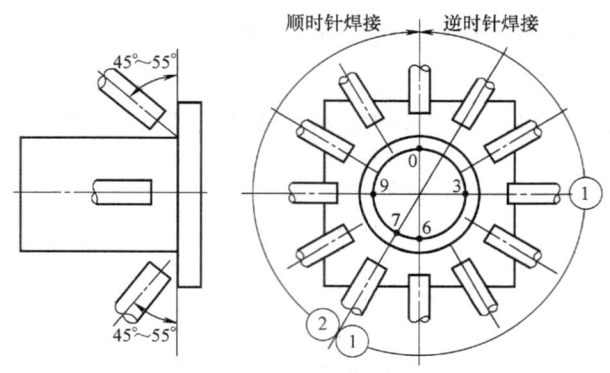

图 3-55　焊接方向及焊枪角度

从 7 点处引弧后即进入仰焊位置，焊枪作直线运弧或小幅度锯齿形摆动，沿逆时针方向焊至 3 点处断弧。迅速改变焊接姿势呈弯腰状，从 3 点处引弧，按照逆时针方向焊至 0 点处停弧，停留片刻后移开焊枪。

打底焊应注意以下事项。

1）焊至 3 点位置后不必填满弧坑，但焊枪不能离开断弧处。

2）焊枪摆动时在焊缝两侧稍微停顿，中间移动要快，且需压低电弧，利用焊接速度控制焊缝高低，防止熔化的金属因自重下坠而形成凸起或焊瘤。

3）焊接起点和终点的接头要有 10mm 左右的重叠，以保证焊缝成形平整圆滑美观。

4）当焊接到终点收弧时，电弧熄灭后不要马上离开，要等待熔池完全凝固后再移开焊枪，防止焊缝氧化。

5）焊接过程中不准改变试件的位置。

清理打底焊道表面的飞溅物和焊渣，用角向磨光机将局部的凸起磨平，为填充焊做好准备。

2. 盖面焊

盖面焊为一层一条焊道，调整好填充焊的焊接参数即可施焊，焊枪角度与焊接操作要领与打底焊相同。焊枪移动时要作锯齿形摆动，注意摆动幅度比打底焊要大，根据焊脚尺寸的要求进行调整，保证焊缝与母材良好熔合，同时防止咬边。盖面焊的起点和终点与打底焊错开 10mm 左右，避免接头缺陷。

第四单元　钨极氩弧焊

课题一　平　敷　焊

学习目标

1. 熟悉氩弧焊焊接设备的结构。
2. 掌握手工钨极氩弧焊引弧、焊接和填丝收弧的操作方法。
3. 提高焊丝与焊枪协调配合的操作技能。

知识准备

钨极惰性气体保护焊是用高熔点的纯钨或钨合金作为电极，用惰性气体如氩气、氮气或其混合气体作为保护气的非熔化极的电弧方法。氩气作为保护气体的钨极惰性气体保护焊称为钨极氩弧焊（TIG）。

一、钨极氩弧焊的基本原理

钨极氩弧焊是在氩气及其混合气体的保护下，利用钨极和焊件之间产生的焊接电弧熔化母材及焊丝的一种非熔化极焊接方法。焊接时，保护气体从焊枪的喷嘴中喷出，把电弧周围一定范围内的空气排出焊接区，从而为形成优质的焊接接头提供了保障，如图4-1所示。焊丝可以填加也可以不填加，若填加焊丝，一般从电弧的前端加入或直接预置在接头的间隙中。

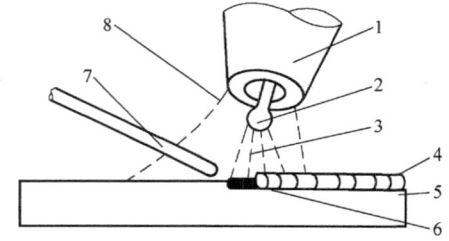

图4-1　钨极氩弧焊
1—喷嘴　2—钨极　3—电弧　4—焊缝
5—焊件　6—熔池　7—焊丝　8—氩气

二、钨极氩弧焊的分类及特点

1. 钨极氩弧焊的分类

（1）按操作方式分　按操作方式的不同，钨极氩弧焊分为手工钨极氩弧焊和自动钨极氩弧焊。手工钨极氩弧焊焊接时，焊丝的填加和焊枪的运动完全是靠手工操作来完成的；自动钨极氩弧焊焊接时，焊枪的运动和焊丝的填充是由传动机构带动焊枪行走，送丝机构自动送丝。在实际生产中，手工钨极氩弧焊应用最广泛。

（2）按电流种类分　按电流种类的不同，钨极氩弧焊分为直流钨极氩弧焊、交流钨极氩弧焊和脉冲钨极氩弧焊。一般情况下，直流钨极氩弧焊用于焊接除铝、镁及其合金以外的各种金属材料；交流钨极氩弧焊又分为正弦波交流钨极氩弧焊和矩形波交流钨极氩弧焊等，它常用于焊接铝、镁及其合金；脉冲钨极氩弧焊用于焊接对热敏感较大的金属材料和薄板以及全位置焊等。

2. 钨极氩弧焊的特点

（1）钨极氩弧焊的优点

1）由于氩气是惰性单原子气体，高温下不分解，与焊缝金属不发生化学反应，不溶解于液体金属，故保护效果最佳。氩气的导电能力差，以及它所产生的压缩效应和冷却效应的作用，使电弧热量集中，温度高，一般弧柱温度为6000~8000K。

2）由于弧柱热量集中，从喷嘴中喷出的氩气有冷却作用，因此焊缝热影响区窄，焊接变形大。

3）用氩气保护无熔渣，提高了工作效率而且焊缝成形美观，质量好。

4）钨极氩弧焊是明弧操作，熔池可见性好，便于观察和操作，技术容易掌握。

5）适合各种位置焊接，容易实现机械化。

6）除钢铁金属外，可用于焊接不锈钢、铝、铜等非铁金属及其合金。

（2）钨极氩弧焊的缺点

1）成本高。无论氩气还是所用设备成本都高，因此钨极氩弧焊目前主要用于打底焊及非铁金属的焊接。

2）氩气电离势高，引弧困难，需要采用高频引弧及稳弧装置等。

3）安全防护问题。钨极氩弧焊产生的紫外线强度是焊条电弧焊的5~30倍。在紫外线的照射下，空气中的氧对操作者危害大。另外，使用放射性的钨极对操作者有一定的辐射危害。目前推广使用铈钨极对操作者的危害较小。

三、钨极氩弧焊平敷焊的基本操作方法

平敷焊是在平焊位置上堆敷焊道的一种操作方法。手工钨极氩弧焊平敷焊动作包括引弧、收弧、左向焊与右向焊及填丝四个基本动作。

1. 引弧

手工钨极氩弧焊通常采用引弧器引弧。这种引弧方法的优点是钨极与焊件之间保持一定距离而不接触，能在施焊点上直接引燃电弧，可使钨极端部保持完整，钨极损耗小，引弧处不会出现夹钨缺陷。

没有引弧器时，可用纯铜板或石墨板作为引弧板。将引弧板放在焊件接口旁边或接口上面，在其上引弧约1s后，使钨极端部加热到一定温度，立即移到待焊处引焊。这种引弧方法适用于普通功能的氩弧焊机，但是在钨极与纯铜板（或石墨板）接触引弧时，会产生很大的短路电流，很容易烧损钨极端部。

2. 收弧

收弧方法不正确，容易产生弧坑裂纹、气孔和烧穿等缺陷。因此，应采取衰减电流的方法，即电流由大到小逐渐下降，以填满弧坑。

一般氩弧焊机都配有电流自动衰减装置，收弧时，通过焊枪手柄上的按钮持续送电来填满弧坑。当没有电流衰减装置时，可采用手工操作收弧，其要领是逐渐减少焊件热量，如改变焊枪角度、稍拉长电弧及断续送电等。收弧时，填满弧坑后，慢慢提起电弧直至熄弧，不要突然拉断电弧。

熄弧后，氩气会自动延时几秒钟停气（因焊机具有提前送气和滞后停气的控制装置），

以防止金属在高温下氧化。

3. 左向焊法与右向焊法

左向焊法与右向焊法如图 4-2 所示。

在焊接过程中，焊丝与焊枪由右端向左端移动，焊接电弧指向未焊部分，焊丝位于电弧运动的前方，称为左焊法。如在焊接过程中，焊丝与焊枪由左端向右端施焊，焊接电弧指向已焊部分，填充焊丝位于电弧运动的后方，称为右焊法。

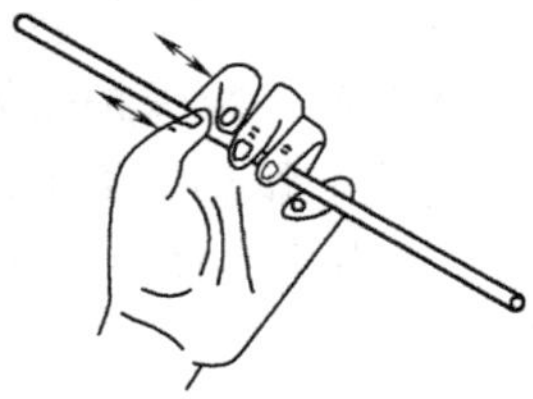

（1）左焊法的特点

1）操作者的视野不受阻碍，便于观察和控制熔池情况。

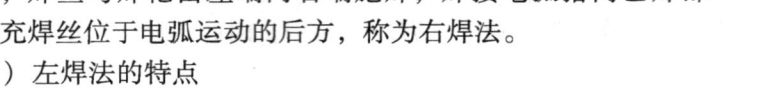

图 4-2　左向焊与右向焊

2）焊接电弧指向未焊部分，既可对未焊部分起预热作用，又能减小熔深，有利于焊接薄件，特别是管子对接时的根部打底焊和焊易熔金属。

3）操作简单方便、初学者容易掌握。

4）焊大焊件，特别是多层焊时，热量利用率低，因而影响提高熔敷效率。

（2）右焊法的特点

1）右焊法焊接电弧指向已凝固的焊缝金属，使熔池冷却缓慢，有利于改善焊缝金属组织，减少气孔及夹渣等可能性。

2）电弧指向焊缝金属，提高了热利用率，在相同热输入时，右焊法比左焊法熔深大，故特别适合于焊接厚度较大、熔点较高的焊件。

焊丝在熔池运动的后方，影响操作者的视线，不利于观察和控制熔池。无法在管道上（特别小直径管）焊接。

右向焊法适用于厚件的焊件，焊枪从左向右移动，电弧指向已焊部分，有利于氩气保护，焊缝表面不受高温氧化；左向焊法适用于薄件的焊枪，焊枪从右向左移动，电弧指向未焊部分有预热作用，容易观察和控制熔池温度，焊缝成形好，操作容易掌握。钨极氩弧焊焊接过程中一般均采用左向焊法。

4. 填丝

（1）连续填丝　连续填丝对保护层的扰动小，但比较难掌握。在连续填丝时，要求焊丝平直，用左手拇指、食指和中指配合动作送丝，无名指和小指夹在焊丝控制方向，如图 4-3 所示。

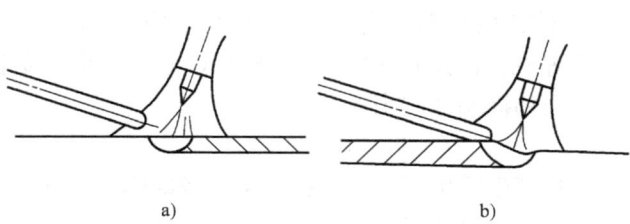

a)　　　　　　　　b)

图 4-3　连续填丝操作技术
a）左向焊　b）右向焊

连续填丝时手臂动作不大，待焊丝快用完时才前移。当填丝量较大，采用较大的焊接参数时多采用此法。

（2）断续送丝　以左手拇指、食指和中指捏紧焊丝，焊丝末端应始终处于氩气保护区内。

填丝动作要轻,不得扰动氩气层,以防止空气侵入。更不能像气焊那样在熔池中搅拌,而是靠手臂和手腕的上、下反复动作,将焊丝端部的熔滴送入熔池。全位置焊时多采用此法。

(3) 焊丝贴紧坡口或钝边一起熔入 将焊丝弯成弧形,紧贴在坡口间隙处,焊接电弧熔化坡口钝边的同时也融化了焊丝。由于坡口间隙应小于焊丝直径,因此该方法可避免焊丝遮住操作者视线,适用于困难位置的焊接。

工作任务

手工钨极氩弧焊平敷焊如图4-4所示。

操作准备

1. 焊件准备

铝合金板,尺寸为300mm×200mm×2.5mm。

2. 材料准备

铝合金焊丝,直径φ2mm。
氩气:纯度≥99.5%。
钨极:铈钨极(直径φ2mm)。

3. 焊接设备

NSA-500-1交流手工钨极氩弧焊机(氩气瓶及氩气流量调节器)。

4. 辅助工具

防护用具、角向磨光机、钢丝刷、焊缝检验尺及放大镜等辅助设备。

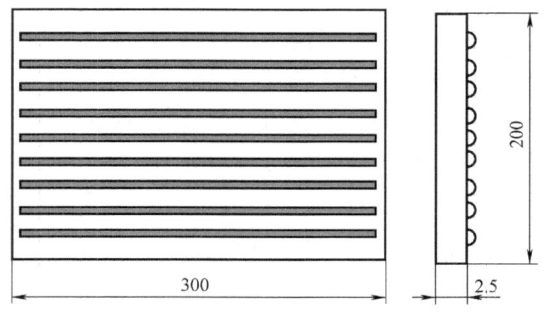

技术要求
1. 在300mm×200mm×2.5mm铝合金板上平敷焊。
2. 铝合金材料的表面氧化铝薄膜必须清除干净。
3. 焊道与焊道间距为20~30mm。

图4-4 手工钨极氩弧焊平敷焊实做图样

实施过程

一、焊前准备

1. 焊件与焊丝的清理

铝合金材料的表面氧化铝薄膜必须清除干净。清理方法有两种:第一种为化学清洗法,首先用丙酮或汽油去除油污,然后将焊件和焊丝放在碱性溶液中浸蚀,取出后用热水清洗,再把焊件和焊丝放在30%~50%的硝酸溶液中进行中和,最后用热水冲洗干净并烘干;第二种为机械清理法,在去除油污后,用钢丝刷或纱布将焊接处和焊丝表面清理至露出金属光泽,也可用刮刀清除焊件表面的氧化膜。

2. 焊接工艺参数

手工钨极氩弧焊平敷焊的焊接参数见表4-1。

表4-1 手工钨极氩弧焊平敷焊的焊接参数

焊丝牌号	焊丝直径/mm	钨极直径/mm	焊接电流/A	氩气流量/(L/min)
SA1-2	φ2	φ2	70~100	6~7

二、平敷焊操作

焊件平放在工作台面上,在铝合金板的长度方向进行平敷焊,焊道与焊道之间的间距为 20～30mm。

焊接方向采用左焊法。焊接过程中,为了便于观察熔池及提高保护性能,焊枪与焊件表面成 70°～80°的夹角,填充焊丝与焊件表面的夹角以 10°～15°为宜,如图 4-5 所示。

电弧引燃后,喷嘴与焊接处要保持一定的距离并稍作停留,确保母材上形成熔池后再送给焊丝。填充焊丝时,焊丝的端头切勿与钨极接触,否则焊丝会被钨极沾染,熔入

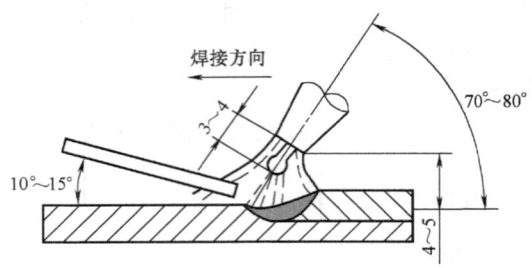

图 4-5　焊枪、焊件与焊丝的相对位置

熔池后形成夹钨,并且钨极端头沾有焊丝溶液,端头变为球状影响正常焊接。

焊丝送入熔池的落点应在熔池的前沿处,被熔化后,将焊丝移出熔池(但不能离开氩气保护区,以免灼热的焊丝端头被氧化,降低焊缝质量),然后将焊丝连续送入熔池,直至将整条焊道焊完。

当中途停顿或焊丝用完再继续焊接时,要用电弧把起焊处的熔池金属重新熔化,形成新的熔池后再加入焊丝,并与原焊道重叠 5mm 左右。在重叠处要添加焊丝,避免接头过高。每块焊件焊后要检查焊接质量。焊缝表面要呈现清晰和均匀的鱼鳞波纹。

课题二　V 形坡口板对接平焊

学习目标

1. 了解氩弧焊焊接设备的使用性能,根据焊接位置和焊件材料正确选择焊接工艺参数。
2. 熟练掌握钢板对接平位钨极氩弧焊单面焊双面成型的焊接技能。

知识准备

手工钨极氩弧焊对接焊是常用焊接技能之一,必须熟练掌握焊接操作技术。

一、引弧

为了提高焊接质量,手工钨极氩弧焊多采用引弧器引弧,如高频振荡器或高压脉冲发生器,使氩气电离而引燃电弧。其优点是钨极与焊件不接触就能在施焊点直接引燃电弧,钨极端部损耗小;引弧处焊接质量高不会产生夹钨等缺陷。

二、定位焊

为了防止焊接时焊件的变形,必须保证定位焊缝的距离。定位焊缝的间距见表 4-2。

表 4-2　定位焊缝的间距　　　　　　　　　　　　　（单位：mm）

板厚	0.5~0.8	1~2	>2
定位焊缝的间距	≈20	50~100	≈200

由于定位焊缝是将来焊缝的一部分，故必须焊牢，不允许有缺陷。如果该焊缝要求单面焊双面成形，则定位焊缝必须焊透。必须按正式的焊接工艺要求来要求焊定位焊缝。如果正式焊缝要求预热和缓冷，则定位焊前也要预热，焊后也要缓冷。

定位焊缝不能太高，以免焊接到定位焊缝处接头困难。如果遇到这种情况，最好将定位焊缝磨低些，两端磨成斜坡，以便于焊接时好接头。

如果定位焊缝上发现有裂纹、气孔等缺陷，应将这段定位焊缝打磨掉进行重焊，不允许用重熔的方法进行修补。

三、焊接

1. 打底焊

打底焊缝应一气呵成，不允许中途停止。打底焊缝应有一定厚度。对于壁厚 $t \leqslant 10 \text{mm}$ 的管子，其厚度不得小于 2~3mm；对于壁厚 $t > 10 \text{mm}$ 管子，其厚度不得小于 4~5mm，打底焊缝需经自检合格后，才能填充焊接。

2. 填充焊及盖面焊

焊接时要保证焊枪的角度及送丝位置，力求做到送丝均匀，才能保证焊缝成形。

为了获得比较宽的焊道，保证坡口两侧的熔合质量，焊枪也可横向摆动，但摆动频率不能太高，幅度不能太大，以不破坏熔池的保护效果为原则，由操作者灵活掌握。应注意不得将打底焊道烧穿，防止焊道下凹或背面剧烈氧化。

3. 焊接接头质量的控制

无论打底层焊接还是填充层焊接，控制焊接接头的质量是很重要的。因为接头是两段焊缝交接的地方，由于温度的差别和填充金属量的变化，接头处易出现超高、缺肉、未焊透、夹渣或夹杂、气孔等缺陷，所以焊接时应尽量避免停弧，减少接头次数。但在实际操作时，需更换焊丝、更换钨极、焊接位置的变化或要求对称分段焊接等，必须停弧，因此接头是不可避免的，关键是应尽可能保证接头的质量。

控制焊接接头质量的常用方法如下。

1) 接头处要有斜坡，不能有死角。

2) 重新引弧的位置在原弧坑后面，使焊缝重叠 20~30mm，重叠处一般不加或只加少量焊丝。

3) 熔池要贯穿到接头的根部，以确保接头处熔透。

4. 填丝注意事项

1) 必须等坡口两侧熔化后再填丝，以免造成熔合不良。

2) 填丝时，焊丝应与焊件表面夹角成15°，快速地从熔池前沿点进，随后撤回，如此反复动作。

3) 填丝要均匀，快慢要适当。填丝过快则会造成焊缝余高大，填丝过慢则产生焊缝下凹和咬边等缺陷。焊丝端头应始终处于氩气保护区内。

4) 当坡口间隙大于焊丝直径时，焊丝应跟随电弧作同步横向摆动。无论采用哪种填丝动作，送丝速度均应与焊接速度适应。

5）填充焊丝时，不应把焊丝直接放在电弧下面，把焊丝抬得过高也是不适宜的，不应让熔滴向熔池"滴落"。填丝的位置如图 4-6 所示。

6）操作过程中，如不慎使钨极与焊丝相碰，发生瞬时短路，将产生很大的飞溅和烟雾，会造成焊缝污染和夹钨。这时应立即停止焊接，用砂轮磨掉被污染处，直到磨出金属光泽。对于被污染的钨极，应在别处重新引弧熔化掉污染端部，或重新磨尖后，方可继续焊接。

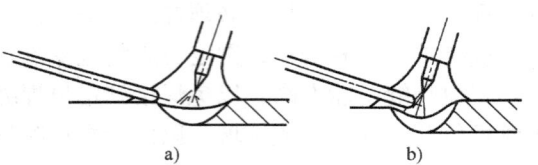

图 4-6 填丝的位置
a）正确 b）不正确

7）撤回焊丝时，切记不要让焊丝端头离开氩气保护区，以免焊丝端头被氧化，而导致在下次点进送入熔池时产生氧化物夹渣或气孔。

四、收弧

如果收弧不当，就会影响焊缝质量，使弧坑过深或产生弧坑裂纹，甚至造成反修。

一般氩弧焊设备都配有电流自动衰减装置。当没有电流衰减装置时，多采用改变操作方法来收弧，其基本要点是逐渐减少热量输入，如改变焊枪角度、拉长电弧和加大焊速。对于管子封闭焊缝，最后的收弧一般多采用稍拉长电弧，重叠焊缝 20~40mm，在重叠部分不加或少加焊丝。

停弧后，氩气开关应延时 10s 左右关闭（一般设备上都有提前送气、滞后关气的装置），防止金属在高温下继续氧化。

工作任务

V 形坡口板对接平位焊如图 4-7 所示。

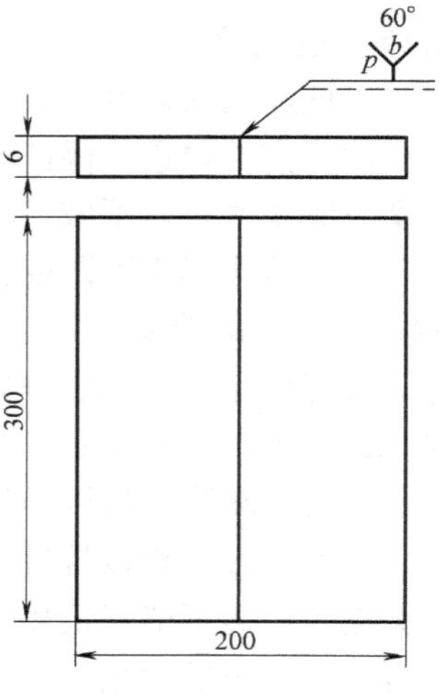

操作准备

1. 焊件准备

16MnR 钢板两块，规格均为 300mm × 200mm × 6mm，单面坡口角度为 30°。

2. 材料准备

H08Mn2SiA 焊丝，直径 ϕ2.5mm。

3. 焊接设备

ZX7-315STG 焊机（氩气瓶及氩气流量调节器），直流正接。铈钨极（直径 ϕ2.5mm）。氩气纯度≥99.5%。

4. 辅助工具

锉刀、角向磨光机、焊接检验尺和放大镜等辅助工具。

技术要求
1. 平位单面焊双面成形。
2. 钝边 p 和间隙 b 自定。
3. 允许将焊件刚性固定。
4. 焊缝表面清理干净，并保持原始状态。

图 4-7 板对接平焊

实施过程

一、焊前准备

1. 清理焊件

清除焊丝表面和焊件坡口内及其正、反两侧 20mm 范围内的油污、锈蚀及其他污物,直至露出金属光泽,并再用丙酮清洗该处。由于在手工钨极氩弧焊焊接过程中惰性气体仅起保护作用,无冶金反应,所以坡口的清洗质量直接影响焊缝的质量。因此,应特别重视对坡口的清洗工作质量。

2. 确定焊接参数

V 形坡口板对接平焊的焊接参数见表 4-3。

表 4-3　V 形坡口板对接平焊的焊接参数

焊接层次	焊接电流/A	电弧电压/V	氩气流量/(L/min)	钨极直径/mm	钨极直径/mm	焊丝直径/mm	钨极伸出长度/mm	喷嘴至焊件距离/mm
打底焊	90~100	12~16	7~9	2.5	2.5	10	4~8	≤12
填充焊								
盖面焊								

3. 试件装配及定位焊

1) 装配间隙为 2~3mm。钝边 0~0.5mm,要求坡口平直。

2) 采用与焊件焊接时相同牌号的焊丝进行定位焊,并点焊于焊件反面两端,焊点长度为 10~15mm。如果定位焊缝存在缺陷,必须将有缺陷的定位焊缝打磨后重新点固,不允许用重新熔化的方法处理。

3) 预置反变形量为 3°。

4) 错边量≤0.6mm。焊件装配与定位焊如图 4-8 所示。

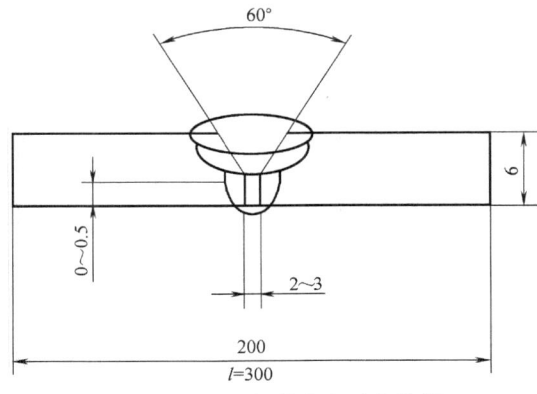

图 4-8　焊件装配及定位焊

二、焊接操作

平焊是最易掌握的焊接方法,其持枪方法如图 4-9 所示。焊枪角度与焊丝填充位置如图 4-10 所示,焊道分布是三层三道。

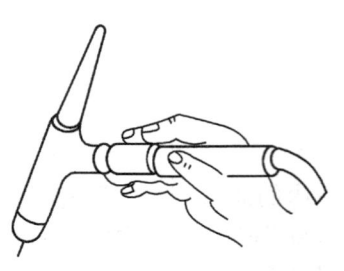
图 4-9 持枪方法

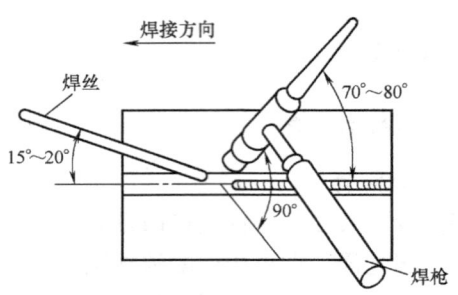
图 4-10 平焊焊枪角度与填丝位置

1. 打底焊

(1) 引弧　将钢板固定在水平位置，间隙小的一端放在右侧，施焊时从右向左进行焊接，右手握焊枪，左手拿焊丝，在焊件右侧定位焊缝上进行引弧。

(2) 焊接　引弧后，焊枪在原位置稍微停留，压低电弧向前带至定位焊缝 5mm 左右处，焊枪沿坡口两侧摆动，向前施焊。当焊至定位焊缝前沿形成熔池并出现溶孔后，开始填丝，注意向熔池内送焊丝时用力不能过猛，以保证焊丝端头也就是熔池前总有一滴熔融的铁液为佳。焊枪在坡口两侧作均匀的小锯齿形摆动，速度要平稳均匀，电弧不宜抬起过高，摆动幅度不要过大，焊丝填入动作要熟练、均匀，填丝要有规律。在焊接时要密切注意焊接参数的变换及相互关系，随时调整焊枪角度和焊接速度。在焊接时要密切注意焊接工艺参数，随时调整焊枪角度和焊接速度。当发现熔池增大、焊缝变宽并出现下凹时，说明熔池温度偏高，这时应减小焊枪与焊件间的夹角，加快填丝速度或加快焊接速度；当发现熔池较小时，说明熔池温度低，应增加焊枪倾角，减慢填丝速度或焊丝速度。通过各参数之间的良好配合，保证背面焊缝良好的成形。

(3) 接头　当焊丝用完，需更换焊丝，或因其他原因需暂时中止焊接时，则会有接头存在。在焊缝中间停止焊接时，可松开焊枪上的按钮开关，停止送丝。如果焊机有电流自动衰减装置，则应保持喷嘴高度不变，待电弧熄灭、熔池完全冷却后，再移开焊枪；若焊机没有电流自动衰减装置，则松开按钮开关后，稍抬高焊枪，待电弧熄灭，熔池冷却凝固到颜色变黑后再移开焊枪。

在接头前，应先检查原弧坑处焊缝的质量，如果保护好则没有氧化皮和缺陷，可直接接头；如果有氧化皮和缺陷，应使用角向磨光机将氧化皮或缺陷磨掉，并将弧坑前磨成斜面，在弧坑右侧 15～20mm 处引弧，并慢慢地向右移动，待原弧坑处开始熔化形成熔池和溶孔后，继续填丝焊接。

(4) 收弧　如果焊机有电流自动衰减装置，则焊至焊件末端，应减小焊枪与焊件的夹角，让热量集中在焊丝上，加大焊丝熔化量，以填满弧坑，然后切断控制开关。这时焊接电流逐渐减小，熔池也不断缩小，焊丝回抽，但不要脱离氩气保护区。停弧后，氩气需延时 10s 左右再关闭，防止熔池金属在高温下氧化。如果焊机没有电流衰减控制装置，则在收弧处要慢慢地抬起焊枪，并减小焊枪倾角，假打焊丝的融化量，待弧坑填满后再切断电流。

2. 填充焊

填充焊的操作步骤和注意事项与打底焊的基本相同。

焊接中间层时，应先检查根部焊道表面有无氧化皮和缺陷，如需进行打磨处理，同时加大焊接电流,焊接时焊枪应横向摆动,一般作锯齿或月牙形向前摆动,其焊枪的摆动幅度比打底焊时稍大,电弧在坡口两侧停留时间要稍长,保证坡口两侧熔合良好,焊道均匀。填充层焊缝应比焊件表面低 1mm 左右,不能熔化坡口的上棱边,并保持坡口边缘的原始状态,为盖面层焊接打好基础。

3. 盖面焊

焊接盖面层与焊接打底层的操作方法基本相同,只是摆动的幅度要增大,保证熔池熔化坡口两侧棱边 0.5~1.5mm,并压低电弧,避免咬边。焊接时,应根据焊缝的余高确定焊丝送进的速度,保证坡口两侧融合良好。接头方法与打底层不同的是,在熔池前 10~15mm 处引弧,接头时电弧从接头熔池的最高点处熔化,摆动要有规律,填丝要适量,以确保接头处焊缝过渡圆滑,保持焊缝的统一效果。

三、平焊时易出现的缺陷及排除方法

平焊时易出现的缺陷及排除方法见表 4-4。

表 4-4 平焊时易出现的缺陷及排除方法

缺陷名称	产 生 原 因	排 除 方 法
产生氧化物夹渣或气孔	1)送丝动作掌握不好,卷入空气 2)送丝位置不变	1)在送丝时,焊丝端头不要撤出氩气保护区 2)送丝位置从熔池前沿滴进,随后撤回
钨极端部发黑,易使焊缝夹钨	在焊接过程中钨极与熔池或钨极或钨极与焊丝相接触而短路,产生污染物	1)操作时应防止短路 2)磨掉钨极被污染部分 3)如发现焊件夹钨,则铲除夹钨处缺陷,重新焊接
分不清焊透与未焊透	1)操作技术不熟练 2)观察熔池变化不仔细	1)提高操作水平 2)掌握熔池变化规律,焊透时熔池下沉,未焊透时熔池不下沉

课题三 V 形坡口板对接立焊

学习目标

1. 了解钨极氩弧焊的立焊过程,进行钢板立焊单面焊双面成形焊接。
2. 掌握 V 形坡口对接立位钨极氩弧焊单面焊双面成形的操作技能。

知识准备

一、焊接参数的选择

手工钨极氩弧焊的主要焊接参数有钨极直径、焊接电流、电弧电压、焊接速度、电源种类、钨极的伸长长度、喷嘴直径、喷嘴与焊件间的距离及氩气流量等。

1. 焊接电流与钨极直径

通常根据焊件的材质、厚度和接头的空间位置来选择焊接电流。

焊接电流增加时,熔深增大,焊缝宽度与余高稍增加,但增加得很少。

如果钨极较粗，焊接电流很小，由于电流密度低，钨极端部的温度不够，电弧会在钨极端部不规则的飘移，电弧很不稳定，极易破坏保护区，造成熔池被氧化。

当焊接电流超过了相应的许用电流时，钨极端部温度达到或超过钨极的熔点时出现熔化现象，即端部很亮。当焊接电流继续增大时，熔化了的钨极在端部形成了一个小尖状突起，逐渐变大形成熔滴，电弧随熔滴尖端飘移，很不稳定。这不仅破坏了氩气保护区，使熔池被氧化，焊缝成形不好，而且熔化的钨落入熔池后将产生夹钨缺陷。

当焊接电流合适时，电弧非常稳定。表4-5给出了不同直径、不同牌号钨极允许使用的电流范围。

表4-5 不同直径、不同牌号钨极允许使用的电流范围

钨极直径/mm	焊接电流/A			
	交流		直流正接	直流反接
	W	WTh	W、WTh	W、WTh
φ0.5	5~15	5~20	5~20	—
φ1.0	10~60	15~80	15~18	—
φ1.6	50~100	70~150	70~150	10~20
φ2.5	100~160	140~230	150~250	15~30
φ3.2	150~210	225~325	250~400	25~40
φ4.0	200~275	300~425	400~500	40~55
φ5.0	250~350	400~525	500~800	55~80

从表4-5可以看出，同一直径的钨极，在不同的电源和极性条件下，允许使用的电流范围不同。相同直径的钨极，直流正接时的许用电流最大；直流反接时的许用电流最小；交流时的许用电流介于二者之间。当电流种类和大小变化时，为了保持电弧稳定，应将钨极端部磨成不同形状，如图4-11所示。

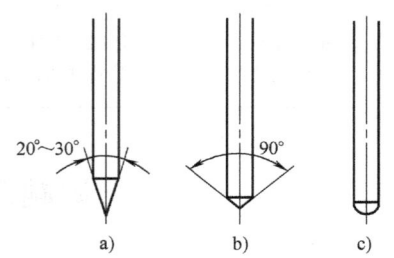

图4-11 钨极端部的形状
a) 小电流 b) 大电流 c) 交流

2. 电弧电压

电弧电压主要由弧长决定的，弧长增加，则焊缝宽度增加，熔深稍减小。如果电弧过长，则容易引起未焊透及咬边，而且保护效果也不好。如果电弧太短，则很难看清熔池，而且送丝时也容易碰到钨极引起短路，使钨极受到污染，加大钨极烧损，还容易夹钨。因此，通常使弧长近似等于钨极直径。

3. 焊接速度

焊接速度增加时，熔深和熔宽均减小。如果焊接速度太快，则容易产生未焊透的情况，焊缝高而窄，两侧熔合不好。如果焊接速度太慢，则焊缝很宽，还可能产生焊漏及烧穿等缺陷。

手工钨极氩弧焊时，通常都是操作者根据熔池的大小、熔池的形状和两侧熔合情况随时调整焊接速度。

选择焊接速度时，应考虑以下因素。

1）在焊接铝及铝合金、高导热性金属时，为减少焊接变形，应采用较快的焊接速度。

2）在焊接有裂纹倾向的金属时，不能采用高速焊接。

3）在非平焊位置焊接时，为保证较小的熔池，避免液态金属的流失，尽量选择较快的焊速。

4. 焊接电源的种类和极性的选择

氩弧焊采用的电流种类和极性选择与所焊金属及其合金种类有关。有些金属只能用直流正极性或反极性焊接，有些交直流都可以使用。因而需根据不同材料选择电源和极性，见表4-6。

表4-6　焊接电源种类和极性的选择

电源种类与极性	被焊金属材料
直流正电极	低合金高强度钢、不锈钢、耐热性铜、钛及其合金
直流反电极	适用各种金属的氩弧焊
交流电源	铝、镁及其合金

直流正极性时，焊件接正极，温度较高，适用于焊厚焊件及散热快的金属。采用交流电源焊接时，具有阴极破碎作用，即焊件为负极，因受到正离子的轰击，焊件表面的氧化膜破裂，使液态金属容易熔合在一起，通常都用来焊接铝、镁及其合金。

5. 喷嘴的直径与氩气的流量

喷嘴直径（指内径）越大，则保护区范围越大，要求保护气的流量也越大。

实际工作中，通常根据试焊接来选择流量。流量合适时，熔池平稳，表面明亮没有渣，焊缝外形美观，表面没有氧化痕迹。若流量不合适时，熔池表面上有渣，焊缝表面发黑或有氧化皮。

选择氩气流量时还要考虑似下因素。

1）外界气流和焊接速度的影响。焊接速度越大，则保护气流遇到空气阻力就越大，它使保护气体偏向运动的反方向。若焊接速度过大，则将失去保护作用。因此，在增加焊接速度的同时应相应地增加气体的流量。在有风的地方焊接时，应适当增加氩气流量。最好在避风的地方焊接。

2）焊接接头形式的影响。对接接头和T形接头焊接时，具有良好的保护效果，如图4-12a所示。焊接这类焊件时，不必采取其他工艺措施。进行T形接头焊接时，保护效果最差的如图4-12b所示，在焊接这类接头时，除增加氩气流量外，还应加挡板，如图4-13所示。

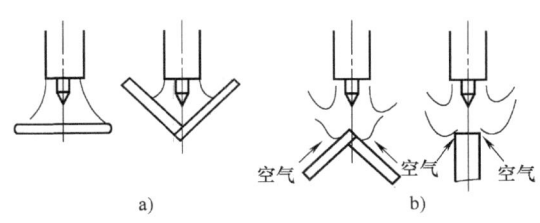

图4-12　氩气的保护效果　　　图4-13　加挡板

6. 钨极伸出长度

为了防止电弧烧坏喷嘴，钨极端部应突出在喷嘴以外。钨极端头至喷嘴端面的距离为钨极伸出长度。钨极伸出长度越小，喷嘴与焊件间距离越近，保护效果就越好，但过近会妨碍观察熔池。焊对接焊缝时，钨极伸出长度通常为 5～6mm。焊角焊缝时，钨极伸出长度通常为 7～8mm。

7. 喷嘴与焊件间的距离

喷嘴与焊件间的距离是指喷嘴端面和焊件间的距离。这个距离越小，则保护效果越好，但能观察的范围和保护区都小；反之，距离越大，保护效果越差。

8. 焊丝直径的选择

实际工作中，应根据焊接电流的大小来选择焊丝的直径，见表 4-7。

表 4-7　焊接电流与焊丝直径的关系

焊接电流/A	焊丝直径/mm	焊接电流/A	焊丝直径/mm
10～20	≤ϕ1.0	200～300	ϕ2.4～ϕ4.5
20～50	ϕ1.0～ϕ1.6	300～400	ϕ3.0～ϕ6.0
50～100	1.0～2.4	400～500	3.0～6.0
100～200			

二、钨极氩弧焊立焊的特点

立焊难度大，主要特点是熔池金属下坠。焊缝成形不好，易出现焊瘤和咬边。因此除具有平焊的基本操作技能外，还应选用偏小的焊接电流，焊枪作上凸月牙形摆动，并应通过调整焊枪角度来控制熔池的凝固。避免液态金属下淌，通过焊枪的移动与填充焊丝的配合，获得良好的焊缝成形。

★ 工作任务

板对接立焊单面焊双面成形如图 4-14 所示。

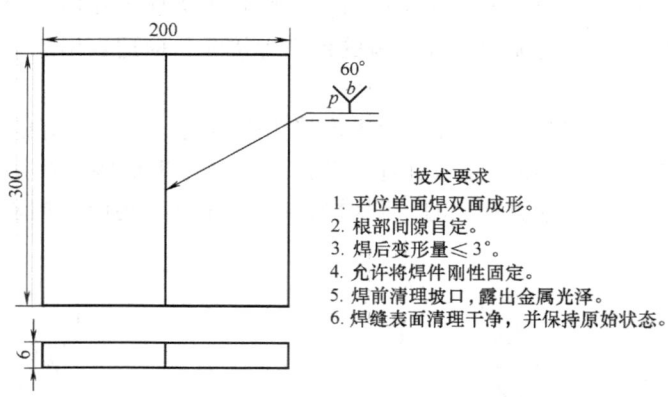

图 4-14　板对接立焊单面焊双面成形

★ 操作准备

1. 焊件准备

Q235A 钢板两块，规格均为 300mm×200mm×6mm，坡口面角度 30°。

2. 材料准备

TIG-J50 焊丝，直径 ϕ2.5mm。

3. 焊接设备

WSM-300 直流氩弧焊机（氩气瓶及氩气流量调节器），直流正接。

铈钨极（直径 ϕ2.5mm），端面磨成 30°尖锥形。

氩气纯度≥99.5%。

4. 辅助工具

防护用具、角向磨光机、钢丝刷、焊缝检验尺和放大镜等辅助设备。

实施过程

一、焊前准备

1. 清理焊件

清除坡口及其正、反面两侧 20mm 范围内的油、锈及其他污物，至露出金属光泽，并用丙酮清洗该区。

2. 确定焊接参数

板对接立焊单面焊双面成形的焊接参数见表 4-8。

表 4-8 板对接立焊单面焊双面成形的焊接参数

焊接层次	焊接电流/A	电弧电压/V	氩气流量/(L/min)	钨极直径/mm	焊丝直径/mm	喷嘴直径/mm	钨极伸出长度/mm	喷嘴至焊件距离/mm
打底焊	80~90	12~16	7~9	ϕ2.5	ϕ2.5	ϕ10	4~8	≤12
填充焊	90~100							
盖面焊								

3. 试件装配及定位焊

1）钝边 0~0.5mm，要求平直。

2）焊件清理。

3）装配间隙下端为 2mm，上端为 3mm。

4）定位焊采用与焊接焊件相同牌号的焊丝进行定位焊，并点于焊件正面坡口内两侧，焊点长度为 10~15mm，错边量≤0.6mm，预置反变形量 3°。焊件及坡口尺寸如图 4-15 所示。

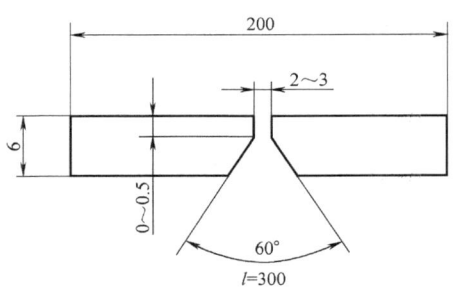

图 4-15 焊件及坡口尺寸

二、焊接操作

焊枪角度、填丝位置如图 4-16 所示。焊件固定在垂直位置，小间隙在下面。

1. 打底焊

在焊件最下端的定位焊缝上引弧，先不加焊丝，待定位焊缝开始熔化，形成熔池和溶孔后，开始填丝向上焊接。焊枪作上凸月牙形摆动，在坡口两侧稍停留，保证两侧熔合良好。在焊接时应注意，焊枪向上移动的速度要合适，特别是要控制熔池的形状，保证熔池外沿接近为椭圆形,不能凸出来,否则焊道外凸成形不好。尽可能让已焊好的焊道托住熔池,使熔池表面接近像一个水平面匀速上升,这样焊缝外观较平整。立焊最佳填丝位置如图4-17所示。

2. 填充焊

焊枪摆动幅度稍大,保证坡口两侧熔合良好,焊道表面平整。填充焊的焊接步骤、焊枪角度和填丝位置与打底焊的相同。

焊接时应保证坡口两侧熔合良好,焊道均匀。填充层焊缝应比焊件表面低1mm左右,不能熔化坡口的上棱边,并保持坡口边缘的原始状态,为盖面层焊接打好基础。

3. 盖面焊

盖面焊时,焊枪摆动幅度比填充焊稍大,其余与打底焊相同。

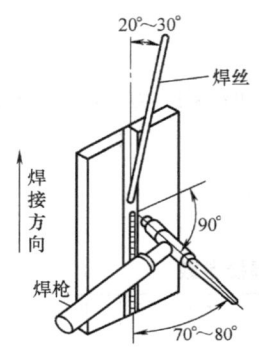

图4-16 立焊焊枪角度余填充位

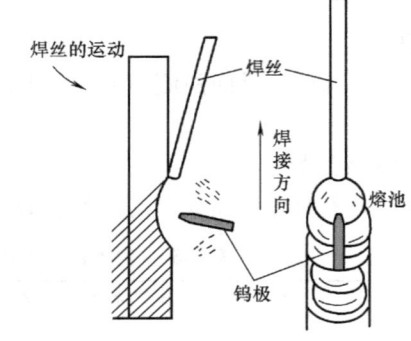

图4-17 立焊最佳填丝位置

焊接时应保证熔池熔化坡口两侧棱边0.5~1.5mm,并压低电弧,避免咬边。同时,应根据焊缝的余高确定焊丝送进的速度,保证坡口两侧融合良好。

接头时,在熔池前10~15mm处引弧,电弧从接头熔池的最高点处熔化,摆动要有规律,填丝要适量,以确保接头处焊缝过渡圆滑,保持焊缝的统一效果,防止出现焊瘤等缺陷。

三、立焊时易出现的缺陷及排除方法

焊后用钢丝刷将内、外焊缝表面的氧化膜和熔渣清除干净,检测焊缝质量。焊缝表面不允许存在裂纹、气孔、咬边、焊瘤和夹渣。

为了保证手工钨极氩弧焊的质量,在焊接过程中要始终注意以下几个问题。

1)保持正确的持枪姿式,随时调整焊枪角度及喷嘴高度,既有可靠的保护效果,又便于观察熔池。

2)注意焊后钨极形状和颜色的变化。焊接过程中如果钨极没有变形,焊后钨极端部为银白色,则说明保护效果好。如果焊后钨极发蓝,说明保护效果差。如果钨极端部发黑或有瘤状物,则说明钨极已被污染。钨极被污染大多是在焊接过程中发生了短路或沾了很多飞溅,使钨极端头变成了合金,必须将这段钨极磨掉,否则容易产生夹钨。

3)送丝要均匀,焊丝不能在保护区搅动,防止卷入空气。

课题四　V形坡口板对接横焊

学习目标

1. 了解板对接V形坡口对接横位钨极氩弧焊的操作特点。
2. 掌握板对接V形坡口横位钨极氩弧焊单面焊双面成形的操作方法。

知识准备

一、焊丝

为了保证焊缝质量，对钨极氩弧焊所用的焊丝要求是很高的，因为在钨极氩弧焊时，氩气仅起保护作用，主要靠焊丝熔化来完成合金化，以保证焊缝质量。

1. 焊丝的分类

钨极氩弧焊所用的焊丝主要分为钢焊丝和非铁金属焊丝两大类。

（1）钢焊丝　钨极氩弧焊所用的焊丝应尽量选用专用焊丝，以减少主要化学成分的变化，保证焊缝金属的力学性能和熔池液态金属的流动性，获得良好的焊缝成形，避免产生裂纹等缺陷。

（2）非铁金属焊丝　焊接铝、镁、铜、钛及其合金时，一般采用与母材相当的填充金属作为焊丝。如一时找不到合适的焊丝，可用与母材相同的薄板剪成小条当焊丝用。

2. 焊丝牌号的编制方法

（1）碳素钢和合金结构钢焊丝

1）牌号前的H表示焊接用钢丝。

2）紧跟着的两位数字表示其含碳量（质量分数）。以万分之几表示。例如，"08"表示该焊丝的平均含碳量（质量分数）为0.08%左右。

3）焊丝中化学元素采用化学符号表示，如Si、Mn、C。等。

4）除个别微量合金元素外，焊丝的主要合金元素均为质量分数。当平均含碳量（质量分数）小于1%时，钢焊丝牌号中一般只标元素符号不标含量。

5）高级优质焊丝在牌号后加E，优质焊丝在牌号后加A。

（2）不锈钢焊丝

1）焊丝中含碳量（质量分数）以千分之几表示，如"H1Cr17"焊丝的平均含碳量（质量分数）为0.1%。

2）焊丝中含碳量（质量分数）不大于0.03%或不大于0.08%时，H后分别以00或0表示超低碳或低碳不锈钢焊丝，如H00Cr19Ni12MO2、H0Cr20Ni等。

3）其余各项的表示方法与优质碳素钢和合金结构钢焊丝的相同。

3. 焊丝的使用与保管

1）所有焊丝的化学成分应与母材的化学成分相接近。不同材料焊接时，所选用的焊丝应考虑焊接接头的抗裂性和碳扩散等因素。如果不同材料的组织接近，仅强度级别有差异，则选用的焊丝合金元素含量应介于两者之间，当有一侧为奥氏体不锈钢时，可选用含镍量较高的不锈钢焊丝。

2) 焊丝必须配有质量合格证书。

3) 钨极氩弧焊焊丝在使用前应采用机械方法或化学方法清除其表面的油脂和锈蚀等,并使其露出金属光泽。

二、钨极

钨是一种难熔的金属材料,能耐高温,其熔点为3653~6876K,沸点为6173K,导电性好,强度高。钨极氩弧焊使用钨极作为电极,可起传导电流、引燃电弧和维持电弧正常燃烧的作用。

1. 钨极的种类、牌号及规格

按化学成分的不同,钨极有纯钨极（牌号有W1和W2）、钍钨极（牌号有WTh-15、Th-10和WTh-7）、铈钨极（牌号是WCe-20）和锆钨极（牌号是W2r-15）四种。长度范围为76~610mm,可用的直径范围一般为ϕ0.5~ϕ6.3mm。

（1）各类钨极的特点

1) 纯钨极。在使用交流电时,纯钨极的电流承载能力较低,抗污染能力差,这就要求焊机有较高的空载电压,故目前很少使用。

2) 钍钨极。钍钨极的电子发射率较高,电流承载能力较好,使用寿命较长且抗污染性能较好。使用时,引弧较容易,并且电弧比较稳定。其缺点是成本较高,且具有微量的放射性。

3) 铈钨极。与钍钨极相比,它具有如下优点:直流小电流焊接时,容易建立电弧,引弧电压比钍钨极低一半,电弧燃烧稳定;弧柱的压缩程度较好,在相同的焊接工艺参数下,弧束较长,热量集中,烧损率比钍钨极低5%~50%,修磨端部次数少,使用寿命比钍钨极长;最大使用电流密度比钍钨极高5%~8%;放射性低。

4) 锆钨极。锆钨极的性能介于纯钨极和钍钨极之间。用于交流焊接时,具有纯钨极理想的稳定特性和钍钨极的载流量及引弧特性等综合性能。

（2）钨极的规格　钨极的长度范围为76~610mm,直径分为ϕ0.5mm、ϕ1.0mm、ϕ1.6mm、ϕ2.0mm、ϕ2.5mm、ϕ3.2mm、ϕ4.0mm、ϕ5.0mm和ϕ6.3mm等多种。

2. 钨极载流量——许用电流

钨极载流量的大小主要取决于钨极的直径、电流种类和极性。如果焊接电流超过钨极的载流量时,会使钨极强烈发热、熔化和蒸发,从而引起电弧不稳定,影响焊接质量,导致焊缝产生气孔、夹钨等缺陷;同时,焊缝的外形粗糙不整齐。钨极直径与其载流量范围的关系见表4-9。在焊接过程中,焊接电流不得超过钨极规定的载流量上限。

表4-9　钨极直径与其载流量范围的关系

电极直径/mm	直流/A				交流/A	
	电极为负（-）		电极为正（+）			
	纯钨极	加入氧化物的钨极	纯钨极	加入氧化物的钨极	纯钨极	加入氧化物的钨极
ϕ0.5	2~20	2~20	—	—	2~15	2~15
ϕ1.0	10~75	10~75	—	—	15~55	15~70
ϕ1.6	40~130	60~150	10~20	10~20	45~90	60~125

(续)

电极直径 /mm	直流/A				交流/A	
	电极为负(-)		电极为正(+)			
	纯钨极	加入氧化物的钨极	纯钨极	加入氧化物的钨极	纯钨极	加入氧化物的钨极
φ2.0	75~180	100~200	15~25	15~25	65~125	85~160
φ2.5	130~230	170~250	17~30	17~30	80~140	120~210
φ3.2	160~310	225~330	20~35	20~35	150~190	150~250
φ4.0	275~450	350~480	35~50	35~50	180~260	240~350
φ5.0	400~625	500~675	50~70	50~70	240~350	330~460
φ6.3	550~675	650~950	65~100	65~100	300~450	430~575

3. 钨极端头几何形状及其加工

钨极端部的形状对焊接电弧燃烧的稳定性及焊缝的成形影响很大。

使用交流电时，钨极端部应磨成半球形；在使用直流电时，钨极端部制成锥形或截头锥形则易于高频引弧，并且电弧比较稳定。钨极端部的锥度也影响焊缝的熔深，减小锥度可减小焊道的宽度，增加焊缝的熔深。常用的钨极端头几何形状如图4-18所示。

磨削钨极应采用专用的硬磨料精磨砂轮，应保持钨极磨削后几何形状的均一性。磨削钨极时，应采用密封式或抽风式砂轮，操作者应戴口罩。磨削工作结束后，应洗净手脸。

三、氩气

1. 氩气的性质

氩气的密度是空气的1.4倍，是氦气的10倍。因为氩气比空气的密度大，因此氩气能在熔池上方形成一层较好的覆盖层，产生的烟雾较少，便于控制焊接熔池和电弧。

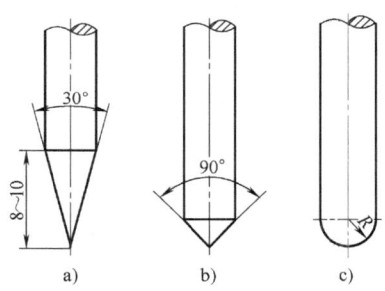

图4-18 常用钨极端头的几何形状
a) 小电流 b) 大电流 c) 交流电流

氩气是一种惰性气体，在常温下与其他物质均不发生化学反应，在高温下也不溶解于液态金属，故在焊接非铁金属时更能显示其优越性。

氩气是一种单原子气体。在高温下，氩气直接电离为正离子和电子，因此能量损耗少，电弧燃烧稳定。氩气对电弧的冷却作用小，所以电弧在氩气中燃烧时，热量损耗小，稳定性比较好。氩气对电极具有一定的冷却作用，可提高电极的载流量。

因为氩气的密度大，可形成稳定的气流量，故具有良好的保护性能。同时，电离分解后的正离子体积和质量较大，对阴极的冲击力很强，具有强烈的阴极破碎作用。

氩气对电弧的热收缩效应较小，加上电弧的电位梯度和电流密度不大，维持电弧燃烧的电压较低，一般10V即可。故焊接时拉长电弧，其电压改变不大，电弧不易熄弧。这点对手工氩弧焊非常有利。

2. 对氩气纯度的要求

氩气是制氧的副产品。因为氩气的沸点介于氧气和氮气之间，差值很小。所以在氩气中常残存有一定数量的其他杂质。我国的标准规定，氩气的纯度应达到99.99%。如果氩气中的杂质含量超过规定标准，在焊接过程中，不但影响对熔化金属的保护，而且极易使焊缝金属产生气孔、夹渣等缺陷，使焊接接头质量变坏，并使钨极的烧损量也增加。

3. 氩气瓶

氩气可在低于-184℃的温度下以液态形式储存和运送，但焊接用氩气大多装入钢瓶中供使用。氩气瓶是一种高压圆柱形容器，其外表面涂灰色并注有绿色"氩气"字标志字样。目前我国常用氩气瓶的容积为33L、40L和44L，最高工作压力为15MPa。

使用氩气瓶时严禁敲击、碰撞。瓶阀结冻时，不得用火烘烤。搬运时不得用电磁起重机搬运。夏季要防止日光曝晒。氩气瓶一般应直立放置。

四、ZX7-315ATG焊机的使用

在采用有衰减收弧方式时，自锁与非自锁方式对电流衰减具有不同的操作方式。

当采用自锁方式，在正常焊接时按下开关电流开始衰减，直至熄弧，如在衰减过程中松开开关，电流将回升，逐渐回升至焊接电流。当采用非自锁方式，在正常焊接时松开开关，电流开始衰减，直至熄弧，如在衰减过程中再按住开关，电流将回升，逐渐回升至焊接电流。

五、钨极氩弧焊横焊的特点

对接横焊时，熔化金属在自重的作用下容易下淌，并且在焊缝的上侧易出现咬边，下侧易出现下坠而造成未熔合和焊瘤等焊接缺陷。因此，为克服重力的影响，避免缺陷的产生，应采用较小的焊丝直径、较小的焊接电流和多层多道焊等工艺措施，同时通过焊枪移动与填丝的配合，以获得良好的焊缝成形。

横焊时，坡口下侧对铁液有依托作用，坡口上侧则有较好的吸附液态金属的作用，这对实现单面焊双面成形是非常有用的。如果焊接参数选择合理，操作得当，背面焊缝的成形十分美观。

工作任务

板对接横焊如图4-19所示。

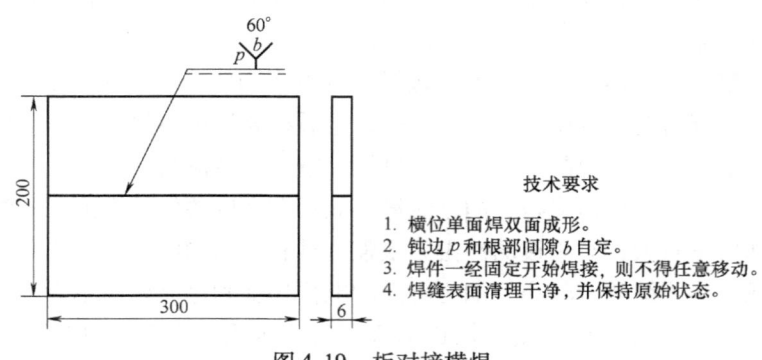

图4-19 板对接横焊

技术要求
1. 横位单面焊双面成形。
2. 钝边p和根部间隙b自定。
3. 焊件一经固定开始焊接，则不得任意移动。
4. 焊缝表面清理干净，并保持原始状态。

操作准备

1. 焊件准备

Q235A钢板两块，规格均为300mm×200mm×6mm，单面坡口面角度30°

2. 材料准备

H08Mn2SiA 焊丝，直径 ϕ2.5mm。

3. 焊接设备

ZX7-315STG 直流焊机（氩气瓶及氩气流量调节器）。

铈钨极（直径 ϕ2.5mm），端面磨成 30°尖锥形。

氩气纯度≥99.5%。

4. 辅助工具

防护用具、钢丝刷、角向磨光机和焊缝检验尺等辅助设备。

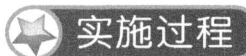

一、焊前准备

1. 焊件清理

清除坡口及其正、反面两侧 20mm 范围内的油污、锈蚀及其他污物，至露出金属光泽，并用丙酮清洗该区。

2. 确定焊接参数

焊道分布是三层四道，分别是打底焊一道、填充焊一道和盖面焊两道。采用左向焊法。焊接参数见表 4-10。

表 4-10 焊接参数

焊接层次	焊接电流/A	电弧电压/V	氩气流量/(L/min)	钨极直径/mm	焊丝直径/mm	喷嘴直径/mm	钨极伸出长度/mm	喷嘴至焊件距离/mm
打底焊	90~100	12~16	7~9	2.5	2.5	10	4~8	≤12
填充焊	100~110							
盖面焊	100~100							

3. 试件装配及定位焊

1) 钝边 0.5~1mm。焊件有弯曲不平现象时，应首先进行校正，以确保坡口平直。

2) 装配间隙为 2~3mm。

3) 采用与焊接时相同牌号的焊丝进行定位焊，并点焊与焊件反面两端，焊点长度为 10~15mm。如定位焊缝有缺陷，必须将有缺陷的定位焊缝打磨掉后重新点固，不允许用重新熔化的方法处理。

4) 预置反变形量 3°。

5) 错边量应≤1mm。装配尺寸如图 4-20 所示。

6) 焊件位置焊件垂直固定，坡口在水平位置，小间隙处放在右侧。

二、焊接操作

1. 打底焊

保证根部焊透，坡口两侧熔合良好。焊枪角度和填丝位置如图 4-21 所示。

在焊件右端定位焊缝处引弧，先不加焊丝，焊枪在右端定位焊缝处稍停留，待形成熔池和熔孔后,再填丝并向左焊接。焊枪作小幅度锯齿形摆动,在坡口两侧稍停留。

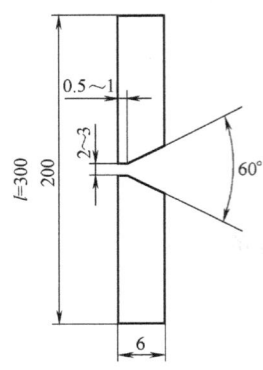

图 4-20 焊件及装配尺寸

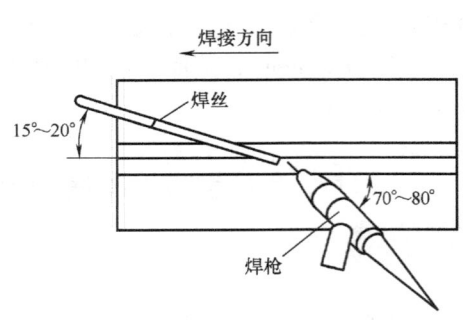

图 4-21 横焊打底焊时焊枪角度和填丝位置

正确的横焊填丝位置如图 4-22 所示。

2. 填充焊

除焊枪摆动幅度稍加大外,焊接顺序、焊枪角度、填丝位置都与打底焊的相同。焊接过程中应注意在坡口两侧时电弧稍作停顿,但要注意不可将坡口棱边熔化。熄焊应采用加快焊速法收弧,每次重新引弧后应先将原焊缝重新熔化后再进行填丝。

3. 盖面焊

盖面焊有两条焊道,焊枪角度如图 4-23 所示。先焊下面的焊道,后焊上面的焊道。

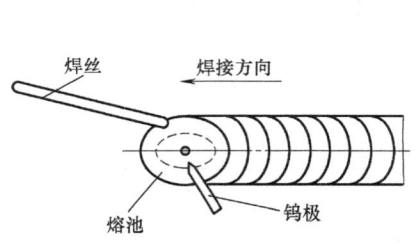

图 4-22 正确的横焊填丝位置

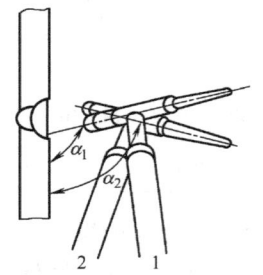

图 4-23 横焊盖面焊枪角度示意图

清理填充焊缝后,电流不变,开始焊接。焊接第一道焊缝时应注意将坡口的下棱边熔合,焊接第二道焊缝时应注意将坡口的上棱边熔合。第二道焊缝的焊接速度要快,增加送丝频率,但应适当减少送丝量。焊接过程中,焊枪移动和送丝要配合协调,避免上坡口出现咬边缺陷。

盖面层焊接时应使熔池上下边缘超出坡口棱边 0.5~1.5mm 为宜。

盖面焊焊接如有接头,应彼此错开,错开的距离应不小于 50mm。

三、横焊时易出现的缺陷及排除方法

焊后用钢丝刷将内、外焊缝表面的氧化膜和熔渣清除干净,检测焊缝质量。焊缝表面不允许存在裂纹、气孔、咬边、焊瘤和夹渣。

课题五 V 形坡口板对接仰焊

学习目标

1. 熟练掌握钨极氩弧焊仰焊短弧焊接的操作方法。
2. 熟练掌握板对接 V 形破口仰位钨极氩弧焊单面焊双面成形的操作方法。

知识准备

钨极氩弧焊设备一般由焊接电源、引弧及稳弧装置、焊枪、供气系统、水冷系统和焊接控制系统等部分组成。图 4-24 所示为手工钨极氩弧焊设备。

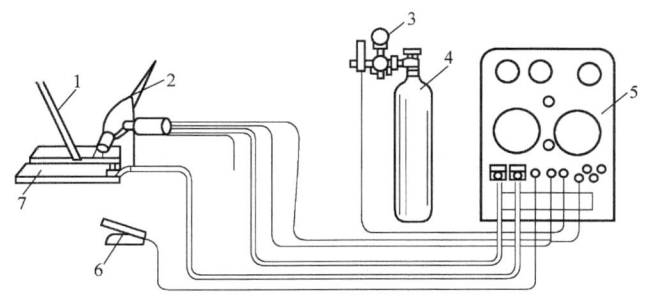

图 4-24 手工钨极氩弧焊设备
1—填充金属 2—焊枪 3—流量计 4—氩气瓶
5—主电路系统 6—开关 7—工件

一、电源与控制设备

1. 焊接电源

因手工钨极氩弧焊电弧的静特性与焊条电弧焊的相似，故任何具有陡降外特性曲线的弧焊电源均可作为手工钨极氩弧焊电源。手工钨极氩弧焊的焊接电源空载电压调节范围见表 4-11。

表 4-11 手工钨极氩弧焊的焊接电源空载电压调节范围

电流种类		空载电压/V	
		最小	最大
手工	交流	70	100
	直流	65	100

焊接电流调节范围见表 4-12。

表 4-12 焊接电流调节范围

额定焊接电流/A												
电流	40		100		160		250		400		630	
电源调节范围	直流	交流	直流	交流	直流	交流	直流	交流	直流	交流	直流	交流
电流调节范围	2~40	—	5~100	15~100	16~160	3~160	25~250	40~250	40~400	50~400	63~630	70~630

2. 引弧装置

各种焊机都具有一定的空载电压，以利于引弧。但在氩弧焊中，由于氩气的电离能较高，不易被电离，给引弧造成了很大的困难。提高焊机的空载电压虽能改善引弧条件，但对人体的安全不利，一般都在焊接电源上加入引弧装置予以解决。通常在交流电源中接入高频振荡器，在直流电源中接入脉冲引弧器。

3. 控制系统

氩弧焊的控制系统主要是用来控制和调节气、水、电的各个工艺参数以及起动和停止焊接。

手工钨极氩弧焊的动作顺序如图 4-25 所示。

当按动起动开关时，接通电磁气阀使氩气通路（延时线路主要是控制气体提前输送和滞后关闭），经短暂延时后，同时接通两个系统。接通主电路，给电极和焊件输送空载电压；接通高频引弧器，在电极和焊件之间产生高频火花并引燃电弧。若为直流焊接，则高频引弧器立即停止工作；若为交流焊接，则高频引弧器仍继续工作。电弧建立后，即进入正常的焊接过程。当起动开关断开时，焊接电流衰减，经过一段时间延时后，主电路电源切断，同时焊接电流消失，引弧器停止工作；再经过一段时间延时，电磁气阀断开，氩气断路，此时焊接过程结束。手工钨极氩弧焊的控制系统必须保证上述动作顺序。

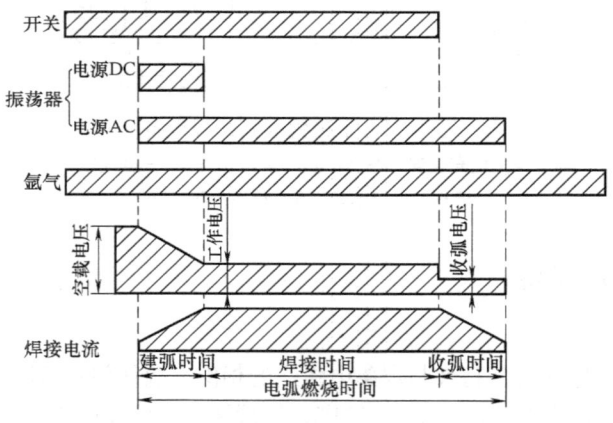

图 4-25　手工钨极氩弧焊动作顺序

二、焊枪与流量调节器

氩弧焊焊枪的作用是装夹钨极，传导焊接电流，输出保护气体，起动或停止焊机的工作系统。优质的氩弧焊焊枪应能保证气体均匀喷出，气流挺度好，抗干扰性强，并能满足焊接工艺的要求。

1. 焊枪标志

氩弧焊必备的工具是焊枪，焊枪标志由形式和主要参数组成，钨极氩弧焊焊枪按冷却方式可分为气冷（QQ）和水冷（QS）两种形式。QQ 形式的焊枪适用的焊接电流范围为 10～150A；QS 形式相应的焊接电流范围为 150～500A。在其形式符号后面的数字表示焊枪参数。第一个数字表示喷嘴中心线与手柄轴线之间的夹角；第二个参数表示额定焊接电流，在角度与焊接电流值之间用斜线分开。如果后面还有横线和字母，则表示是用某种材料制成的焊

枪。例如,

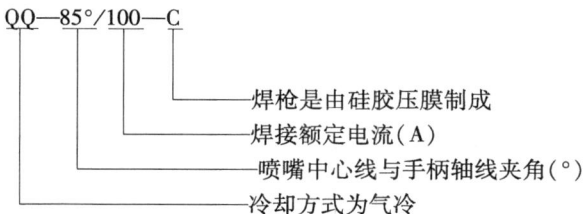

2. 水冷式系列手工氩弧焊焊枪的特点

1）该系列焊枪采用循环水冷却导电枪体及焊接电缆，这样可以增大导电部件的电流密度，并减轻重量，缩小焊枪体积，所以水冷式系列焊枪一定有冷却水进、出水管。

2）钨极是借助轴向压力来紧固的，通过旋电极帽盖，可使电极夹头紧固或放松，因此装卸钨极很容易。

3）每把焊枪带有2~3个不同孔径的钨极夹头，可配用不同直径的钨棒，以适应不同焊接电流的需要。

4）每把焊枪各带高、绥不同的两个帽盖，可适用不同长度的钨棒和不同场合的焊接。

5）出气孔是一圈均匀分布的径向或轴向小孔，使保护气体喷出时形成层流，有效地保护金属熔池不被氧化。

6）焊枪手把上装有微动开关、按钮开关或船形开关，可避免操作者因手指的过度疲劳或失误而影响焊接质量。

7）为保证使用对安全可靠，必须保证冷却水顺利流通，并接好电缆线和接通水管。

QS-85°/250水冷冷式氩弧焊焊枪结构如图4-26所示。

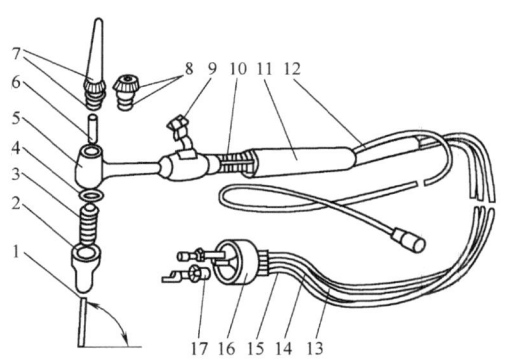

图4-26　QS-85°/250型氩弧焊焊枪结构
1—钍钨极　2—陶瓷喷嘴　3—导流件　4、8—密封圈
5—枪体　6—钨极夹头　7—帽盖　9—船形开关
10—扎线　11—手把　12—插管　13—进气胶管
14—出水胶管　15—7J（冷电缆管）
16—活动接头　17—水电接头

3. 气冷式系列手工钨极氩弧焊焊枪的特点

1）气冷式系列手工钨极氩弧焊焊枪是直接利用保护气体带走导电部件热量的焊枪。设计时适当减少了导电部件的电流密度，因此没有冷却系统，故相对减轻了焊枪的重量，所以特别适用于无水地带或水易结冻地带。

2）焊枪只带一根进气胶管，因此结构简单，接管方便。

3）用QQ型焊枪时，应避免超载使用。一般应对照焊接电源上的负载持续率来选用焊接电流。

4）如连续用较大电流进行焊接时，宜配备两把焊枪轮换使用，以延长焊枪的使用寿命。

QQ-85°/150-1型气冷式氩弧焊枪结构如图4-27所示。

4. 氩气流量调节器

瓶装氩气充气压力一般为14.7MPa。由于瓶装氩气的充气压力很高，而工作时的工作压力不高，因而需要一个减压阀将高压氩气降至工作压力，且使整个焊接过程中氩气的工作压力稳定，不会因瓶内压力的降低或氩气流量的增减而影响工作压力。

使用氩气流量调节器不仅能起到降压和稳压的作用，而且可方便地调节氩气流量。

氩气流量调节器如图4-28所示，其技术数据见表4-13。

如果进行技术改革，可用氧气表减压，用转子流量计调节氩气流量，但流量计需校正读数，否则流量不准确。

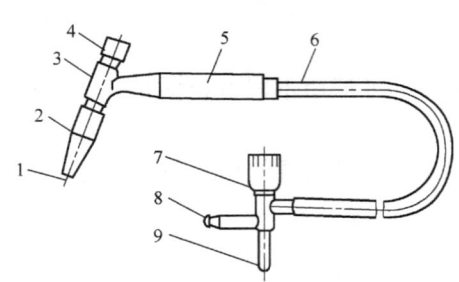

图4-27 QQ-85°/150-1型气冷式氩弧焊枪
1—钨极 2—陶瓷喷嘴 3—枪体 4—矮帽盖
5—手把 6—电缆 7—气开关手枪
8—通气接头 9—通电接头

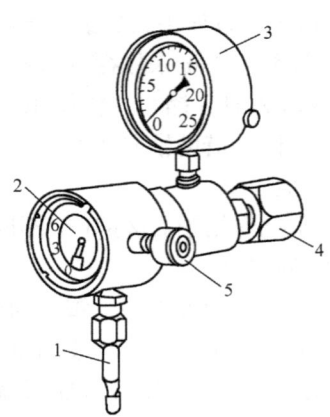

图4-28 氩气流量调节器
1—出气口 2—流量表 3—高压表
4—进气口 5—流量调节旋钮

表4-13 氩气流量调节器

最高输入气压	15MPa	进气接头尺寸	G5/8
最高进口气压	不低于工作压力的2.5倍	出气口孔径	$\phi 3.6$mm
输出工作压力	0.4～0.5MPa	外形尺寸	150mm×68mm×168mm
输出流量调节范围	AT-15 0～15L/min AT-30 0～30L/min	重量	810g
压力表形式	弹簧管式Y0-60		

三、设备的保养和故障处理

1. 氩弧焊设备的保养

1）正确安装焊机，并应检查铭牌电压值与电网电压值是否相符，不相符时严禁使用。

2）焊接设备在使用前，必须检查水管和气管等的连接是否良好，以保证焊接时正常供水、供气。

3）焊机外壳必须接地，未接地或地线不合格时不准使用。

4）定期检查焊枪钨极夹头的夹紧情况和喷嘴的绝缘性能是否良好。

5）工作完毕或临时离开工作场地时，必须切断焊机的电源，关闭水源及气瓶阀门。

6）必须建立健全焊机一、二级设备保养制度并定期保养。

第四单元　钨极氩弧焊

7）操作者在工作前，应仔细阅读焊接设备的使用说明书，掌握焊接设备的结构和使用方法。

2. 钨极氩弧焊机常见故障和消除方法（表4-14）

表4-14　钨极氩弧焊机常见故障和消除方法

故障现象	产生原因	消除方法
电源开关接通,指标灯不亮	1）开关损坏 2）熔断器烧坏 3）控制变压器损坏 4）指示灯损坏	1）更换开关 2）更换熔断器 3）修复或更换控制变压器 4）更换指示灯
控制线路有电,但焊机不能起动	1）焊枪的开关接触不良 2）继电器出故障	1）检修或更换开关 2）检修或更换继电器
焊机起动后,振动器放电,但引不起电弧	1）电网电压太低 2）接地线太长 3）工件接触不良 4）火花塞间隙不合适	1）提高电网电压 2）缩短接地线 3）清理焊件 4）调节火花塞间隙
焊机起动后,无氩气输送	1）按钮开关接触不良 2）电磁阀故障 3）气路不通 4）控制线路故障 5）气体延时线路故障	1）修理或更换按钮 2）修理或更换电磁阀 3）检查气路 4）检修控制线路 5）检修气体延时线路
电弧引燃后,焊接过程中,电弧不稳	1）脉冲引燃不工作,指示灯不亮 2）消除直流分量的元件故障	1）检查开关、熔断器、变压器及指示灯,如有损坏则更换 2）修复或更换故障元件

四、仰焊的特点及应用

仰焊是焊接操作中难度最大的焊接位置。在仰焊焊接过程中，焊件倒悬，熔滴由于重力作用阻碍其向熔池过渡，而且由于重力作用，氩气的保护效果低于其他焊接位置，故必须严格控制焊接线能量和冷却速度。采用较小的焊接电流、较大的焊接速度，加大氩气流量，使熔池控制在尽可能小的范围内，加快熔池凝固速度，确保焊缝外形美观。

工作任务

板对接仰焊如图4-29所示。

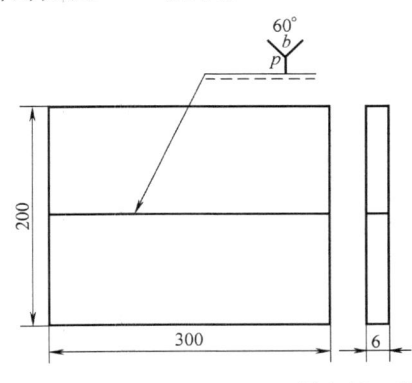

技术要求
1. 仰位钨极氩弧焊单面焊双面成形。
2. 钝边 p 和根部间隙 b 自定。
3. 焊件一经固定开始焊接，则不得任意移动。
4. 焊缝表面清理干净，并保持原始状态。

图4-29　板对接仰焊

操作准备

1. 焊件准备

Q235A 钢板两块，规格均为 300mm×200mm×6mm，单面坡口面角度 30°。

2. 材料准备

H08Mn2SiA 焊丝，直径 $\phi2.5$mm。

3. 焊接设备

ZX7-315STG 直流焊机（氩气瓶及氩气流量调节器）。

铈钨极（直径 $\phi2.5$mm），端部磨成 30°尖锥形。

氩气纯度 ≥99.5%。

4. 辅助工具

防护用具、钢丝刷、角向磨光机和焊缝检验尺等辅助设备。

 实施过程

一、焊前准备

1. 焊件清理

清除焊丝表面和焊件坡口内及其正、反两侧 20mm 范围内的油、锈蚀及其他污物，直至露出金属光泽，并用丙酮清洗。由于在手工钨极氩弧焊过程中惰性气体仅起保护作用，无冶金反应，所以坡口的清洗质量直接影响焊缝的质量。因此采用氩弧焊，应特别重视对坡口的清洗工作质量。

2. 确定焊接参数

确定焊接参数，见表 4-15。

表 4-15　焊接参数

焊接层次	焊接电流/A	电弧电压/V	氩气流量/(L/min)	钨极直径/mm	焊丝直径/mm	喷嘴直径/mm	钨极伸出长度/mm	喷嘴至焊件距离/mm
打底焊	80~90	12~16	7~9	2.5	2.5	10	4~8	≤12
填充焊	90~100							
盖面焊								

3. 试件装配及定位焊

1）钝边 0~0.5mm，要求平直。

2）装配间隙为 2~3mm。

3）采用与焊接时相同牌号的焊丝进行定位焊，并点焊与焊件正面坡口内两端，焊点长度为 10~15mm。

4）预置反变形量 3°。

5）装配错边量 ≤0.6mm。焊接装配及坡口尺寸如图 4-30 所示。

二、焊接操作

焊接时将焊件水平固定，坡口朝下，将间隙小的一端放在右侧，分三层三道焊。

1. 打底焊

焊枪角度如图 4-31 所示。在试板右端定位焊缝上引弧，先不填丝。待形成熔池和熔孔后，开始填丝并向左焊接。焊接时要调低电弧，采用小幅度锯齿形摆动，在坡口两侧稍作停留，熔池不能太大，以防熔融金属下坠。

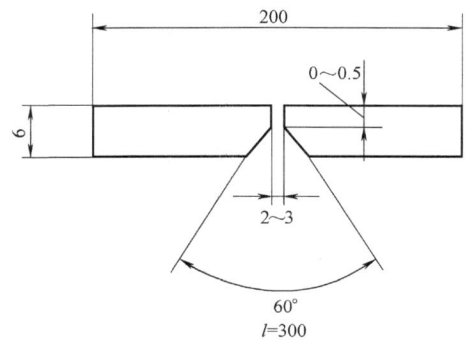

图 4-30　焊件装配及坡口尺寸

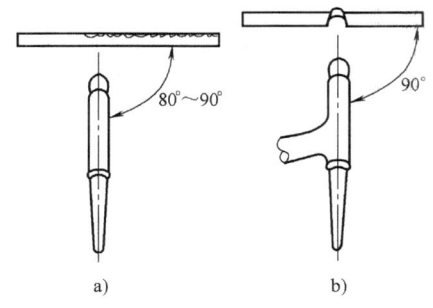

图 4-31　焊枪角度
a）正视图　b）仰视图

接头时可在弧坑右侧 15～20mm 处引燃电弧，迅速将电弧左移至弧坑处加热，待原弧坑熔化后，开始填丝转入正常焊接。

2. 填充焊

焊接步骤与打底焊基本相同，但焊枪和焊丝的摆动幅度稍大，保证坡口两侧熔合良好，焊道表面应平整，并低于母材约 1mm，不得熔化坡口棱边。

3. 盖面焊

焊枪摆动幅度加大，使熔池两侧超过棱边 0.5～1.5mm，保证坡口两侧熔合好、成形好、无缺陷。

焊后用钢丝刷将内、外焊缝表面的氧化膜和熔渣清除干净，检测焊缝质量。焊缝表面不得存在裂纹、气孔、咬边、焊瘤和夹渣。

三、焊接时易出现的缺陷及排除方法

焊接时易出现的缺陷及排除方法见表 4-16。

表 4-16　焊接时易出现的缺陷及排除方法

缺陷名称	产生原因	排出方法
焊瘤	1）熔化金属受重力作用下淌水	1）选用较小的焊枪电流或加快焊接速度
	2）熔池温度过高	2）随时观察熔池变化，调整焊枪角度使熔池不过热
咬边	1）电流强度太大	1）调整焊枪电流
	2）焊枪角度不正确	2）调整焊枪角度
	3）电弧过长	3）短弧焊接

课题六　铝及铝合金的焊接

学习目标

1. 了解氩弧焊的设备。
2. 能够合理选择氩弧焊的材料和工艺参数。
3. 掌握氩弧焊的平对接焊技术。

知识准备

一、铝及铝合金的焊接性

铝及铝合金有易氧化、导热性高、热容量和线膨胀系数大、熔点低及高温强度小等特点，因而给焊接工作带来了一定困难。

1. 易氧化

铝与氧的亲和力很强。铝及铝合金在任何温度下都会被氧化，生成致密的 Al_2O_3 薄膜（厚度约为 $0.1\mu m$），高温焊接时氧化更为激烈。这种 Al_2O_3 薄膜的熔点高达 2050℃，在焊接过程中影响电弧的稳定燃烧，阻碍焊接过程的正常进行。因此，焊接时易形成未熔合、气孔和夹渣等缺陷。为了保证焊接质量，焊前应采用机械或化学法清除焊件坡口和焊丝表面的氧化物，同时对熔池及高温区金属进行有效的保护气体保护。

2. 耗能大

铝及铝合金的热导率约为钢的 4 倍，要达到与钢同样的焊速，焊接线能量应为钢的 2～4 倍，因此，铝及铝合金焊接时应采用能量集中、功率大的热源，并采取预热等措施；铝及铝合金的导电性好，在电阻焊时比焊钢需要更大容量的电源。

3. 容易形成热裂纹

铝的高温强度低，塑性差（纯铝在 640～656℃ 之间的伸长率小于 0.69%），膨胀系数约为 23.5×10^{-6}/℃，比钢大两倍左右，凝固时的体收缩约为 6.6%，在接头中容易产生较大的内应力，加大了形成变形和裂纹倾向。防止这些热裂纹产生的措施主要是改进接头设计、合理选择焊接工艺参数和适应母材特点的焊接填充材料。

4. 容易产生气孔

氢是铝在熔焊时产生气孔的主要原因。由于液态铝能溶解大量的氢，而固态铝则几乎不溶解氢，在焊后的冷却凝固过程中，气体来不及逸出而聚集在焊缝中便形成气孔。此外，焊丝或工件表面存在的氧化膜增加了其对水分的吸附能力，也是形成气孔的重要原因。

5. 降低焊接接头的力学性能

热处理热强化铝合金焊接接头的组织如图 4-32 所示。

焊缝区为铸造组织，组织疏松且晶粒粗大，性能一般比母材低。半熔化区除晶粒严重粗化外，局部熔化会使晶粒出现过烧和被氧化，导致塑性严重下降，有时还会出现细微裂纹，这个区是整个接头的最薄弱环节。在过时效软化区中，由于加热温度超过了时效温度而产生退火作用，使合金时效强化作用完全或部分消失，造成强度、硬度大大降低，而成为热影响区中强度最低的部位。此外，某些铝合金中含有低沸点的合金元素，如镁、锌等，这些元素在焊接过程中极易蒸发和烧损,从而改变了焊缝金属的合金成分,降低了焊接接头的性能。

6. 降低焊接接头耐蚀性

铝及铝合金焊接接头耐蚀性一般都低于母材。造成接头耐蚀性降低的主要原因是接头的组织不均匀,以及在接头中总是或多或少地存在焊接缺陷,破坏了氧化膜的完整性和致密性,使腐蚀过程加速。另外,焊接应力是导致接头产生应力腐蚀的主要原因。

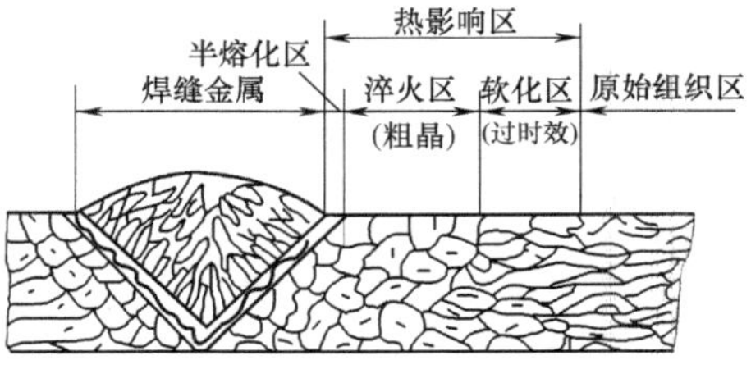

图4-32 热处理强化铝合金焊接接头的组织

7. 焊接时易烧穿

无色泽变化铝及铝合金从固态变为液态时,无明显的颜色变化,所以不易判断母材金属的温度,因此,焊接时常因无法察觉而导致烧穿。

二、焊接材料的选择

铝及铝合金的焊接材料包括铝焊丝、铝气焊熔剂以及铝焊条等。

1. 铝焊丝

(1) 专用焊丝　专用焊丝专用于焊接与其成分相同或相近的母材,因此可根据母材成分选用。若无现成的焊丝,也可从母材上切下窄条作为填充金属。

(2) 通用焊丝　通用焊丝是硅的质量分数为5%的Al-Si焊丝,通常用于除Al-Mg合金以外的各种铝合金的焊接。焊缝金属的流动性好且具有较高的抗裂纹能力。

(3) 特种焊丝　特种焊丝是为焊接各种硬铝、超硬铝而专门冶炼的焊丝,这类焊丝的成分与母材相近。与通用焊丝相比,焊缝金属既有良好的抗裂性,又有较高的强度和塑性。常用的铝及铝合金焊丝见表4-17。

表4-17　常用的铝及铝合金焊丝

名称	型号	主要化学成分(质量分数)(%)	牌号	用途及特性
纯铝焊丝	SAI-1	Al≥99.0,Fe≤0.25,Si≤0.20	HS301	焊接纯铝及对接性能要求不高的铝合金,塑性好,耐蚀性好,强度较低
	SAI-2	Al≥99.7,Fe≤0.30,Si≤0.30		
	SAI-3	Al≥99.5,Fe≤0.30,Si≤0.35		
铝镁合金焊丝	SAIMg-1	Mg2.4~2.8,Mn0.50~1.0,Fe≤0.4,Si≤0.4,Al余量		焊接铝镁合金和铝锌镁合金,焊补铝镁合金铸件,耐蚀,抗裂,强度高
	SAIMg-2	Mg3.1~3.9,Mn0.01,Fe≤0.5,Si≤0.5,Al余量		
	SAIMg-3	Mg4.3~5.2,Mn0.5~1.0,,Fe≤0.4,Si≤0.5,Al余量		
	SAIMg-5	Mg4.7~5.7,Mn0.2~0.6,Fe≤0.4,Si≤0.4,Ti0.2~0.6,Al余量	HS331	
铝硅合金焊丝	SAISi-1	Si4.5~6.0,Al余量	HS311	焊接除铝镁合金以外的铝合金,特别对易产生热裂纹的热处理强化铝合金更合适,抗裂
铝锰合金焊丝	SAIMn	Mn1.0~1.6,,Al余量	HS321	焊接铝锰及其铝合金,耐蚀,强度较高
铝铜合金焊丝	SAICu	Mn5.8~6.8,,Al余量		焊接铝镁合金

2. 气焊熔剂

气焊熔剂的主要作用是去除焊接时的氧化膜及其他杂质，改善熔池金属的流动性。铝及铝合金气焊熔剂的牌号、成分和使用要求见表4-18。

表4-18 铝及铝合金气焊熔剂的牌号、成分和使用要求

牌号	成分（质量分数）（%）						使用要求
	KCl	NaCl	NaF	LiCl	BaCl	Na_3AlF_6	
Cj401	50	28	8	14	—	—	1）焊前将焊接部位擦干净刷 2）用水将溶剂调成糊状，涂于焊丝旋转焊 3）焊后将残存于工件表面的溶剂用热水洗掉
Cj402	30	45	15	10	—	—	
Cj403	40	20	20	—	20	—	
Cj404	40	—	—	—	40	20	

3. 铝焊条

铝及铝合金焊接用焊条的药皮涂料主要由氯化物和氟化物组成。药皮的作用除造渣保护熔池外，更主要的是可以清除氧化膜和稳定电弧燃烧。施焊时，一般采用直流反接法。铝及铝合金焊条的牌号、成分及应用见表4-19。

表4-19 铝及铝合金焊条的牌号、成分及应用

焊条牌号	焊芯成分（质量分数）（%）			焊接接头抗拉强度/MPa	主要用途	符合国际型号
	Si	Mn	Al			
L109	—	—	≥99.5	≥64	焊接纯铝及一般接头要求不高的铝合金	TAl
L209	5	—	余量	≥118	焊接纯铝、铝硅铸件，一般铝合金及硬铝	TAlSi
L309	—	1.3	余量	≥118	焊接纯铝、铝锰合金及其他铝合金	TAlMn

三、焊前准备及焊后清理

1. 焊前准备

焊前的准备工作包括焊件清理、设置垫板和预热。

（1）焊前清理　去除坡口表面的油污和氧化膜等污物。在清除氧化膜之前，应先清洗掉坡口及其两侧（各约30mm内）的油污和脏物，实际生产中一般采用汽油、丙酮、醋酸乙酯和松香水等清洗剂。对只有轻微油污的，可用温度为60~70℃的碱性混合液（3%水溶液）或温度为60~70℃的3%~5%的溶液清洗；当焊件表面比较干净时，可用热水或蒸汽吹洗。

氧化膜的清理方法有机械清理和化学清理两种。

机械清理是采用机械切削、喷砂处理、细钢丝刷或锉刀等将焊口两侧30~40mm范围内的氧化膜去除。当使用砂轮、砂纸或喷砂等方法清理时，容易使残留砂粒进入焊缝，故在焊前还应清除残留焊口上的砂粒。选用钢丝刷时，其钢丝直径为$\phi0.1$~$\phi0.15$mm，否则会使划痕过深。

化学清理是用酸或碱溶液来溶解金属表面的方法去除氧化膜,最常用的方法是,用 5%~10%(体积分数)的 NaOH 溶液(约 70℃),浸泡坡口两侧各 100mm 范围,30~60s 后先用清水冲洗,然后在约 15% 的 HNO_3 水溶液(常温)中浸泡 2min,用温水冲洗后再用清水洗干净,最后进行干燥处理。

氧化膜清除后,通常应在 2h 之内焊接,否则会有新的氧化膜生成。氩弧焊时可在 24h 之内焊接,因为新生成的氧化膜极薄,可利用氩弧焊的阴极清理作用将其清除。

(2)设置垫板 垫板由铜或不锈钢板制成,用以控制焊缝根部形状和余高量。垫板表面开有圆弧形或方形槽,垫板及槽口尺寸如图 4-33 所示。

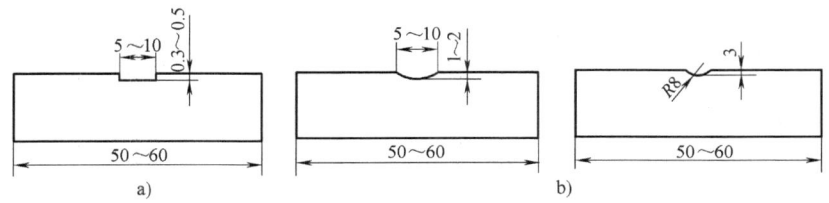

图 4-33 垫板及槽口尺寸
a)方形槽 b)圆弧形槽

(3)预热 由于铝的导热性好,为了防止焊缝区热量的大量流失,焊前应对焊件进行预热。薄、小铝件可不预热;厚度超过 5~8mm 的铝件焊前应预热至 150~300℃;多层焊时,注意控制层间温度不低于预热温度。

2. 焊后清理

焊后残留在焊缝及附近表面的熔剂及焊渣,在空气和水分的参与下会腐蚀铝件,因此必须及时清理。通常情况下可将焊件在 10% 的硝酸溶液中清洗。处理温度为 15~20℃ 时,处理时间为 10~20min 当处理温度为 60~65℃ 时,处理时间为 5~15min。浸洗后用冷水再冲洗一次,然后用热空气吹干或在 100℃ 干燥箱内烘干。

四、钨极氩弧焊工艺要点

采用钨极氩弧焊焊接时电弧稳定,所得焊缝致密,焊接接头的强度、塑性和韧性较好,且不存在焊后残留熔剂腐蚀问题,适用于 0.5~20mm 厚铝板、管的焊接。

1. 接头形式

铝及铝合金手工钨极氩弧焊的接头形式见表 4-20。

表 4-20 铝及铝合金手工钨极氩弧焊的接头形式

接头形式	接头尺寸/mm	接头形式	接头尺寸/mm
(图示)	$\delta \leq 1.5 \sim 2.0, l = 2.0 \sim 2.5\delta$	(图示)	当 $\delta = 1 \sim 3$ 时,$a = 0 \sim 0.5$;当 $\delta = 3 \sim 5$ 时,$a = 1 \sim 2$
(图示)	$R \leq \delta$,不加填充焊丝	(图示)	$\delta = 6 \sim 10, \alpha = 60°, a = 0 \sim 3, h = 0 \sim 3$

2. 焊接电源及焊接工艺参数

直流反接法具有阴极清理作用,但易使钨极端部过热而熔化,污染焊缝金属;直流正接法虽然不会使钨极过热,但也不具有阴极清理作用。因此,铝及铝合金焊接一般采用交流电源,以利用阴极清理作用来减小氧化膜的危害。

手工钨极氩弧焊的工艺参数包括钨极直径、焊接电流、电弧电压、氩气流量、喷嘴孔径、钨极伸出喷嘴的长度、喷嘴与焊件间的距离、接头形式和预热温度等。常用交流手工钨极氩弧焊的焊接工艺参数见表4-21。

表4-21 常用交流手工钨极氩弧焊的焊接工艺参数

板厚 /mm	坡口尺寸			焊丝直径 /mm	钨极直径 /mm	喷嘴直径 /mm	焊接电流 /A	氩气流量 /(L/min)	焊接层数 (正/反)
	形式	间隙/mm	钝边/mm						
≤1	I	0.5~2	—	φ1.5~φ2	1.5	5~7	50~80	4~6	1
1.5	I	0.5~2	—	φ2	1.5	5~7	70~100	4~6	1
2	I	0.5~2	—	φ2~φ3	2	6~7	90~120	4~6	1
3	I	0.5~2	—	φ3	3	7~12	120~150	6~10	1
4	I	0.5~2	2	φ3~φ4	3	7~12	120~150	6~10	1/1
5	V	1~3	2	φ4	3~4	12~14	120~150	9~12	1~2/1
6	V	1~3	2	φ4	4	12~14	180~240	9~12	2/1
8	V	2~4	2	φ4~φ5	4~5	12~14	220~300	12~15	2~3/1
10	V	2~4	2	φ4~φ5	4~5	12~14	260~320	12~15	3~4/1~2
12	V	2~4	2	φ4~φ5	5~6	14~16	280~340	12~15	3~4/1~2
16	V	2~4	2	φ5	6	16~20	340~380	16~20	4~5/1~2
20	V	2~4	2	φ5	6	16~20	340~380	16~20	4~5/1~2

工作任务

铝及铝合金板对接平焊如图4-34所示。

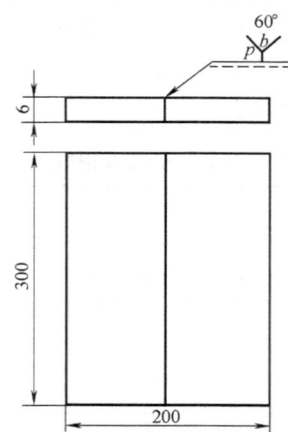

技术要求
1. 平位板对接单面焊双面成形。
2. 钝边p和间隙b自定。
3. 允许将焊件刚性固定。
4. 焊缝表面清理干净,并保持原始状态。

图4-34 铝及铝合金板对接平焊

操作准备

1. 焊件准备

铝合金板料两块，材料为 3A21，板件的尺寸为 300mm×200mm×6mm。矫平。

2. 材料准备

HS331 焊丝，直径为 ϕ20mm，注意焊丝使用前应对焊丝表面进行清理保温。

氩气纯度要求达到 99.99%。

3. 焊接设备

ZX7-315STG 直流焊机（氩气瓶及氩气流量调节器）。

铈钨极（直径 ϕ2.5mm），端部磨成 30°尖锥形。

氩气纯度 ≥99.5%。

4. 辅助工具

防护用具、钢丝刷、角向磨光机和焊缝检验尺等辅助设备。

实施过程

一、焊前准备

1. 清理焊件

清理板件正反两侧各 20mm 范围内的油污、氧化膜、水分及其他污染物，直至露出金属光泽。

2. 确定焊接参数

焊接参数见表 4-22。

表 4-22　焊接参数

焊接层次	焊接电流/A	电弧电压/V	氩气流量/(L/min)	钨极直径/mm	焊丝直径/mm	喷嘴直径/mm	钨极伸出长度/mm	喷嘴至焊件距离/mm
打底焊	80~90	12~16	7~9	2.5	2.5	10	4~8	≤12
填充焊	90~100							
盖面焊								

3. 试件装配及定位焊

根据焊件的厚度，采取 I 形坡口对接，不留间隙组对，定位焊时先焊焊件两端，然后在中间加定位焊点。定位焊可以不填加焊丝，直接利用母材的熔合进行定位。也可以填加焊丝进行定位焊，但必须待焊件边缘熔化形成熔池再加入焊丝。定位焊缝宽度应小于最终焊缝宽度。定位焊之后，必须校正焊件保证不错边，并作适当的反变形，以减少焊后变形。具体要求如下。

1）钝边 0~0.5mm，要求平直。

2）装配间隙为 2~3mm。

3）采用与焊接时相同牌号的焊丝进行定位焊，并点焊与焊件正面坡口内两端，焊点长度为 10~15mm。

4）预置反变形量 3°。

5）装配错边量≤0.6mm。

二、焊接操作

由于铝合金本身的物理和化学特性及其所处的工艺条件，焊接时容易出现下列问题。

1. 易氧化

在铝合金表面生成难熔的氧化铝薄膜，阻碍金属之间的熔合。因此，焊前必须清理焊件和焊丝，焊接时要注意对焊接区域进行气体保护。

2. 易产生气体

要认真清理焊件和焊丝上的油污和水分，控制氢的来源。焊接过程尽可能少中断，采用短弧焊接。

3. 易焊穿

铝合金由固态转变液体时无颜色变化，焊接时常因熔池温度过高无法察觉而导致焊穿。因此焊接铝合金时，加热时间要短，焊接速度要快，而且要控制层间温度。

三、操作技术

1）采用高频振荡器或高压脉冲引弧装置引弧，不允许在工件上接触引弧。

2）灭弧时除采用电流衰减装置外，还应在接近灭弧应加快焊接速度及焊丝填加频率，将弧坑填满后慢慢将电弧拉长再灭弧。

3）一般采用左焊法焊接，焊枪均匀平稳地向前作直线运动，并保持弧长恒定。为达到熔透和避免咬边，应尽量采用短焊弧。

4）填充焊丝与工件间应保持一定的角度，如图 4-35 所示。焊丝倾向越小越好，一般为 10°~25°，倾角太大容易扰乱电弧及气流的稳定性。

5）焊接时，无论是单面焊时的打底焊缝还是双面焊时正面（开坡口面）焊，都必须保证足够的熔透。

自动钨极氩弧焊主要用于焊接 1~12mm 规则的环缝或纵缝，它所选用的焊接工艺参数（如焊接电流、喷嘴直径和氩气流量）都比手工钨级氩弧焊高。

操作时采用左焊法，焊丝、焊枪与焊件之间角度如图 4-35 所示，钨极伸出长度以 4mm 为宜。起焊时，电弧在起焊处稍停片刻，用焊丝迅速触及焊接部位进行试探，感觉到该部位变软开始熔化时，立即填加焊丝，焊丝的添加和焊枪的运行动作要配合协调。焊枪应平稳而均匀地向前移动，并保持适当的电弧长度。焊丝端部位于钨极前下方，不可触及钨极。钨极端部要对准焊件接口的中心线，防止焊缝偏移和熔合不良，焊丝端部的往复送丝运动应始终在氩气保护区范围内，以免氧化。

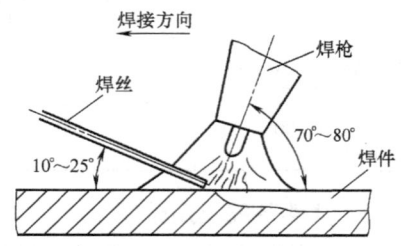

图 4-35 焊枪及填充焊丝位置

焊接过程中，若局部接口间隙较大时，应快速向熔池添加焊丝，然后移动焊枪。如果发现有下沉趋势时，必须断电熄弧片刻，再重新引弧继续焊接。

收弧时，要多送一些焊丝填满弧坑，防止发生弧坑裂纹。

课题七 不锈钢板对接平焊

学习目标

1. 了解不锈钢薄板对接平焊的特点。
2. 根据实际情况,选择合理的焊接工艺参数。
3. 掌握不锈钢薄板对接平焊的焊接技术。

知识准备

一、不锈钢的焊接工艺

不锈钢焊接接头质量的基本要求是确保接头各区的耐蚀性不低于母材。为此,应以保证接头的耐蚀性为原则,采取相应的措施,选择适用的焊接材料和工艺参数。

1. 奥氏体不锈钢的焊接工艺

对于奥氏体不锈钢,多数情况下都有耐蚀性的要求。因此,为保证焊接接头的质量,需要解决的问题比焊接低碳钢或低合金钢时要复杂得多。在编制工艺规程时,必须考虑备料、装配和焊接等各个环节对接头质量可能带来的影响。此外,奥氏体钢本身的物理性能特点也是编制焊接工艺时必须考虑的重要因素。

奥氏体不锈钢的焊接工艺内容包括焊接方法与焊按材料的选择、焊前准备、焊接工艺参数的确定及焊后处理等。由于奥氏体不锈钢的塑性、韧性好,一般不需焊前预热。

(1)焊接材料的选择 选择奥氏体不锈钢焊接材料时,应使焊缝金属的合金成分与母材成分基本相同,并尽量降低焊缝金属中的碳含量和硫、磷等杂质的含量。奥氏体不锈钢焊接材料的选用见表4-23。

表4-23 奥氏体不锈钢焊接材料的选用

钢 号	焊条型号(牌号)	氩弧焊焊丝	埋弧焊焊丝	埋弧焊焊剂
1Cr18Ni9	E308-16(A101) E308-16(A101)	H1Cr19Ni9	—	—
1Cr18Ni9Ti	E308-16(A101) E308-16(A101)	H1Cr19Ni9	H1Cr19Ni9 H0Cr20Ni10Ti	HJ260 HJ172
Y1Cr18Ni9Se 1Cr18Ni9Si3	E308-16(A101) E308-16(A101)	H0Cr19Ni12Mo2	—	—
00Cr17Ni14Mo2	E308-16(A101)	H00Cr19Ni12Mo2	H00Cr19Ni12Mo2	HJ260

(2)焊前准备

1)下料方法的选择。奥氏体不锈钢中有较多的铬,用一般的氧炔焰切割有困难,可用机械切割、等离子弧切割及碳弧气刨等方法进行下料或加工坡口。其中,机械切割最常用的有剪切和刨削等。

2) 坡口的制备。在设计奥氏体不锈钢焊件坡口形状和尺寸时,应充分考虑奥氏体不锈钢较大的线胀系数会加剧接头的变形,因此需适当减小 V 形坡口角度。当板厚大于 10mm 时,应尽量选用焊缝截面较小的 U 形坡口。

3) 焊前清理。为了保证焊接质量,焊前应将坡口及其两侧 20~30mm 范围内的焊件表面清理干净。如有油污,则可用丙酮或酒精等有机溶剂擦拭。对表面质量要求特别高的焊件,应在适当范围内涂上用白垩粉调制的糊浆,以防止飞溅金属损伤不锈钢表面。

4) 表面防护。在搬运、制备坡口、装配及定位焊过程中,应注意避免损伤钢材表面,以免使产品的耐蚀性降低。例如,不允许用利器划伤钢板表面,不允许随意到处引弧等。

(3) 焊接参数的选择　焊接奥氏体不锈钢时,应控制焊接热输入和层间温度,以防止热影响区晶粒长大及碳化物的析出。对于钨极氩弧焊一般采用直流正接,这样可以防止因电极过热而造成焊缝中渗钨的现象。不锈钢钨极氩弧焊的焊接参数见表 4-24。

表 4-24　不锈钢钨极氩弧焊的焊接参数

板厚/mm	钨极直径/mm	钨极直径/mm	钨极直径/mm	钨极直径/mm
0.3	1	18~20	1.2	5~6
1	2	20~25	1.6	
1.5		25~30		
2		35~45		
2.5	3	60~80	1.6~2	6~8
3		70~85		
4		75~90		
6~8	4	100~140	2	
>8		100~140		

(4) 奥氏体不锈钢的焊后处理　为增加奥氏体不锈钢的耐蚀性,焊后应对其进行表面处理,处理的方法有表面抛光、酸洗和钝化处理。

1) 表面抛光。不锈钢的表面如有刻痕、凹痕、粗糙点和污点等,会加快其腐蚀。将不锈钢表面抛光,就能提高其缓蚀能力。表面粗糙度值越小,其缓蚀性能就越好。因为表面粗糙度值小的表面能产生一层致密而均匀的氧化膜,这层氧化膜能保护内部金属不再受到氧化和腐蚀。

2) 酸洗。经热加工的不锈钢和不锈钢焊接热影响区都会产生一层氧化皮,这层氧化皮会影响不锈钢的缓蚀性,所以焊后必须将其除去。

3) 钝化处理。钝化处理是在不锈钢的表面用人工方法形成一层氧化膜,以增加其缓蚀性。钝化是在酸洗后进行的,经钝化处理后的不锈钢,外表全部呈银白色,具有较高的缓蚀性。

钝化液配方(质量分数):硝酸(密度 $1.42g/cm^3$)5%,重铬酸钾 2%,其余为水。

(5) 焊后检验　奥氏体不锈钢一般都具有缓蚀性的要求,所以焊后除了要进行一般焊接缺陷的检验外,还要进行缓蚀性试验。缓蚀性试验的目的是在给定的条件(介质、浓度、湿度、腐蚀方法和应力状态等)下测定金属的缓蚀能力,预估其使用寿命,分析腐蚀原因,找出防止或延缓腐蚀的方法。

缓蚀性试验的方法应根据产品对缓蚀性的要求而定。常用的方法有不锈钢晶间腐蚀试验、应力腐蚀试验、大气腐蚀试验、高温腐蚀试验和腐蚀疲劳试验等。其中，不锈耐酸钢晶间腐蚀倾向试验方法已纳入国家标准，可用于检验不锈钢的晶间腐蚀倾向。

二、铁素体不锈钢的焊接工艺

焊接铁素体不锈钢时，热影响区晶粒急剧长大而形成粗大的铁素体。由于铁素体钢在加热时没有相转变发生，这种晶粒粗大的现象会造成明显的脆化，而且也使冷裂纹倾向加大。此外，焊接时，在温度高于1000℃的熔合线附近快速冷却时会产生晶间腐蚀，但经650～850℃加热并随后缓冷就可以加以消除。

铁素体不锈钢的焊接工艺要点如下。

1）铁素体不锈钢只允许使用焊条电弧焊进行焊接，为了减小475℃时的脆化，避免焊接时产生裂纹，焊前可以预热，预热温度为70～150℃。

2）焊接时，尽量缩短在430～480℃之间的加热或冷却时间。

3）为防止过热，应尽量减少热输入。例如，焊接时采用小电流、快速焊，焊条最好不要摆动，尽量减少焊缝截面，不要连续焊，即待前一道焊缝冷却到预热温度时再焊下一道焊缝，多层焊时要控制层间温度。

4）对于厚度大的焊件，为减少焊接应力，每道焊缝焊完后，可用小锤轻轻敲击。

5）焊后常在700～750℃之间退火处理，这种焊后热处理可以改善接头韧性及塑性。但应注意，高铬铁素体不锈钢在550～820℃长期加热时将会析出 σ 相，不仅使钢脆化，还会降低其缓蚀性。一旦发生 σ 相析出后，通过820℃以上的加热再使 σ 相熔解，可消除 σ 相脆化作用。

铁素体一般采用焊条电弧焊方法焊接。

三、马氏体不锈钢的焊接工艺

马氏体不锈钢在焊接时有较大的晶粒粗化倾向，特别是多数马氏体钢的成分特点使其组织往往处在马氏体—铁素体的边界上。在冷却速度较小时，近缝区会出现粗大的铁素体和碳化物组织，使其塑性和韧性显著下降；冷却速度过大时，由于马氏体不锈钢具有较大的淬硬倾向，会产生粗大的马氏体组织，使塑性和韧性下降。所以，焊接时冷却速度的控制很重要。并且因其导热性差，马氏体不锈钢焊接时的残余应力也大，容易产生冷裂纹。有氢存在时，马氏体不锈钢还会产生更危险的氢致延迟裂纹。钢中碳含量越高，冷裂纹倾向也越大。此外，马氏体不锈钢也有475℃脆性，但马氏体不锈钢的晶间腐蚀倾向很小。预热和控制层间温度是防止裂纹的主要手段，焊后热处理可改善接头性能。

马氏体不锈钢的焊接工艺要点如下。

1）为保证马氏体不锈钢焊接接头不产生裂纹，并具有良好的力学性能，在焊接时，应进行焊前预热，一般预热温度在150～400℃之间。

2）焊后热处理是防止延迟裂纹和改善接头性能的重要措施，通常在700～760℃之间加热空冷。

马氏体不锈钢采用氩弧焊时，可采用与母材成分相近的焊丝，如焊接1Cr13钢用H1Cr13焊丝。

🔷 工作任务

不锈钢板对接平焊如图 4-36 所示。

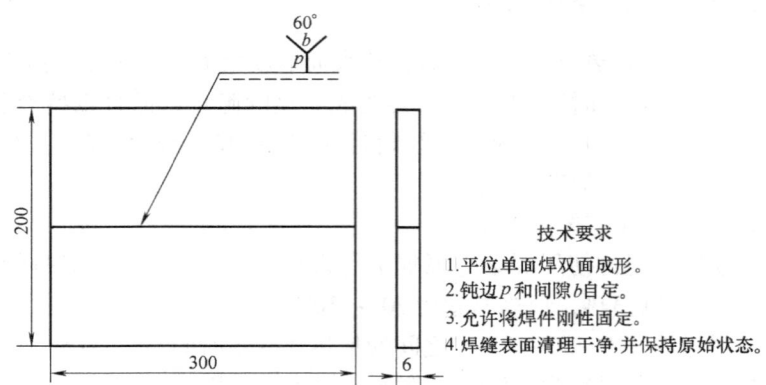

图 4-36　不锈钢板对接平焊

🔷 操作准备

1. 焊件准备

板料两块，材料均为 1Cr18Ni9Ti 钢，每块板件的尺寸均为 300mm×200mm×6mm，用剪板机下料，矫平。

2. 材料准备

定位焊和正式焊接均采用相同的氩弧焊方法进行施焊，选择 H1Cr18Ni9Ti 焊丝，焊丝直径为 $\phi1 \sim \phi2$mm，注意焊丝使用前对焊丝表面清理。氩气纯度要求达到 99.6% 以上。

3. 焊接设备

ZX7-315STG 直流焊机（氩气瓶及氩气流量调节器）。铈钨极（直径 $\phi2.5$mm），端部磨成 30°尖锥形。氩气瓶。

4. 辅助工具

防护用具、钢丝刷、角向磨光机和焊缝检验尺等辅助设备。

🔷 实施过程

一、焊前准备

1. 清理焊件

为了防止焊缝增添碳、产生气体、降低焊缝的缓蚀性，在焊件坡口两侧各 20～30mm 内用汽油、丙酮或用质量分数为 50% 的浓碱水、体积分数为 15% 的硝酸溶液擦洗焊件待焊处表面，将油、垢、漆等污物清理干净，然后用清水冲洗、擦干，严重时用砂轮打磨。

2. 确定焊接参数

不锈钢板对接平焊的焊接参数见表 4-25。

表4-25　不锈钢板对接平焊的焊接参数

焊 接 层 次	焊条直径/mm	焊接电流/A
打底焊	2.5	80~85
填充焊	3.2	100~110
盖面焊	3.2(4)	90~100(100~120)

3. 试件装配及定位焊

1）装配平整，单面焊双面成形。

2）坡口为I形，预留4°~5°的反变形角，根部间隙为0~0.5mm，错边量≤0.3mm。

定位焊时，为了在焊接过程中减小变形，防止定位焊焊缝开裂，定位焊缝数量可以有3条，其位置在焊件的两端和中间各一个。

二、焊接操作

大管子垂直固定焊焊接操作要点基本与板状试件横焊相同，不同的是管子有弧度，焊条需沿管子圆周转动。操作要点及注意事项如下。

1. 打底焊

打底层的焊接可采用连弧焊手法，也可采用断弧焊手法。

1）在起始焊接位置坡口上侧引弧，然后向管子的下坡口移动。待坡口两侧熔化后，焊条向根部下压，并稍微停顿，听到电弧击穿坡口根部的"噗噗"声后移动焊条。钝边每侧应熔化0.5~1mm，形成熔孔。

2）焊条与管子下侧的夹角应为80°~85°，与管切线前进方向的夹角为70°~75°。

3）焊接方向为从左到右，采用锯齿形或斜椭圆形运条，保持短弧施焊。

4）采用连弧焊手法时，焊条在坡口两侧停留时间，上坡口停留时间应比下坡口长些，以防止熔池下坠。焊接电弧的1/3保护在熔池前，用来熔化和击穿坡口根部，而2/3覆盖在熔池上，并保持熔池形状大小一致，熔池液态金属清晰明亮。

5）若采用断弧焊时，应逐点将液态金属送到坡口根部，迅速向侧后方灭弧，灭弧时间间隔要短，动作要干净利落，不拉长弧，灭弧频率以（70~80）次/mm为宜。接弧位置要准确，每次接弧时焊条中心要对准熔池的2/3左右处，使新熔池覆盖前一个熔池2/3左右。

6）运条到定位焊缝根部时，焊条要前顶一下，听到"噗噗"击穿声后稍停留。然后运条到定位焊缝另一端再次向下压一下，听到击穿声后稍停留，再恢复到原来的操作手法。

7）当焊条接近起始焊端头时，焊条向前顶一下，让电弧击穿坡口根部，听到"噗噗"声后稍停留，然后继续向前施焊10mm左右，填满弧坑收弧。

2. 填充焊

采用多层多道焊，必须认真清除各焊层间和焊道间的焊渣和飞溅，修平凹凸处，再进行填充层的焊接。填充层的焊接为短弧连续焊，采用锯齿形运条。

填充焊缝应保持表面平整，整个填充层的厚度应低于母材表面1.5~2mm，并不得熔化坡口两侧棱边。

3. 盖面焊

在盖面焊接前，彻底清除填充层上的焊渣和飞溅。整个盖面层采用四道焊道，运条方法为直线运条,自左向右,自下而上进行焊接。各条焊道的接头部位应错开,后面焊道应覆盖前面焊道宽的1/3~1/2。第一条焊道以熔化下侧坡口边缘1~2mm为宜,最后第四条焊道应以熔化上侧坡口边缘1~2mm为宜。收弧时必须填满弧坑。

不锈钢薄板I形坡口平对接手工钨极氩弧焊采用单面焊双面成形,一般都使用短弧左焊法。首先在焊件右端的始焊端定位焊缝处起弧,焊枪不移动,也不加焊丝,对坡口根部进行预热,待焊缝端部及坡口根部熔化并形成一个熔池后,再填加焊丝。填丝时,保持焊丝送丝角度在15°~20°的范围内,沿着坡口间隙尽量把焊丝端部送入坡口根部。此时,电弧沿坡口间隙深入根部并向左移动施焊。焊接过程中,焊枪、焊丝的角度要保持稳定,随时注意观察熔池的变化,防止产生烧穿、塌陷和未焊透等缺陷。

在焊丝用完或因其他原因而暂时停止焊接时,可以松开焊枪上的按钮开关停止送丝。当焊枪有电流衰减控制功能时,则仍保持喷嘴高度不变,待焊接电弧熄灭、熔池冷却后再移开焊枪和焊丝;若焊枪没有电流衰减控制功能时,则将焊接电弧沿坡口左移后再抬高焊枪灭弧,防止弧坑焊道及焊丝端部高温氧化。

焊接接头时,先将焊缝上的氧化膜打磨干净,然后将接头处的弧坑打磨成缓坡形,在弧坑处引弧、加热,使弧坑焊道重新熔化,与熔池连城一体,然后填焊丝,转入正常焊接。

当焊接到焊缝的最左边时(焊件焊缝的终点),首先减小焊枪的角度,将电弧的热量集中在焊丝上,使焊丝的熔化量加大,填满弧坑;然后切断电流开关,焊接电流开始衰减,熔池也在不断地缩小,同时应将焊丝抽离熔池,但又不能使焊丝脱离氩气保护区。在氩气延时3~4s后,再关闭气阀,移开焊枪和焊丝。

第五单元 埋 弧 焊

课题一 平 敷 焊

学习目标

1. 了解埋弧焊的焊接特点和在实际工作及焊接结构中的地位。
2. 掌握平敷埋弧焊的基本操作方法。
3. 掌握埋弧焊机的操作,能根据实际情况正确选择调整焊接工艺参数。

知识准备

平敷焊是将焊件置于平焊位置,使用自动埋弧焊机在焊件上堆敷焊道的操作方法。它不是将两块分离的钢板焊接在一起,而仅仅是在一块钢板的表面用熔化焊条的方法堆敷出一条焊道,其目的是熟悉埋弧焊机的使用,掌握引弧和熄弧技术,灵活调整焊接参数,控制焊缝成形。埋弧平敷自动焊的过程如图5-1所示。

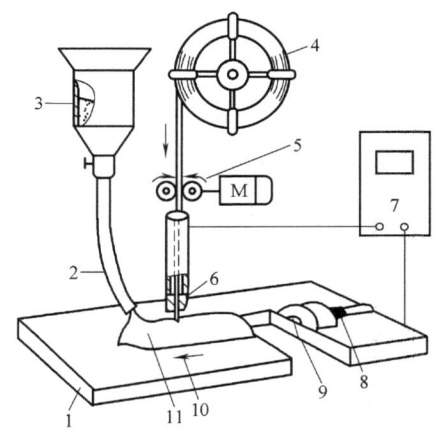

图 5-1 埋弧平敷自动焊的过程
1—母材 2—软管 3—焊剂漏斗 4—焊丝
5—送丝机构 6—导电嘴 7—电源 8—渣壳
9—熔敷金属 10—焊接方向 11—焊剂

一、埋弧焊的优缺点

1. 焊接生产率高

埋弧焊所用焊接电流大,加上焊剂和熔渣的隔热作用,其热效率高、熔深大。

2. 焊接质量好

焊剂和熔渣的存在不仅防止了空气中的氮气和氧气侵入熔池,而且使熔池较慢凝固,使液态金属与熔化的焊剂间有较多时间的冶金反应,减少了焊缝中产生气孔和裂纹等缺陷的可能性。焊剂还可以向焊缝渗合金,提高焊缝金属的力学性能。另外,焊缝成形美观。

3. 劳动条件好

焊接过程的机械化使操作显得更为便利,而且烟尘少,没有弧光辐射,劳动条件得到改善。

4. 难以在空间位置施焊

因为采用颗粒状焊剂,一般仅适用于水平面俯位焊位置。

5. 对焊件装配质量要求高

操作人员不能直接观察电弧与坡口的相对位置,当焊件发配质量不好时易焊偏而影响焊接质量。焊剂主要成分为 MnO、SiO_2 等金属或非金属氧化物，难以焊接铝、镁等氧化性强的金属及其合金。

6. 不适合焊接薄板和短焊缝

埋弧焊主要适用于低碳钢及合金钢中厚板的焊接，是大型焊接结构生产中常用的一种焊接技术。

二、埋弧焊操作要点及注意事项

埋弧焊的主要焊接参数由设备来保证，操作时应注意以下几点。

1）埋弧前，焊接电缆与焊件的连接往往容易被忽视，如果连接位置不妥当，有可能形成焊接过程中的附加磁场，造成电磁偏吹。并且由于焊接电缆与焊件接触不可靠，还会影响焊接工艺参数的稳定性。

2）在焊接板件长焊缝时，应将焊接电缆分别接到焊件的两端。如果只接一端，应该从连接焊接电缆的一端起焊。

3）用交流电源焊接时，要注意不要将与导电嘴相接的焊接电缆线绕挂在焊件上，以免影响焊接参数的稳定性。

三、埋弧焊的操作步骤

1. 焊接材料的准备

按实训项目的技术要求选择钢材，切割成符合尺寸要求的试件。如需开 V 形坡口，可利用电弧气刨或火焰切割机等设备加工。清理焊件表面的油污、锈迹和水迹。准备焊丝、焊剂，并进行干燥处理。

2. 埋弧焊机的调试

按照焊接工艺参数的要求调试焊机。检查各部分的连接是否正确，确保正常工作。

3. 试件的装配

正式焊接前，要进行试件的装配。如果是平敷焊，则每隔一定的距离用石笔在施焊部位画好线条。如果是对接焊，则要进行试件的组对和定位焊，定位焊可采用手工电弧焊完成。清理焊渣后，将试件稳妥固定在焊位上。

4. 焊接

正式焊接包括起弧、焊接和收弧过程。焊接结束后，要进行清渣，关闭焊接电源，妥善存放焊接设备及工具，清理现场。

工作任务

埋弧平敷焊如图 5-2 所示。

操作准备

1. 焊件准备

Q235 板料一块，规格为 600mm×200mm×12mm。

2. 材料准备

HJ431 焊剂，H08A 焊丝，直径为 ϕ5mm。

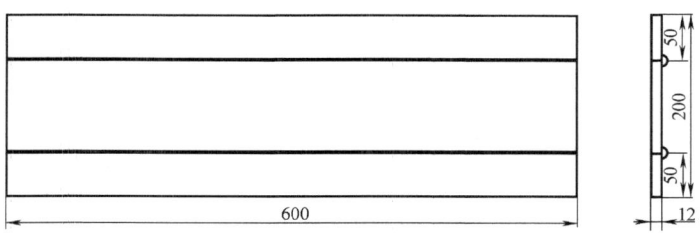

图 5-2　埋弧平敷焊

3. 焊接设备

MZ-1000 自动埋弧焊机。

4. 辅助工具

焊条烘烤箱、金属直尺、角向磨光机、清渣工具和个人劳动保护用品等。

实施过程

一、焊前准备

1. 工件清理

去除油污、锈蚀和水迹，必要时先用烘干机烘干，使其水迹彻底蒸发，以防焊剂、焊丝在燃烧过程中与水产生反应而形成气泡和咬边等。

2. 划线

按照图 5-2 所示的技术要求进行基准线的绘制，并将工件摆放到固定位置等待焊接。

3. 确定焊接工艺参数

埋弧平敷焊的焊接参数包括电流、电压和焊接速度等，见表 5-1。

表 5-1　埋弧平敷焊的焊接参数

焊件厚度/mm	焊丝直径/mm	焊接电流/A	焊接电压/V	焊接速度/(m/h)
10	4	550	36	27

二、操作步骤

选择材料→清理工件→埋弧焊机准备→引弧、焊接、收弧→清渣。

三、操作要领

1. 引弧

检查设备接线及安装位置。按下起动按钮，焊丝会自动向上提起，随即焊丝与焊件之间产生电弧，当达到电弧电压给定值时，焊丝便向下送进。当焊丝的送给速度与焊丝熔化速度同步后，焊接过程趋于稳定。此时，焊接小车也开始沿轨道行走，焊机进入正常的焊接状态。

如果按起动按钮后，焊丝不能上提引燃电弧，而是把机头顶起，这表明焊丝与焊件接触太紧或接触不良，需要适当剪断焊丝或清理接触表面，再重新引弧。

2. 焊接

在焊接过程中，应随时观察控制盘上的电流表和电压表的示数，以及导电嘴的高低。若发现异常或成形不良时，可随时调节旋钮。

观察焊缝成形时，要等焊缝凝固并冷却后再除去渣壳，否则会影响焊缝的性能。通过观察焊件背面的红热程度，可了解焊件的熔透状况。若背面颜色较亮则表明熔透良好；若背面颜色较暗，则应适当地减小焊接速度或增大焊接电流。

观察焊接小车的行走状况，随时调整保证焊丝对中。用小车前侧的手轮调节焊丝相对的位置。调节时操作者所站位置要与准线对正，以避免偏斜。

3. 收弧

1）关闭焊剂漏斗的闸门。

2）先按下停止按钮，电动机停止转动，小车停止行走，焊丝停止送丝，电弧拉长。此时弧坑被逐渐填满，待弧坑填满后，再按下按钮，焊接电源切断，焊接过程便完全停止，焊接过程结束。

3）扳下小车离合器的手柄，用手将焊接小车推至适当位置。

4）收焊时，清除渣壳，检查焊缝外观。

5）焊接完必须切断电源，将现场清理干净，确认无暗火后，才能离开现场。

6）清渣。

焊接完成后，必须清除焊渣，检查焊道质量。

课题二　I 形坡口板对接平焊

学习目标

1. 掌握 I 形坡口板对接平焊的要求，合理选择焊接工艺参数。
2. 通过与平敷焊比较异同点，掌握 I 形坡口板对接平焊的基本操作技术要点。
3. 掌握带垫板的 I 形坡口板对接平焊埋弧焊焊前清理、垫板的装配技能。

知识准备

由于埋弧焊所采用的电流大，对于板厚小于 12mm 的板材，可以不开坡口，而是采用双面焊接，便可达到全焊透的要求。

一、平焊

焊缝倾角 0°~5°、焊缝转角 0°~10°。

二、垫板

1. 垫板的类型

1）永久性与焊缝金属相连，材质通常与母材相同。

2）焊后可以取下来，焊接钢材时采用铜垫板，埋弧焊焊接时采用垫板，如图 5-5 所示。

2. 垫板的作用

在焊接工作中，垫板的作用是保证焊缝的成形，以及减少背面焊缝的内凹和烧穿等缺陷。常用垫板的接头形式有 I 形坡口垫板、V 形坡口垫板、Y 形坡口垫板和单边 V 形坡口垫板等。

三、焊件的装配

焊接工件中，对焊件接头的要求是装配间隙均匀，高低平整，错边量小。定位焊用的焊条原则上应与焊缝有相同的强度。定位焊缝应平整，不允许有气孔、夹渣等缺陷，长度一般应大于 30mm。

对于直焊缝焊件的装配，要求在焊缝两端加装引弧板和引出板，待焊后割去，其目的是使焊接接头的始端和末端获得正常尺寸的焊缝截面，同时还可以除去引弧和熄弧时产生的缺陷。

四、埋弧焊焊接参数的选用原则和方法

选择埋弧焊焊接参数时，必须保证电弧稳定燃烧，保证焊缝良好的成形，以及保证形状尺寸符合要求。此外还要保证焊缝内部无气孔、裂纹、夹渣和未焊透等缺陷，保证焊缝及接头性能满足技术要求。为此应合理地选择热输入，并充分考虑焊缝成形系数和熔合比的影响。

常用的埋弧焊焊接参数的选用方法有试验法、经验法和查表法。

1）试验法。在与焊件材质相同的试板上试焊，以确定焊接参数。

2）经验法。根据以往的工作经验初步确定焊接参数，然后在生产中修正。此方法较为普遍。

3）查表法。查阅相似焊件的焊接参数，并以此为依据，并在施焊中修正。

工作任务

使用 I 形坡口垫板进行板对接平焊如图 5-3 所示。

操作准备

1. 焊件准备

材料 Q235A 板料（两块），规格均为 400mm×100mm×10mm。

2. 材料准备

HJ431 焊剂，H08A 焊丝，直径为 ϕ4mm。

3. 焊接设备

埋弧自动焊机 MZ-1000。

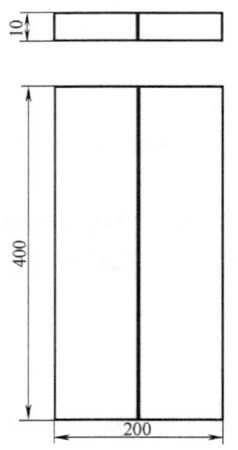

图 5-3 使用 I 形坡口垫板进行板对接平焊

技术要求
1. 埋弧焊双面焊接。
2. 焊接参数自定。
3. 焊缝表面清理干净,并保持原始状态。

4. 辅助工具

焊条烘烤箱、金属直尺、角向磨光机、清渣工具及个人劳动保护用品等。

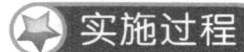 实施过程

一、焊前准备

1. 工件清理

I 形坡口尺寸如图 5-4 所示。在焊前应将坡口及坡口两侧各 20mm 区域内的表面铁锈、氧化皮及油污等清理干净。对待焊部位的氧化皮及铁锈可采用砂布、风动砂轮或钢丝刷等清理干净,油污用氧炔焰烘烤等方法去除。

由于埋弧焊用的焊丝和焊剂会直接参加焊接冶金反应,对焊缝金属的成分、组织和性能影响极大,因此,焊前必须清理好焊丝表面和烘干焊剂。

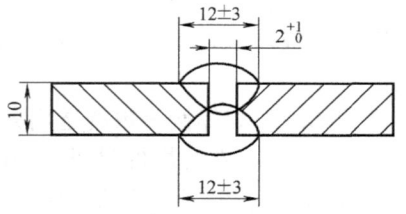

图 5-4 I 形坡口尺寸

2. 确定焊接参数

使用 I 形坡口垫板进行板对接平焊时的焊接参数见表 5-2。

表 5-2 使用 I 形坡口垫板进行板对接平焊时的焊接参数

板厚 /mm	装配间隙 /mm	焊缝	焊丝直径 /mm	焊接电流 /A	电弧电压/V (交流)	焊接速度 /(m/h)
10	1~3	正面	4	550~600	36~38	27
		背面		500~550		

3. 试件装配及定位焊

定位焊用的焊条应与焊缝有相同的强度。对焊件接头的要求是装配间隙均匀,高低平

整，错边量小，不允许有气孔和夹渣等缺陷，长度一般应大于 30mm。定位焊时应将两块板材对齐，错边量应小于 0.6mm，距离两端 10mm 开始引弧，然后迅速移动到端部稍停留再以正常速度运条，长度 10mm 左右，然后校正工件再进行另一端的定位焊，如图 5-5 所示。

4. 定位焊的操作注意事项

定位焊缝的起头和收尾应圆滑过渡，以免正式焊接时焊不透。如果定位焊有缺陷，则应将其清除后重新焊接以保证质量。在焊缝交叉部位和焊缝方向急剧变化处不应进行定位焊，应离开其一定距离。

二、操作步骤

选择材料→清理工件→组装→定位焊→清渣→埋弧焊机准备→引弧、正面焊、收弧→清渣→引弧、背面焊、收弧→清渣。

1. 正面焊

焊接的引弧、收弧接头都与平敷焊相同，用直线形或直线往返形运条法，焊接电流略大些。

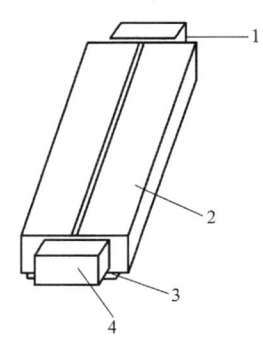

图 5-5　定位焊
1—引弧板　2—焊件
3—垫板　4—引出板

2. 背面焊

盖面焊焊接完成以后，将焊件翻转 180°，清除熔渣后进行背面焊，方法与盖面焊相同。

课题三　V 形坡口板对接平焊

学习目标

1. 能够熟练操作埋弧焊焊机。
2. 掌握引弧和收弧的操作要领。
3. 能够正确选择埋弧焊的焊接参数。
4. 掌握厚板 V 形坡口板对接埋弧焊焊件、引弧板、引出板的装配技能。

知识准备

埋弧焊的特点是熔深大、生产率高、自动化程度高，在焊接操作中适用于中厚结构的长焊缝与超长焊缝的焊接。在我国造船业、桥梁、锅炉、压力容器、工程机械与铁路、车辆等制造业中有着广泛的应用。

一、埋弧焊的焊接参数

埋弧焊的焊接参数主要包括焊接电流、电弧电压、焊接速度、焊丝倾角等。

1. 焊接电流

焊接电流决定了焊丝的熔化速度和熔化深度。增大电流时，焊丝的熔化速度增加，焊缝的熔深增大。焊丝直径与适应的电流范围见表 5-3。

表 5-3 焊丝直径适应的电流范围

焊丝直径/mm	φ2	φ3	φ4	φ5	φ6
电流密度/(A/mm²)	63~125	50~85	40~63	35~50	28~42
焊接电流/A	200~400	350~600	500~800	700~1000	800~1200

焊接电流对熔深的影响如图 5-6 所示。

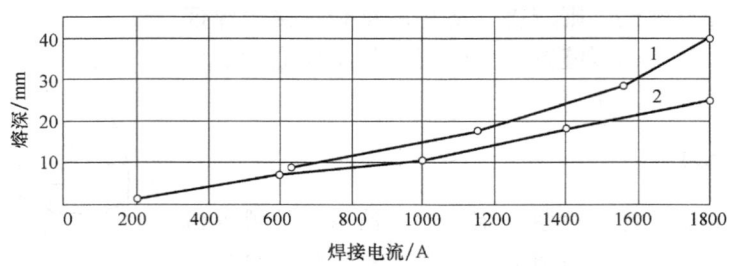

图 5-6 焊接电流对熔深的影响
1—Y 形坡口　2—I 形坡口

2. 电弧电压

增加电弧电压,则焊缝熔宽 B 增加,而熔深 H 和余高 a 则略有减小,其变化趋势如图 5-7 所示。

电弧电压的调节范围不是很大,它要随焊接电流而相应地调节,也就是当电流增加时,要适当增加电弧电压,这样才能保证焊缝成形系数 B/H 在良好的变化范围内。其焊接电流与电弧电压的对应关系见表 5-4。

表 5-4 焊接电流与电弧电压的对应关系

焊接电流/A	600~850	850~1200
电弧电压/V	34~38	42~44

3. 焊接速度

焊接速度对熔深、熔宽的影响如图 5-8 所示。

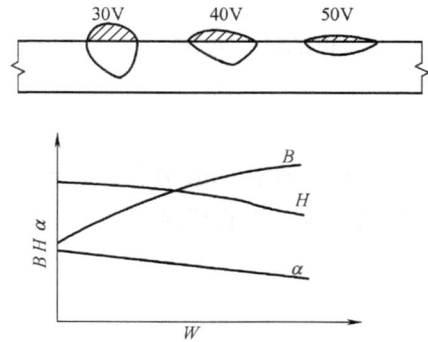

图 5-7 电弧电压对焊缝的影响

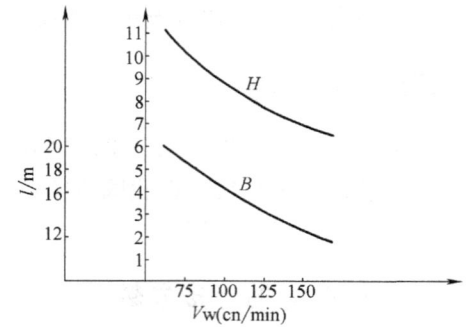

图 5-8 焊接速度对焊缝成形的影响
H—熔深　B—熔宽

4. 焊丝倾角

埋弧焊焊丝在运动的平面内与焊件垂直的夹角称为焊丝倾角。在焊接过程中,焊丝倾角越小则熔深越深；反之，焊丝倾角越大则熔深越浅。在本次实训过程中，根据板材的厚度，焊丝倾角选为0°。

二、埋弧焊主要缺陷及防止

埋弧焊时产生的缺陷，除了有由于所用焊接工艺参数不当造成的烧穿、熔透不足和成形不良以外，还有气孔、裂纹和夹渣等。

1. 气孔

1）焊剂没有烘干、吸潮或不干净焊剂中的水分、污物和氧化铁屑都会使焊缝产生气孔，在回收使用的焊剂中这个问题更为突出。

解决办法：水分可通过烘干（烘干机）消除，烘干温度与时间由焊剂生产厂家规定。防止焊剂吸收水分的最好方法是正确储存和保管，最好采用真空式焊剂回收器，这样可以较有效地分离焊剂与尘土，从而减少回收焊剂在使用中产生气孔的可能性。

2）焊接时焊剂覆盖不充分，电弧外露并卷入空气而造成气孔。

解决办法：焊接时注意焊剂从漏斗处的漏出量，可以通过漏斗处调节开关进行调节。

3）熔渣黏度过大，焊接时溶入高温液态金属中的气体在冷却过程中将以气泡的形式溢出。

解决办法：通过调整焊剂的化学成分，改变熔渣的黏度。

4）焊接时经常发生电弧磁偏吹现象，特别是在用直流电焊接时更为严重。电弧磁偏吹会在焊缝中造成气孔。磁偏吹的方向受很多因素的影响，如工件上焊接电缆的连接位置、电缆接线处接触不良、部分焊接电缆环绕接头造成的二次磁场等。在同一条焊缝的不同部位，磁偏吹的方向也不相同。在接近端部的一段焊缝上，磁偏吹更经常发生，因此这段焊缝气孔也较多。

解决办法：为了减少磁偏吹的影响，应尽可能采用交流电源。工件上焊接电缆的连接位置尽可能远离焊缝终端，避免部分焊接电缆在工件上产生二次磁场等。

5）工件焊接部位被污染，焊接坡口及其附近的铁锈、油污或其他污物在焊接时将产生大量气体，促使气孔生成。

解决方法：焊接之前使用角向磨光机清除铁锈，清理焊件表面的油污和其他污物。

2. 裂纹

由于埋弧焊的焊丝直径通常都大于其他种类焊丝的直径，所以埋弧焊的焊接电流通常都大于其他种类的焊接电流，产生的温度也高。埋弧焊接头有可能产生两种类型裂纹，即结晶裂纹和氢致裂纹。结晶裂纹只限于焊缝金属，氢致裂纹则可能发生在焊缝金属或热影响区。

（1）结晶裂纹　焊接钢材时，焊缝中的硫、磷等杂质在结晶过程中形成低熔点共晶。随着结晶过程的进行，它们逐渐被排挤在晶界，形成了液态薄膜。焊缝凝固过程中，由于收缩作用，焊缝金属受拉应力，液态薄膜不能承受拉应力而形成裂纹。由此可见，产生液态薄膜和焊缝的拉应力是形成结晶裂纹的两个主要原因。

钢材的化学成分对结晶裂纹的形成有重要影响。硫对形成结晶裂纹的影响最大，但其影响程度又与钢中其他元素含量有关，如 Mn 与 S 结合成 MnS 而除硫。此外，Mn 还能改善硫化物的性能、形态及其分布等。

为了防止产生结晶裂纹，对焊缝金属中 Mn、S 和 C 的含量有严格的要求。

C、Mn、S 的含量与焊缝裂纹倾向的关系如图 5-9 所示，可见 C 含量越高，要求 Mn、S 值也越高。此外，Si 和 Ni 的存在也会增加 S 的有害作用。

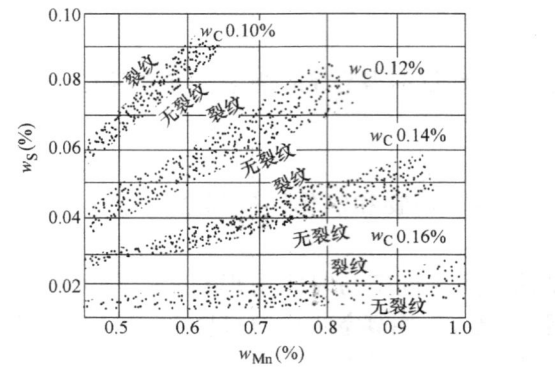

图 5-9 Mn、C、S 同时存在对结晶裂纹的影响

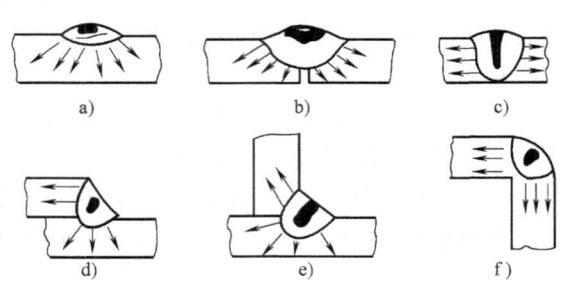

图 5-10 接头形式对结晶裂纹的影响

埋弧焊焊缝的熔合比通常较大，因而母材金属的杂质含量对结晶裂纹倾向有很大关系。母材杂质较多，或因偏析使局部 C、S 含量偏高时，Mn、S 可能达不到要求。可以通过工艺措施（如采用直流正接、加粗焊丝以减小电流密度、改变坡口尺寸等）减小熔合比。也可以通过调整焊缝金属的成分，如增加含 Mn 量，降低含 C、Si 量等，来减小熔合比。

焊缝形状对于结晶裂纹的形成也有明显的影响。窄而深的焊缝会造成对生的结晶面，液态薄膜将在焊缝中心形成，有利于结晶裂纹的形成。不同形式的焊接接头不但刚性不同，并且散热条件与结晶特点也不同，对产生结晶裂纹的影响也不同。图 5-10 所示为不同形式接头对结晶裂纹的影响，其中，图 5-10a、b 所示接头的抗裂性较高，图 5-10c、d、e、f 所示接头的抗裂性较差。

（2）氢致裂纹　这种裂纹常发生在低合金钢、中合金钢和高碳钢的焊接热影响区中。它可能在焊后立即出现，也可能在焊后几小时、几天、甚至更长时间才出现。这种焊后若干时间才出现的裂纹称为延迟裂纹。

氢致裂纹是焊接接头含氢量、接头显微组织和接头拘束情况等因素相互作用的结果。在焊接厚度 10mm 以下的工件时，一般很少出现这种裂纹。

工件较厚时，焊接接头的冷却速度较大，对于淬硬倾向大的母材金属，易在其接头处产生硬脆的组织。另一方面，焊接时溶解于焊缝金属中的氢，由于冷却过程中溶解度下降，向热影响区扩散。

当热影响区的某些区域氢浓度很高而温度继续下降时，一些氢原子开始结合成氢分子，在金属内部造成很大的局部应力，在接头拘束应力作用下产生冷裂纹。

焊接某些超高强度钢时，这种裂纹也会出现在焊缝金属中。

针对氢致裂纹产生的原因，可以采取以下几项防护措施。

1）正确选择焊接参数，降低钢材的淬硬程度并有利于氢的逸出，改善应力状态，必要时可采用预热。

2）采用低氢焊剂，以减少氢的来源及其在焊缝金属中的溶解。焊剂应注意防潮，使用前必须严格烘干。焊接前，必须清理干净焊丝、工件焊口附近的锈、油污、水分等。

通过焊剂的冶金反应把氢结合成不溶于液态金属的化合物，如高 Mn 高 Si 焊剂可以把 H 结合成 HF 和 OH 两种稳定化合物进入熔渣中，减少氢对生成裂纹的影响。

3）采用焊后热处理。焊后热有利于焊缝中的溶解氢顺利的逸出。有些工件焊后需要进行热处理，一般情况下多采用回火处理。这种热处理的效果一方面可消除焊接残余应力，另一方面可使已产生的马氏体高温回火，改善组织结构。同时接头中的氢可进一步逸出，有利于消除氢致裂纹，改善热影响区的延性。

4）改善接头设计，降低焊接接头的拘束应力在焊接接头设计上，应尽可能消除引起应力集中的因素，如避免缺口、防止焊缝的分布过分密集等。

坡口形状尽量对称为宜，不对称的坡口裂纹敏感性较大。在满足焊缝强度的基本要求下，应尽量减少填充金属的用量。

埋弧焊时，焊接热影响区除了可能产生氢致裂纹外，还可能产生淬硬脆化裂纹、层状撕裂等。

3. 夹渣

埋弧焊时，焊缝的夹渣除与焊剂的脱渣性能有关外，还与工件的装配情况和焊接工艺有关。

对接焊缝装配不良时，易在焊缝底层产生夹渣。焊缝成形对脱渣情况也有明显影响。平而略凸的焊缝比深凹或咬边的焊缝更容易脱渣。双道焊的第一道焊缝，当它与坡口上缘熔合时，脱渣容易，如图 5-11a 所示。

而当焊缝不能与坡口边缘充分熔合时，脱渣困难，如图 5-11b 所示。在焊接第二道焊缝时易造成夹渣。焊接深坡口时，有较多的小焊道组成的焊缝，夹渣的可能性小，而有较多的大焊道组成的焊缝，夹渣的可能性大。图 5-12 为这两种焊缝对夹渣的影响。

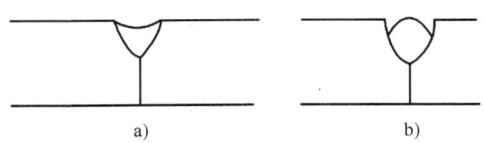

图 5-11　焊道与坡口熔合情况对脱渣的影响
a) 脱渣容易　b) 脱渣困难

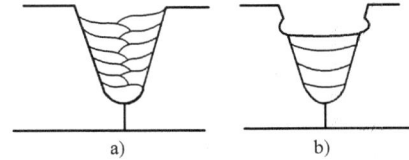

图 5-12　多层焊时焊道大小对脱渣的影响
a) 脱渣容易　b) 脱渣困难

工作任务

V 形坡口板对接平焊如图 5-13 所示。

操作准备

1. 焊件准备

板料 2 块，材料均为 Q235 钢，规格为 300mm × 150mm × 10mm，单面坡口面角度为30°。

引弧板2块，规格不小于50mm×50mm。

陶瓷衬垫300mm。

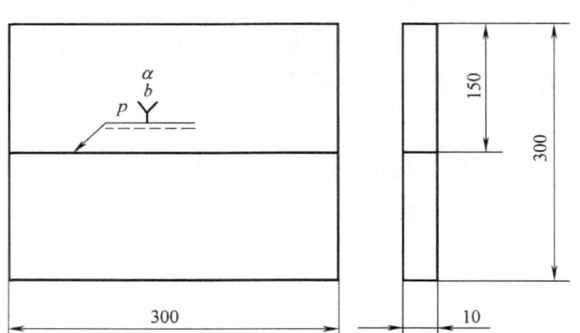

图5-13　V形坡口板对接平焊

技术要求
1. 平位单面焊双面成形。
2. 焊件根部间隙b=2.5～3mm，钝边p=0～0.5mm。坡口角度$α$=60°。
3. 焊后变形量<2°。
4. 材料：Q235。

2. 焊接材料

H08MA焊丝，直径为ϕ4mm；HJ431焊剂；E4303定位焊用焊条，直径ϕ3.2mm（需烘干）

3. 焊接设备

MZP-1000埋弧焊机。

4. 辅助工具

等离子切割机、烘干机、金属直尺、角向磨光机、清渣工具和个人劳动保护用品等。

实施过程

一、焊前准备

1. 工件清理

开坡口后要利用角向磨光机清理焊道两侧的金属面，宽度要大于20mm，清理时注意要仔细清理正面和背面，尽力去除锈蚀和水迹，必要时先利用烘干机进行烘干，使其水迹彻底蒸发，以防焊剂、焊丝在燃烧过程中与水产生反应形成气泡和咬边等。此外，引弧板也要进行正面的打磨。

2. 确定焊接参数

V形坡口板对接平焊的焊接参数见表5-5。

表5-5　V形坡口板对接平焊的焊接参数

焊件厚度/mm	装配间隙/mm	焊丝直径/mm	焊接电流/A	焊接电压/V	焊接速度/(mm/min)
10	1～2	4	600～650	33～35	380～400

3. 试件装配及定位焊

在工件定位前，要注意反变形角度 2°～3°为宜，考虑到有引弧板辅助定位及实验板较短，所以反变形角度 1°～2°即可。组装采用点焊（手工电弧焊），易于检测坡口角度，组装后观察反变形角度，可利用金属直尺测量。其次进行引弧板的组装，也是采用点焊。最后要进行陶瓷衬垫的粘贴，注意陶瓷衬垫要贴正，不能偏离焊缝。在组装后要进行全面定位焊（手工电弧焊），定位焊长度为 30mm 左右即可。定位焊后要进行清渣。把被焊接零件固定到实训平台上，用金属直尺测量并划出轨道参考线，安放好轨道并安装埋弧焊机，使埋弧焊机在轨道上正常运行，填装焊剂，检测焊剂是否能顺利漏出。

二、操作步骤

选择材料→开坡口→清理工件→校对坡口角度→组装→定位焊→清渣→埋弧焊机准备→引弧、焊接→清渣→检测评分。

1. 引弧、焊接

（1）测试焊接参数　先在废钢板上按表 5-5 的规定调整焊接参数。

（2）装配好焊件　使焊件间隙与焊接小车轨道平行。

（3）焊丝对中　调整焊丝的位置，使焊丝对准焊件间隙的位置，但不接触焊件，然后往返拉动焊接小车，反复调整焊件的位置，直到焊丝能在焊件上完全对中间隙为止。

（4）准备引弧　将焊接小车引到引弧板处，调整好小车行走方向开关后，锁紧小车的离合器，然后送丝使焊丝与引弧板可靠接触，并撒上焊剂，覆盖住焊丝伸出部分。

（5）引弧　按起动按钮开始焊接，读取焊接电流表与电压表示数是否与焊接参数相符，应随时调整。焊剂在焊接过程中必须覆盖均匀，不应过厚，也不应过薄而漏出弧光。小车行走速度应均匀，防止电缆的缠绕阻碍小车的行走。

按起动按钮，引燃电弧，焊接小车沿焊接方向行走，开始焊接。焊接过程中要注意观察，并随时调整焊接参数。

（6）收弧　当熔池全部达到引出板后，开始收弧。先关闭焊剂漏斗，再按下一半停止按钮，使焊丝停止送给，小车停止前进，但电弧仍然在燃烧，以焊丝继续熔化来填满弧坑，并以按下这一半按钮的时间长短来控制弧坑填满的程度。然后继续将停止开关按到低，熄灭电弧，结束焊接。

2. 清渣

焊完每一层焊道后，必须清除焊渣，检查焊道，不得有缺陷，焊道表面应平整或稍下凹，与坡口面的熔合应均匀，焊道表面不能上凸，特别是在两坡口处不得有死角，否则易产生未融合或夹渣等缺陷。

若发现层间焊道熔合不良时，应调整焊接参数，增加焊接电流或降低焊接速度。施焊时层间温度不得过高，一般应 <200℃。

检测评分

在焊接完成，并把工具复位后进行评分检测，评分检测标准见表 5-6。

表 5-6　V 形坡口板对接埋弧焊的评分标准

考核项目		考核要求	配分	评分要求
焊缝的外观检测	焊缝宽度差	≤3mm	5	每超 1mm 扣 2 分
	焊缝余高	1～4mm	5	每超 1mm 扣 2 分
	咬边	深度≤0.5mm	5	深度>0.5mm，扣 5 分；深度<0.5mm，每 3mm 长扣 2 分
	未焊透	深度≤1.5mm	5	深度>1.5mm，扣 5 分；深度<1.5mm，每 3mm 长扣 2 分
	焊缝成形	要求波纹细、均、光滑	5	按照实际情况扣分
	接头	要求不脱节，不凸高	5	每处不良的接头扣 2 分
	夹渣、气孔	缺陷尺寸≤3mm	5	缺陷尺寸≤1mm，每处扣 1 分；缺陷尺寸≤2mm，每处扣 2 分；缺陷尺寸≤3mm，每处扣 3 分；缺陷尺寸≥3mm，每处扣 5 分
	弧坑	无	5	每一处扣 2 分
	起焊熔合	要求起焊饱满熔合好	5	按照实际情况扣分
	背面焊缝余高	1～4mm	5	每超过或低于 1mm 扣 2 分
	错边	≤1.2mm	5	>1.2mm 扣 5 分
	角变形	≤3°	5	>3°扣 5 分
	裂纹、烧穿、焊瘤		-20	裂纹、烧穿、焊瘤，每出一项扣 20 分
焊缝内部质量检测		按 GB/T 3323—2005《金属熔化焊焊接接头射线照相》标准	40	Ⅰ级片无缺陷不扣分；Ⅰ级片有缺陷扣分 5 分；Ⅱ级片 10 分；Ⅲ级片 20 分；Ⅳ级片 40 分

课题四　角焊缝焊接

学习目标

1. 能够熟练操作埋弧焊焊机。
2. 能够正确选择埋弧焊焊接参数。
3. 熟练掌握角焊缝船形焊的操作方法。
4. 熟练掌握角焊缝横角焊的操作方法。

知识准备

在实际生产过程中，角焊缝是最常见的一种焊缝，主要出现在 T 形接头和搭接接头中。按其焊接位置的不同，角焊缝分为船形焊和横角焊两种。广泛应用于造船业、工程机械和桥梁中。其特点是熔深大、生产率高、自动化程度高，在焊接操作中适用于中厚结构的长焊缝与超长焊缝的焊接。

一、船形焊

船形焊的焊接形式如图 5-14 所示。焊接时，由于焊丝处在垂直位置，熔池处在水平位置，熔深对称，焊缝成形好，能保证焊接质量，但易形成凹形焊缝。对于重要的焊接结构，如锅炉钢架，要求此焊缝的计算厚度不小于焊缝厚度的60%，否则必须进行补焊。

船形焊装配质量要求较严格，当焊件装配间隙超过1.5mm时，容易发生熔池金属流失和烧穿的现象。当装配间隙大于1.5mm时，可在焊缝背面用焊条电弧焊封底，用石棉绳垫或焊剂垫等来防止熔池金属的流失。在确定焊接参数时，焊接电压不能太高，以免焊件两边产生咬边。船形焊的焊接参数见表5-7。

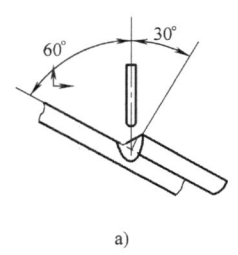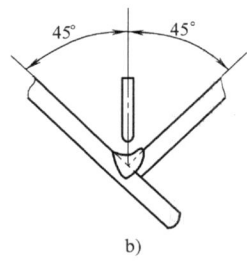

图 5-14　船形焊
a) 搭接接头船形焊　b) T形接头船形焊

表 5-7　船形焊的焊接参数

焊角/mm	焊缝层数	焊缝道数	焊丝直径/mm	焊接电流/A	焊接电压/V	焊接速度/(m/h)	焊丝伸出长度/mm	电源种类
8	1	1	4	600~650	36~38	25~30	35~40	交流
10				650~700	36~38			
12				700~750	36~39			
		2		650~700	36~38			
14~16	2	1		700~750	37~39			
		1		700~750	37~39			
		2		650~700	36~39			

二、横角焊

由于焊件太大，采用T形接头和搭接接头不易翻转，或由于其他原因不能在船形位置进行焊接时，才采用横角焊，即焊丝倾斜，如图5-15所示。横角焊对焊件装配间隙的敏感性小，即使间隙较大，一般也不产生流渣及熔池金属流溢现象，但其缺点是单道焊缝的焊脚最大不能超过8mm。当焊脚要求大于8mm时，必须采用多道焊或多层多道焊。角焊缝的成形与焊丝和焊件的相对位置关系很大，当焊丝位置不当，易产生咬边、焊偏或未熔合等现象，因此焊丝位置要严格控制，一般焊丝与水平板的夹角α应保持在45°~75°之间，通常为60°~70°，并选择距竖直面适当的距离。电弧电压不宜太高，这样可使焊剂的熔化量减少，防止熔渣溢流。使用细焊丝能保证电弧稳定，并可以减小熔池的体积，以防止熔池金属溢流，横角焊的焊接参数见表5-8。

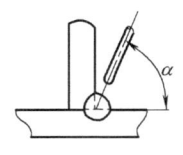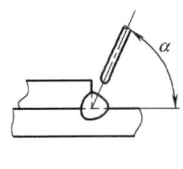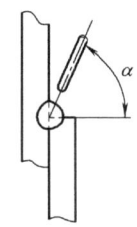

图 5-15　横角焊

表 5-8　横角焊的焊接参数

焊角/mm	焊丝直径/mm	焊接电流/A	电弧电压/V	焊接速度/(m/h)
4	3	350~370	28~30	53~55
6	3	450~470	28~30	54~58
6	4	480~500	28~30	58~60
8	3	500~530	30~32	44~46
8	4	670~700	32~34	48~50

工作任务

横角焊（船形焊）实做图样如图 5-16 所示。

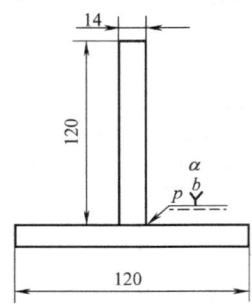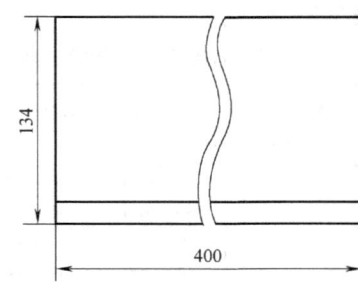

技术要求
1. 平位单面焊双面成形。
2. 焊后变形量＜2°。
3. 材料：Q235。

图 5-16　横角焊（船形焊）

操作准备

1. 焊件准备

Q345 板料两块，规格均为 400mm×120mm×14mm。
引弧板及引出板各一块，尺寸为 100mm×100mm×10mm。

2. 焊接材料

H08A 焊丝，船形焊焊丝直径为 ϕ23mm 或 ϕ24mm，横角焊焊丝直径为 ϕ2mm、ϕ3mm 或 ϕ4mm，HJ301 焊剂。定位焊用焊条为 E4315，直径 ϕ4mm（需烘干）。

3. 焊接设备

MZP-1000 埋弧焊机，焊条电弧焊焊机。

4. 辅助工具

烘干机、金属直尺、角向磨光机、清渣工具和个人劳动保护用品等。

实施过程

一、焊前准备

1. 工件清理

利用角向磨光机清理焊道两侧的金属面，宽度要大于 20mm，去除锈蚀和水迹，必要时先利用烘干机进行烘干，使其水迹彻底蒸发，以防焊剂、焊丝在燃烧过程中与水产生反应形成气泡和咬边等。此外，引弧板也要进行打磨清理。

2. 确定焊接参数

横角焊的参数见表 5-9。

表 5-9 横角焊缝的焊接参数

焊接方法	焊角尺寸/mm	焊丝直径/mm	焊接电流/A	电弧电压/V	焊接速度/(cm/min)	备 注
船形焊	8	3	550~600	34~36	50	装配间隙小于 1~1.5mm，否则需采取防液态金属流失措施
		4	575~625	34~36	50	
横角焊	7	2	375~400	30~32	47	使用细颗粒焊剂时需用交流焊机
		3	500	30~32	80	
		4	675	32~35	83	

3. 试件装配及定位焊

在工件定位前，要注意反变形角度 3°~4°为宜，考虑有引弧板辅助定位及实验板较短，所以反变形角度 1°~2°即可。组装采用手工电弧焊点焊，易于检测坡口角度，组装后观察反变形角度，可利用金属直尺测量。然后进行引弧板的组装，也是采用手工电弧焊点焊。在组装后要进行全面手工电弧焊定位，定位焊长度为 30mm 左右即可。

定位焊后要进行清渣，由于定位焊采用手工电弧焊，会产生一定量的焊渣，需要利用清渣工具进行清渣，必要时可以用角向磨光机进行辅助清渣。

把被焊接零件固定到实训平台上，用金属直尺测量并划出轨道参考线，安放好轨道并安装埋弧焊机，使埋弧焊机在轨道上正常运行，填装焊剂，检测焊剂是否能顺利漏出。

二、操作步骤

选择材料→清理工件→检测坡口角度→组装→定位焊→清渣→埋弧焊机准备→引弧、焊接→清渣→检测评分。

1. 引弧、焊接

(1) 测试焊接参数　先在废钢板上按表 5-9 的规定调整焊接参数。

(2) 装配好焊件　使焊件间隙与焊接小车轨道平行。

(3) 焊丝对中　调整好焊丝的位置，使焊丝对准焊件间隙的位置，但不接触焊件。然后往返拉动焊接小车，反复调整焊件的位置，直到焊丝能在焊件上完全对中间隙为止。

(4) 准备引弧　将焊接小车引到引弧板处，调整小车行走方向开关后，锁紧小车的离合器，然后送丝使焊丝与引弧板可靠接触，并撒上焊剂，覆盖住焊丝伸出部分。

(5) 引弧　按起动按钮开始焊接，读取焊接电流表与电压表示数是否与焊接参数相符，应随时调整。焊剂在焊接过程中必须覆盖均匀，不应过厚，也不应过薄而漏出弧光。小车行走速度应均匀，防止电缆的缠绕阻碍小车的行走。

按起动按钮，引燃电弧，焊接小车沿焊接方向行走，开始焊接。焊接过程中要注意观察，并随时调整焊接参数。

(6) 收弧　当熔池全部达到引出板后，开始收弧。先关闭焊剂漏斗，再按下一半停止按钮，使焊丝停止送给，小车停止前进，但电弧仍然在燃烧，以焊丝继续融化来填满弧坑，并以按下这一半按钮的时间长短来控制弧坑填满的程度。然后继续将停止开关按到低,熄灭电弧,结束焊接。

2. 清渣

焊完每一层焊道后,必须清除焊渣,检查焊道,不得有缺陷,焊道表面应平整或稍下凹,与坡口面的熔合应均匀,焊道表面不能上凸,特别是在两坡口处不得有死角,否则易产生未融合或夹渣等缺陷。

若发现层间焊道熔合不良时,应调整焊丝对中,增加焊接电流或降低焊接速度。施焊时层间温度不得过高,一般应<200℃。

检测评分

在焊接完成,并把工具复位后进行评分检测,评分检测见表5-10。

表5-10 角焊缝埋弧焊的评分标准

考核项目及内容		考核要求	配分	评分要求
焊缝的外观检测	焊脚尺寸	6~9mm	8	超差0.5mm扣2分
	两板之间夹角	88°~92°	8	超差1°扣2分
	咬边	深度≤1.5mm	8	深度>0.5mm,扣5分;深度<0.5mm,每3mm长扣2分
	焊缝成形	要求波纹细、均、光滑	5	酌情扣分
	未焊透	深度≤1.5mm	8	深度>1.5mm,扣5分;深度<1.5mm,每3mm长扣2分
	起焊熔合	要求起焊饱满熔合好	5	酌情扣分
	弧坑	无	5	一处扣2分
	接头	要求不脱节,不凸高	5	每处接头不良扣2分
	夹渣、气孔	缺陷尺寸≤3mm	8	缺陷尺寸≤1mm,每个扣1分;缺陷尺寸≤2mm,每个扣2分;缺陷尺寸≤3mm,每个扣3分;缺陷尺寸>3mm,每个扣5分;
	裂纹、焊瘤、烧穿	倒扣分	-20	任出一项扣20分
焊缝内部质量检测		按GB/T 3323—2005《金属熔化焊焊接接头射线照相》标准	40	Ⅰ级片无缺陷不扣分;Ⅰ级片有缺陷扣分5分;Ⅱ级片扣10分;Ⅲ级片扣20分;Ⅳ级片扣40分

参 考 文 献

[1] 刘光云，赵敬党. 焊接技能实训教程［M］. 北京：石油工业出版社，2009.
[2] 王艳芳，杨兵兵. CO_2 气体保护焊技术［M］. 北京：机械工业出版社，2011.
[3] 任萱，米国强. 焊工技能训练［M］. 北京：机械工业出版社，2008.
[4] 杨兵兵. 焊接实训［M］. 北京：高等教育出版社，2009.
[5] 张依莉. 焊接实训［M］. 北京：机械工业出版社，2013.
[6] 许志安. 焊接实训［M］. 北京：机械工业出版社，2008.
[7] 邱葭菲. 焊接方法与设备使用［M］. 北京：机械工业出版社，2013.
[8] 王红英. 焊接基本技能训练［M］. 西安：西安电子科技大学出版社，2007.
[9] 高忠民. 气焊工入门与技巧［M］. 北京：金盾出版社，2010.
[10] 高卫明. 焊接方法与操作［M］. 北京：北京航空航天大学出版社，2012.
[11] 陈丽丽，杜贤宏. 焊工技能图解［M］. 北京：机械工业出版社，2011.
[12] 李荣峰. 手把手教你焊接技巧［M］. 北京：化学工业出版社，2012.
[13] 许志安. 焊接技能强化训练［M］. 北京：机械工业出版社，2007.
[14] 陈云祥. 焊接工艺［M］. 2版. 北京：机械工业出版社，2012.